《中国名人大传》
ZHONGGUO MINGREN DAZHUAN

梁启超 传

张 瓊◎著

北京联合出版公司
Beijing United Publishing Co.,Ltd.

图书在版编目(CIP)数据

梁启超传/张瑓编著. —北京:北京联合出版公司,2013.11(2022.1重印)
(中国名人大传/马道宗主编)
ISBN 978—7—5502—2160—4

Ⅰ.①梁… Ⅱ.①张… Ⅲ.①梁启超(1873~1929)—传记
Ⅳ.①B259.1

中国版本图书馆 CIP 数据核字(2013)第 253185 号

梁启超传

编　著:张　瑓
版式设计:东方视点

北京联合出版公司出版
(北京市西城区德外大街 83 号楼 9 层　100088)
北京一鑫印务有限责任公司印刷　新华书店经销
字数 230 千字　710 毫米×1000 毫米　1/16　15 印张
2013 年 11 月第 1 版　2022 年 1 月第 3 次印刷
ISBN 978—7—5502—2160—4
定价:49.80元

前 言

　　梁启超（1873—1929年），字卓如，号任公，别号饮冰室主人。广东新会人。中国近代政治家、思想家、戊戌维新运动领袖之一。梁启超自幼在家中接受传统教育，熟读八股文。1884年（光绪十年）考中秀才，1885年前往广州学海堂，治训诂之学，渐有弃八股之志。1889年在广州参加乡试中举。1890年赴京参加会试，不中。途经上海时，看到了上海制造局翻译的一些西书，这些书籍使梁启超的视野大为开阔，并从此对西方产生了浓厚的兴趣。

　　1895年春梁启超再次赴京参加会试，时值清政府与日本签订《马关条约》，群情激愤，梁启超协助康有为，发动了在京应试举人1300多人联名请愿的"公车上书"，要求清廷拒和、迁都、实行变法。此后，梁启超表现活跃，曾主持北京《万国公报》（后改名《中外纪闻》），并主持上海《时务报》笔政，写出了《变法通议》《论中国积弱由于防弊》等一些名文，系统阐述维新变法理论。

　　1897年，应湖南巡抚陈宝箴之邀，出任长沙时务学堂总教习，1898年回京，积极投入"百日维新"活动。

　　7月3日，光绪帝召见梁启超，"命进呈所著《变法通议》，赏六品衔"，并让他负责办理京师大学堂译书局事务。

　　9月21日，政变发生，梁启超逃往日本，一度与孙中山为代表的革命派有过接触。随着形势的发展，其政治主张也发生了变化，从"保皇"到"新民"，从"开明专制"到拥护立宪，但改良主义的基本立场却始终如一。

　　为了扩大保皇派的影响，梁启超于1898年12月在横滨创办《清议报》，为改良活动摇旗呐喊。1902年2月，梁启超又在横滨创办《新民丛报》。1905—1907年，改良派与革命派两种思想进行了一场激烈交锋。此时，资产阶级民主革命已逐渐成为中国社会思潮的主流，梁启超因此遭到革命派的抨击。

　　1906年，清政府宣布"预备仿行宪政"，梁启超大受鼓舞，撰写文章，宣传

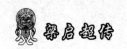

立宪政体。1907 年 10 月,他在东京建立"政闻社",并派人回国直接参加立宪运动。由于清政府无意真正实行宪政,梁启超的活动为清朝统治者所忌恨,政闻社也受到查禁。

武昌起义爆发后,他一度鼓吹"虚君共和",企图使革命派与清政府妥协。在民国初年又支持袁世凯,为袁出谋划策。为了与国民党对抗,梁启超先是组建了民主党,1913 年 5 月又与共和党、统一党合并为进步党。梁启超还办报撰文,鼓吹中央集权,竭力为袁世凯服务。特别是在"二次革命"爆发后,梁启超大肆诋毁革命党人,反对革命运动。1913 年,进步党"第一流人才内阁"成立,梁启超出任司法总长不久即下台。由于袁世凯妄图称帝的野心日益暴露,梁启超劝说无效,遂投入反对阵营,与之发生冲突。1915 年 8 月,毅然发表《异哉所谓国体问题者》一文,对袁氏意欲复辟帝制进行猛烈抨击,旋与学生蔡锷密谋武力反袁。1915 年底,护国战争在云南爆发。1916 年,梁启超奔赴广东,先后担任护国军两广都司令部都参谋、军务院抚军长兼政务委员长等要职,为护国运动的发展作出了重要贡献。

袁世凯死后,段祺瑞逐渐控制北洋政府,梁启超遂依附段祺瑞。他组织一些政客,建立宪政研究会,与支持黎元洪的宪政商榷会对抗。1917 年 7 月,张勋复辟失败,段祺瑞再次上台,梁启超拥段有功,出任财政总长兼盐务总署督办。段祺瑞对内实行独裁,对外出卖主权,遭到全国反对。为此,孙中山发动护法战争。11 月,段内阁被迫下台,梁启超也随之离开政府,并从此退出政坛。

1918 年底,梁启超赴欧旅游,亲身了解到西方社会的许多弊端。同时,马克思主义在中国的传播和工农运动的兴起,也使他担心。回国之后,他极力宣传西方文明已经破产,主张光大东方传统文化,用东方的"固有文明"来"拯救世界"。

梁启超也是一位知识广博、有杰出成就的大学者。早年,他积极投身文学改良运动,主张文学要能反映时代精神。1901—1902 年,先后撰写了《中国史叙论》和《新史学》,批判传统史学,发动"史学革命"。梁启超一生热衷于文化学术,特别是从欧洲游历归来之后,以主要精力投入文化教育和学术研究活动,写下了《清代学术概论》《中国近三百年学术史》《先秦政治思想史》《中国历史研究法》《中国文化史》等重要著作,均具有很高的学术价值。

1920 年后,梁启超先后在清华、南开等大学执教,并到各地讲学。他先后担任过京师图书馆馆长、北京图书馆馆长、司法储才馆馆长等职,为中国的文化

教育事业发展作出了一定贡献。1929 年 1 月 19 日，梁启超病逝于北京协和医院，享年五十七岁。

梁启超一生著述颇丰，遗作《饮冰室合集》，计一百四十八卷，一千余万字。

在 19 世纪末和 20 世纪初的政坛上，梁启超堪称一位风云人物。同时，他的学术成就斐然，不愧为一代学术大师。

目 录
Contents

第一章　少年英杰

一、殷实人家

梁启超，字卓如，号任公，别号沧江，又号饮冰室主人。1873 年 2 月 23 日出生于广东新会县熊子乡茶坑村一个耕读世家。梁启超自称少年时只是一个"岛民""乡人"，而且是一个"完全无缺不带杂质之乡人"。他这种开朗直率的性格的确不同于一般人。

梁启超曾多次感慨广东在历史上很少有杰出人才，不像江浙一带地灵人杰，英才辈出。他略带遗憾地说："广东这个地方，在中国历史上可以说没有丝毫的价值。一百年以来，未曾出一非常之人物，可以为一国之轻重。未尝有人焉以其地为主动，使全国生出绝大之影响。"在《南海康先生传》一书中，梁启超也提及广州文化往往落后于中原。他认为黄河流域、扬子江流域，已开放很久，所以人物众多，而广东数千年来无论是在学术上还是在事功方面都未曾出过一人。然而正是这个乡人，后来却成为中外闻名的重要人物。在新学说的影响下，他从早期的"乡人"转变为"国人"，后来又转变成为"世界人"。他与康有为、孙中山等广东籍的重要历史人物一起改变了中国的历史，震撼了全世界，也扭转了广东历史上少出人才的状况。他们如同明星，照耀中国的近代史。

"时势造英雄，英雄造时势"，这是梁启超最常说的话，也是他的终生座右铭。如果他不是在十七岁时离开偏远的乡村，投身于纷纭复杂的政治中，他将作为一个乡人终其一生，湮没无闻，史册上也不会留下他的名字和功业，历史也不会像现在所见的一样，起码会缺少重要的一页。如果他仅仅是来到了京城，而没有碰上这个变革的时代，他仍然摆脱不了乡下人的性格和气质。因为，即便他科场得意，成为高官，也仍要负担那种乡里家族的责任，这种责任是不可推卸的而且往往是沉重不堪的，有时候压得人喘不过气来。明代的李贽就因不堪忍受这种痛苦而出家的。即使最后能致仕回乡，做一名乡绅，也不过是一个乡人。不过，

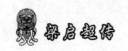

乡人也有乡人的好处，不用在政治风浪里沉浮。像梁启超这种小康之家，在当时那种"天高皇帝远"的乡村，山明水秀，安宁无扰，倒也可安享一生。梁启超形容他的家人半耕半读，犹如世外桃源中的人。

梁启超的家乡位于南国水乡——广东省新会县的茶坑村。

新会县位于富饶美丽的珠江三角洲的南端，离花城广州仅一百多公里，多是冲积平原和小土丘，西汉时这里称四会县，晋时更名为盆允县，南朝刘宋时期又称新会郡，隋朝废郡立县，传承至今。从新会县城向南，经过大作家巴金所说的"小鸟天堂"，大约二三十公里，就是茶坑村。这里正当西江入海要地，在河海相隔而成的小岛中央，难怪梁启超自谓"中国极南之一岛民也"。

茶坑村大约有一百余户人家，五千多人。村前有一清澈见底的小河潺潺流过，时有滑过的帆船；村后有一长满松柏竹林的小山，时常有游人清脆的歌声飘荡其间。山上有一座凌云塔，这是一座建于明代的塔，宏伟壮观。站在塔上，珠江三角洲的美丽景色，能够尽收眼底；南海的滔天大浪，隐约可见。由此可以想见，青少年时期的梁启超常于林中漫步，思绪起伏，叹人生之困苦，思祖国之衰亡。

新会属亚热带气候，暑日多，炎热潮湿，即使到了严冬也不会下雪，四季花开，稻谷多熟，农桑繁盛，柑橘、香蕉等水果挂满树枝，著名的大葵扇发往全国各地。只是遭受台风侵扰，天灾人祸不断，这里的生活也并非完全无忧。其县志记载："新会气候，一岁之间暑热过半，冬无霰雪，草木不凋。一日之间，雨旸寒暑，顷刻则易。夏秋之间，时有飓风，或一岁数发，或数岁一发。又有石尤风，其作则黑云翔海，猝起俄顷。濒海地卑土薄，故阳燠之气常泄，阴湿之气常盛。……境之西南多农鲜贾，依山濒海者，以薪炭耕渔为业。民无积聚而多贫。"

社会环境大多能影响人们的生活习性。以晚清时期的各种文献资料来看，长期生活于茶坑一带的乡民大都具有顽强的生命力，善于应付各种突发事件，俭朴勤劳，务实，自治爱乡，崇尚封建伦理，信神鬼，尤其尊重读书人。就像《新会县志》所写："士人尊师务学问，不逐虚名；士者以恬退为乐，竞进为耻；尚门第，矜气节，慷慨好义，无所诡屈。"此种风俗习惯，即使在经历了新文化洗礼的梁启超身上，也隐隐约约地有所反映。

清末的茶坑村实行一种有自治色彩的乡绅保甲制度。在梁氏家族的宗祠"叠绳堂"里设有本村的最高权力机构——耆老会，由51岁以上的老人充任，青年秀才、举人也可为会员。耆老会也称"上祠堂"，任命4至6名年轻力壮的男子做值事，其中2人是会计，管理全村财务税收等一切往来账目，另选保长1人，"专以应官"，但"身份甚卑"。耆老会一般规定有会员六七十个人，但开会时有一大半人并不出席会议，权力实际上掌握在少数几个人和办理具体事务的值事和保长手里。梁启超的父亲就曾经掌管耆老会审查30余年。依据梁启超在《中国文化史》中记载："耆老会议例会每年两次，以春秋两祭之前一日行之。春祭会主要事务为指定来年值理，秋季会主要事务为报告决算及新旧值理交代，开秋祭会时或延长至三四日。此外若遇有重要事件发生，即临时召开会议。大约每年开会总在20次以上，农忙时较少，冬春之交最多。"

耆老会还有自己的武装，也就是人们以前所说的"乡团"，是由好争斗的年轻小伙自愿报名，耆老会通过而组成的。团民很受优待，分财货时可领两份。每人或数人发给一支枪，弹药则由值事统一管理。如果谁胆敢盗卖枪支弹药，受到的处罚将十分严厉。乡团要定时操练，学习一些武术和作战技巧，具有一定的作战能力。他们在维护茶坑村封建秩序和地主阶级统治上，具有十分重要的地位；如果一旦遇有外来侵略，它又发挥了组织民众、保家卫乡的积极作用。清末的乡团是作用和成分都比较复杂的乡村武装集团。

除此之外，茶坑村还设有江南会，它类似于现在的农村供销合作社，由乡民自愿集资，购买比较急需的布匹、日用百货及柴米油盐等，方便乡里，推动贸易。三五年以后，所得利润少部分还给会员，早还者利少，晚还者利多，一般十年内还清；剩下的利润归公，用于村里公益事业建设。每年春秋之季，江南会还贩运肥料和农具，很受百姓欢迎。一些善于交往又善经营的村民，积极投身到江南会中，借以获利，偶然还有"以赤贫起家而致中产者"。由此可见，当时的新会地区的乡村贸易是比较发达的，这也是清末商品经济的发展在一个小山村的典型反映。

耆老会的主要财政来源是"赏田"。只要是村里新开垦和淤积的土地，全部归耆老会掌握，一般情况下大约有10顷。农户要想耕种这些土地，每年要缴纳40％的地租。每逢年初，抢租土地，竞争相当激烈，从这一点可见茶坑村的土地并不多，意味着没有土地或只占有极少土地的贫苦农民较多。如果有人欠租，那他是绝对得不到下一年的耕种权的。另外，茶坑的乡民十分看重祭神拜佛和祭祀祖先，所用的财物基本都进了耆老会手中。耆老会利用百姓的这种心理，也捐出一部分钱来杀猪拜神祭祖，并把祭完的肉（胙）分送给村民。村民则把分胙的多少视为一种殊荣，如果谁得了双份，那他就无尚光荣，谁如果分不到，那就是莫大的羞耻。尤其是春节，分胙是梁启超家乡最热闹而又最重要的一件大事。

耆老会的日常事务就是处理村民之间的纠纷。"每有纷争，最初由亲友耆老会判；不服，则诉诸分房分祠；不服，则诉诸叠绳堂；叠绳堂为一乡最高法庭，不服，则诉于官矣。然不服叠绳堂之判决而兴诉，乡人认为不道德，故行者稀

少。子弟犯法，如聚赌斗殴之类，小者上祠堂申斥，大者在神龛前跪领鞭打，再大者停胙一季或一年，更大者革胙。停胙者逾期即复，革胙者非经下次会议免除其罚不得复胙，故革胙为极重刑罚"。如果犯有盗窃罪的人，就会把他绑起来在全村游街示众，任人唾骂，至少要停胙一年。如果犯有奸淫罪的人，就要把全村所有的猪都杀光，把肉分给每户，钱全部由犯罪的人来偿付，这在当时称之为"倒猪"。

茶坑村的公共事业，也由耆老会组织。如河流的整修，就由耆老会安排全村十八岁以上五十一岁以下的劳力进行，如果不出工的人必须出钱。乡里小孩的教育，由耆老会组织几位识字人，开设三四所私塾，用祠堂做为教室。教师工钱多则三十余元，少则几升米，全村分肉时可拿双份，"因领双胙及借用祠堂故，其所负之义务，则本族儿童虽无力纳钱米者，亦不得拒其附学"。茶坑村的群众娱乐活动，以正月十五放灯和七月祭神最为热闹。"其费例由各人乐捐，不足则归叠绳堂包圆。每三年或五年演戏一次，其费大率由三保庙出四分之一，叠绳堂出四分之一，分祠堂及他种团体出四分之一，私人乐捐者亦四分之一。

梁启超就出生于这样一个淳朴、封闭而又缺乏生机的小乡村。

只是，茶坑村这样的小环境虽然多年不变，但是在这小环境之外的国际和国内的大环境，却发生了令人震惊的变化。

清政府"祺祥政变"之后开始了同治时期，虽然封建史家把这时期吹嘘为"同治中兴"，但却是清王朝统治期间最腐败的时期。梁启超在而立之年时曾以一个历史学家的眼光，回顾他所出生的那个非常时期，"余生同治癸酉正月二十六日，实太平天国亡于金陵后十年，清大学士曾国藩卒后一年，普法战争后三年。"但他没有提到的重要事件还有 33 年前爆发的震惊中外的第一次鸦片战争，还有 13 年前圆明园的熊熊烈火。

清王朝的衰象从乾隆中叶就开始了，到了嘉庆年间，官场的腐朽在社会的各个方面开始显现出来。奢侈腐化，贪污成风，财政严重亏空，军备废弛，国力日下，与此同时，土地兼并非常激烈，税捐、地租和高利贷剥削日益严重，社会危机四伏。各族人民的起义和斗争接连不断，并且规模越来越大。早在明代中期，资本主义生产关系的萌芽就已出现，但由于封建统治阶级的长期压迫，本来就十分弱小的资本主义无法得到根本性的发展，自给自足的封建经济仍然占据着统治地位。

早在十八世纪六七十年代，西方资产阶级革命使资本主义制度在英、法、美、德等国先后得以确立和发展。特别是英国，通过产业革命，资本主义经济得到迅速发展，并逐步向帝国主义转化。西方列强为争夺原料产地、扩大商品倾销市场，将侵略魔爪伸向世界各地，也伸向了中国。英国在"商品重炮"无法敲开中国的大门后，便采取了无耻的鸦片贸易。鸦片走私和烟毒泛滥不仅使中国经济遭到沉重打击，而且还侵蚀了军队和官僚机构，使清政府统治更加腐败，尤为严重的是极大地危害了中国人民的身心健康，因此激起中国人民的反对并开展了轰轰烈烈的禁烟运动。

道光二十年，英国发动了第一次鸦片战争。无能的清政府在侵略者的坚船利炮和恫吓威胁面前惶恐无策，终于兵败求和，被迫签订了丧权辱国的不平等条约。鸦片战争后，国外商品大量涌入中国，鸦片走私成为合法化，自给自足的自然经济面临解体危机，中国社会逐渐走上半殖民地道路。在严重的民族危机面前，清政府非但不思振作，反而更加腐败，将总数多达 7000 万元的战争费用和"赔款"又转化为捐税和税收，大量地搜刮平民百姓，沉重的负担压在贫苦百姓身上，老百姓几乎喘不过气来。在封建剥削和资本主义掠夺的双重压迫下，社会矛盾日益激化，危机迅速加深。整个中国就像一座即将喷发的火山，一触即发。

道光三十年十二月，爆发了由洪秀全领导的太平天国运动。太平天国运动是中国历史上最后一次农民起义，也是规模最大的一次。这次农民起义，带有以前历史上任何一次农民起义都没有过的新因素，给腐败的清政府和外国侵略者以沉重打击。当然，在中国近代史上，农民起义和农民战争是不可能承担反帝反封建的历史重任的。就在太平天国运动蓬勃发展的时候，咸丰六年又爆发了英法联军侵略中国的第二次鸦片战争。咸丰十年，英法联军两万多人北上攻陷大沽、占领天津、进逼北京，咸丰皇帝仓皇逃往热河。侵略者大肆掳掠并放火焚烧了被称为"万园之园"的圆明园。战后，腐败的清政府又一次在一系列丧失尊严的不平等条约上签字，割地赔款。英法两国取得了比第一次鸦片战争更多的利益，使得中国社会的半殖民化程度进一步加深了。

在第二次鸦片战争期间，作为英法侵略中国的帮凶，沙俄和美国，一个恫吓讹诈，一个发兵助战，尤其是沙俄曾经先后从清政府手中割去了 100 多万平方公里的中国领土。

咸丰十一年，咸丰皇帝在热河病死。同年底，慈禧太后发动"辛酉政变"，开始垂帘听政，并改年号"祺祥"为"同治"。政变后，慈禧太后实际上掌握了实权。可以说慈禧太后统治的四十多年是清王朝最腐败的时期，清政府对外国侵略者从跪地求和发展到公开勾结，成为洋人的傀儡。在中外反动势力组成的反革命军队的合力绞杀下，轰轰烈烈的太平天国运动终于宣告失败。

太平天国运动失败以后，清朝的统治暂时得以安定，这就是封建统治者加额相庆的"同治中兴"。事实上，同治中兴只是一个虚假的光环，尖锐的社会矛盾并没有得到缓和；随着帝国主义侵略逐步深入，民族危机日益严重；清统治的腐败程度也日甚一日。为了救亡图存，有志的中国人开始发起洋务运动。

洋务运动是当时地主阶级改革派所发起的"富国强兵"运动。鸦片战争之后，堂堂的天朝大国竟败给了小小的外夷，这真是莫大的耻辱。一些开明之士开始认识到，只有"师夷之长技以制夷"才能安邦定国，否则还是后患无穷。洋务思潮也由此出现。地主阶级改革派由于镇压革命有功，得到了执掌朝政的机会，洋务运动由此发端。在洋务派的大力主持下，中国产生了第一批使用机器生产的工厂，创办了第一家轮船公司，建设了第一条铁路、电线，创立了第一支海军，开办了第一批外语、科技学校。洋务运动在客观上促进了中国近代资本主义向前发展，在洋务派开办的工矿企业中产生了中国第一批产业工人，并出现了第一批中国民族资本家。尽管如此，洋务运动是在不触动封建统治阶级的根本利益的前提下进行的局部改革，因此，洋务运动不可能使中国真正强盛起来，并成功抵制帝国主义的侵略；也不可能阻止中国向半殖民地、殖民地方向发展，救不了中国。因此一些有识之士"救亡图存"的呼声日益强烈。

梁启超在少年时代就对严重的民族危机和清政府的腐败有很深的体会。自少年一直到逝世，探寻救国之路始终是梁启超所追求并为之奋斗的目标，是他一生活动的主题。

广东省在古时候称之为粤，在春秋战国时代是百越族生息、繁衍的地方。古粤地包括今天的广东、广西，广东省因此又称粤东。秦始皇三十三年，于岭南设置三郡，其中南海郡辖境相当于今天的广东，治所为番禺。自秦统一岭南后，历代王朝南部的海疆才真正面临南海。秦汉交替之际，岭南三郡自立为南越国。汉武帝元鼎六年，汉武帝平定南越之后，将其地分为九郡，南海郡治所仍在番禺。汉武帝时期，全国分十三部刺史作为地方的监察机构，南海郡属交趾刺史部辖下。东汉建立后，刺史改为州一级建制，这时广东为交州所辖。三国时吴永安七年，分交州地新置广州，这是第一次开始使用广州这一名称。南朝时广州的辖境逐渐变小，治所依然在番禺。

唐朝分天下为诸道，广东为岭南道所辖，懿宗咸通三年，岭南道被分为东西两道，广东为岭南东道。宋代地方最高级别是路，岭南设置广南路，后来又分为东西两路，广南东路的治所就在广州。广东就是广南东路的简称。到了元代，广东分属于江西和湖广两个行中书省。明代设置广东布政使司。清代沿用明朝的制度称为广东省。

广东是我国最早对外开放、贸易通商的地区。早在南朝时广州就已经成为东南沿海的一个尤为重要的港口城市，到隋唐时广州已是当时全国最大的对外贸易口岸。著名的唐代通海航道就是从广州开始的，行经今天的越南中部，穿过马六甲海峡到爪哇、苏门答腊，再到达斯里兰卡，再沿印度半岛西海岸经波斯湾到幼发拉底河河口的乌剌国，从陆上可达缚达城——今天的巴格达。这条水路是在汉代海上"丝绸之路"基础上发展起来的，对中外贸易的交流起到了十分重要的作用。唐朝政府开始在广州设置市舶司管理对外贸易活动。从两宋到明代，广州一直是一个非常重要的沿海城市，造船业和手工业都很发达。特别是到了清代，广东的对外贸易迅速发展。清代广州不设市舶司，改由"十三行"经营对外贸易。清初，沿海一带澳门、漳州、宁波、云台山等地都是重要通商口岸，但由于早期殖民侵略者不断的侵扰，清政府下令只许在广州一地对外贸易，同时封闭其他港口。此后，"十三行"便成为清政府特许经营的对外贸易商行，业务日益发展，所有的进出口商货都得经"十三行"买卖，"十三行"成为具有垄断性质的机构。

第一次鸦片战争爆发之前，以英国为首的西方资本主义国家，通过广东口岸向中国输入的商品总值每年估计达八千万银元左右，其中输入的鸦片就达三千万银元左右。在《南京条约》签订以后，上海、宁波、福州、厦门和广州被迫开放，成为对外贸易商埠，结束了广州一地垄断的经商地位，但在相当长的时间里，广州依然是五口之中最重要的口岸。第二次鸦片战争爆发后，广州才逐渐被上海取而代之。

由于商埠丰厚的利润，使得广东省近代工业出现较早。道光二十五年，英国人创办了第一家近代企业——柯拜船坞。随后，美商的丹麦岛船坞公司和旗记船厂、英商的诺维船厂、高阿船厂、于仁船坞公司和福格森船厂等，相继创建。在十九世纪六七十年代，广东的修、造船工业，曾经一度出现十分繁荣的景象。尽管船舶修造业的繁荣同外国侵略的不断加深有十分密切的关系，但它毕竟是广东近代化的开始。广东民族资本的近代工业，主要是在南海、顺德等地。同治十一年，在广东开办了全国第一家近代民族资本工业——继昌隆缫丝厂，到十九世纪末已发展到二百多家。除缫丝厂以外，还开办有印刷局、造纸厂、电灯厂等。这些民族资本企业总投资共达二千万元左右，工人数量达五六万人，对广东经济的发展起到了很大的促进作用。近代洋务派在广东开办的企业主要有广州机器局、黄埔船坞、轮船招商局广州分局等。这些企业总投资大约在五十万元，工人人数也不多，生产规模较小，总体影响不大。

随着西方工业文明传入中国，西方的近代思想也开始在中国大地上慢慢传播开来。得风气之先的广东受近代西方思想文化的影响较早。道光二十四年，广州同文馆建立，成为广东近代教育的先驱。同文馆实行学制三年，每期招收学生二十名，课程设置有英语、汉语、算学等，以后又陆续增添法、德、日、俄等文，学生人数也增加到三十名。广州同文馆和稍后建立的北京同文馆、上海江南制造局附属的翻译馆都十分重视对西方文献的翻译工作，共译出了各种西文书近二百种，总数达千余卷，都公开出版发行。在同、光时期，这批西文书对传播西方近代的科学技术和思想文化起了积极作用。梁启超称赞这批西文书是光绪年间人们了解国外知识的"枕中鸿秘"。

广东地处中国南方边陲，在近代遭到西方列强侵略，沦为半殖民地，受害程度最为严重，感受也最深。这或许就是在中国共产党诞生之前，近代中国最早向西方寻求救国之道的志士仁人，大都出在广东的原因。

中华大地在血与火的洗礼下，使得一批先进的知识分子不得不睁开眼去重新审视世界，反思中国，考虑未来。魏源在鸦片战争之后就曾写下了著名的《海国图志》，呼吁中国学习西方；徐继畬在1848年初刻刊行了《瀛寰志略》，公开颂扬华盛顿；离茶坑村仅几十里的香山县的南屏村，平民子弟容闳到美国留学，在1874年率詹天佑等三十名幼童去美国留学；梁启超的同乡孙中山为中国的未来也在进行着不懈的努力和探索，在美国的檀香山构思着救国方案；康有为此时正在西樵山宁静的书斋里冥思，试图从古旧的儒家经书中创造出一个崭新世界。

环境发生了变化，人也改变。这种急速变化、新旧交替的社会环境和梁启超不甘屈居人下、追求真理又天生英才的自身条件相融合，就使他不可能仍旧走其先辈所走过的路，他要走出自己的另一条新路。

新会梁氏的祖先可以向前追溯到很久。西周末期，周宣王时期秦族的首领仲因为支持五族战争而死，其少子康被封于夏阳的梁山。据说这是梁姓最早的来源。与之相比广东有梁氏则要晚得多。北宋末年的绍圣年间，有进士梁绍，字秀美，官至广东提干，他把整个家族从福州迁到广东北部的南雄县珠玑里。以后，广东才有了梁氏。

自梁绍三传到南溪。新会梁氏也就是南溪公的后裔。从南溪再十二传到谷隐，大约就到了明代末年，梁氏才从南雄迁徙到新会，定居在茶坑村嘉亨里。谷隐即为茶坑梁氏的始祖。梁启超的高祖是谷隐的十世孙，名上悦，字光桓，号毅轩，乾隆二十年生。曾祖名炳昆，字饶裕，号寅斋，乾隆四十七年生。祖父名维清，字延后，号镜泉，嘉庆二十年生。父亲梁宝瑛是祖父三个儿子中的老么，字祥徵，号莲涧，道光二十九年生。

梁氏家族高祖以前的情况，可以找到的资料甚少。我们只知道梁氏"自始迁新会，十世为农，濒海乡居"，"栖于山谷"。过着"世代耕且读"的生活。由"启超的曾祖有几亩田"来看，虽名为丰裕，但实际上生活还是不太宽裕的。就是这仅有的几亩地后来又被分割成八份给了他的八个儿子，每人平均仅仅得到几分地，梁启超的祖父"延后还分得一间不大的砖屋"。这间砖屋也就是梁启超的降生之地。梁启超的祖父可以说是一个非凡的人，自幼丧母，"长事继母、庶母有孝行"，又特别喜欢读书，善书法，刚健婀娜似尤过之，勤劳俭朴，忠厚老实，"力耕所获一粟一帛辄以分惠诸族党之无告者"，为众乡亲所称道。梁氏这一代一门当中，只有他一人"始肆志于学"，用心于科考，希望通过科举考试取得一官半职，光耀门第。可是，当他考中秀才，成为府学生员以后，便屡试不中了。道光二十四年，李棠阶督学广东，年过三十的他才"实受公知，顾行丰而遇啬，累不得志于有司，援例捐作附贡生"。

梁维清生于1815年，逝于1892年，共兄弟八人，当时家中仅有几亩田地，可见家境较为贫寒。分家时只分得几分地和一间小砖房。但他不满梁氏十代为农的困境，刻苦攻读经书，想通过科举道路进入仕途。

按照清代科举制度，生员通常是隶属于本府、州、县学的。府、州、县学的生员都是无官衔之人，除少数在岁科两试中名列一等才能成为有月米有职责的廪生外，其他生员并没有任何待遇。他们要踏入仕途，谋求一官半职，必须通过乡试、会试，科举中第，成为举人或进士才可以。另外一个途径，这就是从"五贡"出身。五贡，就是指五种贡生：恩贡、拔贡、岁贡、副贡和优贡。贡生是由府、县学中生员经过考试选拔出来的，进入国子监继续学习深造的一些较优秀人才。作为贡生，一方面他可以在科考中脱颖而出；另一方面贡生经过廷试以后，也可授于知县或府、县学中的教职，所以五贡在科举制度中，也算是正途出身。附贡生是指不通过考选而根据生员授例捐纳取得贡生资格的人，一般不进入国子监学习。尽管附贡生在入仕之途中算不上正途，但是，仍然可以此作为进身之阶，谋得一官半职，跻身于仕途之中。

虽然经过多年的奋斗，梁维清也只不过中了一个秀才，挂名府学生员，得到了一个管理县级文教事业的小官——教谕，是一个不入流的八品官。尽管如此，在茶坑村这种偏远的小乡村，梁维清算是个大人物了。他自己也总算给后代开辟了通向官场的道路，带了个好头。于是他不断地购置一些图书，购买了十几亩好地，过起了"半为农者半为儒"的小乡绅生活。

自梁启超的祖父梁维清开始，梁家的家境逐渐地好起来。从开始的几分薄地，到中秀才之后，又添置了十几亩地，当了县教谕以后，家境就更好了。到梁启超的父亲时，家中还有分来的几亩地。同祖父一样，梁启超的父亲也过着且耕且读的生活。在梁启超中举以前，家中的几亩地全部由自家耕种，再没有雇人。后来梁启超曾回忆说，"启超故贫，濒海乡居，世代耕且读，数亩薄田，举家躬耘，获以为恒"，靠种田过日子。后世有人说梁启超出身地主家庭，看来是没有

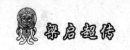

什么根据的。当时梁家的状况虽然称不上富裕，但也可以称得上衣食无忧了，这正如他后来写道的"族之伯叔兄弟，且耕且读，不问世事，如桃源中人"。

作为乡里的一个小小名人，梁维清父子热衷于乡间的公益事业。梁维清曾多次组织乡民修路、挖河，并负责调解乡里的民事纠纷，在社会动荡之时，还负责组织乡民进行武装自卫。梁宝瑛作为乡自治组织的领导者，平常处理乡间的大小杂事，调解各种民事纠纷。他办事公道，敦厚谦让，不为个人和本家族谋私利，深获乡民和邻人的赞许。梁宝瑛是个有强烈责任感的人。在他们家乡及周围当时有三大害，一是家族之间因私仇械斗；二是海盗和土匪勾结，侵扰乡民；三是赌博成风。梁宝瑛常常痛心疾首地说，此三害不除，乡治无由，百姓也无宁静之日。他想方设法要消灭三害，使乡民得以安稳生计。梁家尽管是茶坑村里的大姓，但十世务农，没有人中过举。邻乡东甲的梁氏与梁启超的家族本是同宗，但他们倚仗自己家族有科举和资财，便欺负茶坑村的梁氏，致使两家时时发生械斗。茶坑村人颇有怨恨。在梁启超十七岁中举后，梁氏家族扬眉吐气，乡人想凭借他的地位和声望报复东甲人。梁启超的父亲却说，这正是和解的时候，不是报复的时候。于是带领梁启超拜访东甲乡，"谒其宗祠，遍拜其父老，使执子弟礼加谨，于是东甲大欢，积年乾糇之愆尽蠲。至今敦睦友助，过他乡焉"。梁宝瑛用他的宽宏大量解除了两家及两乡三十年的恩怨。周围邻县的人们听说之后，深受感动，纷纷去茶坑村请梁宝瑛帮助他们处理自己的纠纷。他欣然前往，化解了许多积怨，为本乡和邻乡、邻县带来了和平、友好和安定。对其他两害，梁宝瑛认为，赌是窃盗之源，想消除窃盗须先禁赌。他严禁赌博用具进入本乡，尽一切力量劝诫乡民，从而有效地止住了赌博之风。他还利用乡团防盗，维护治安。所以在他任事的三十年中，乡里不曾出过一个盗贼，外盗也不敢到这来骚扰。但是在这个赌、盗、械斗最盛行的地方，只是在其父负责乡治的时候才显得和平、安宁。据梁启超回忆，当他们家离开茶坑村，搬到香港后，一切坏风气就又死灰复燃了。梁宝瑛颇具兴利除害的能力、济世助民的责任感和政治家的风度。可惜时运不济，条件有限，未能给他一个更大的舞台以施展才华。否则，他也可能成为治国安邦之士。

前辈的这些高尚的行为和宝贵情操对幼小的梁启超产生了很大的影响。后来梁启超热衷于政治，关心公共事业的行为，崇尚自治的政治思想，以及在政治方面和日常生活中待人接物方面的宽容态度、调解精神、谦逊态度、强烈的社会责任感等等，这所有的一切都与祖父和父亲的言传身教有密不可分的关系。

与其他孩子一样，梁启超人生道路上的启蒙老师就是他的母亲。他的母亲赵氏虽不是出身名门望族，却也生长在一个书香门第，祖父是举人，父亲也是秀才。她不仅贤良孝顺，女工样样精通，而且还颇通诗书。梁启超后来曾在《我之为童子时》一文中记道："我为童子时，未有学校也。我初识字，则我母教我。"

二、"神童"美誉

自四五岁时开始，梁启超就开始跟随祖父和母亲读《四书》和《诗经》。《四书》是封建时代科举取士的必读教科书，《诗经》三百篇琅琅上口容易记忆，也是当时初学者的启蒙之书。在八个孙儿之中，梁启超最得祖父的宠爱。白天，他在祖父的指点下读诗背书；到了晚上，就睡在祖父的榻上。

梁启超的祖父不仅学问好，而且还极富有爱国心。在梁启超四五岁的时候，恰值十九世纪七十年代末期，边疆危机成为国家危亡的重症。同时，西方资本主义在向垄断资本主义过渡。在此期间，资本主义列强"开始了夺取殖民地的大'高潮'，分割世界领土的斗争达到了极其尖锐的程度"。英、俄、法、美以及刚刚崛起的日本与德国，都先后来到中国的周边，同时也把侵略瓜分的魔爪伸向中国的边疆。英国、法国染指西南，沙俄为患于西北，美国、日本则把魔爪伸向我国的宝岛台湾和邻国朝鲜。中国的边疆地区到处都是危机重重。就在这时，梁启超从祖父那里学到许多古代豪侠之士的感人故事和圣贤哲人的"嘉言懿行"。感于时事，祖父特别爱讲南宋末年和明朝末年的故事。文天祥、郑成功、瞿式耜、李定国等这许多民族英雄可歌可泣的故事，深深地激励着年幼的梁启超，爱国、报国、救国的思想在他那幼小的心灵里深深地扎下了根。

梁启超和祖父共同生活了十九年，常常同食同住同读书，可以说是形影不离，祖孙二人感情极深，其中包括孙子对祖父的推崇。从他的那些关于祖父的字里行间里，可以看出，梁维清勤奋俭朴，自尊自信，律己极严，待人以宽，是典型的儒者。梁维清不抽烟，不饮酒，不食肉，着装简朴，"其行己也密，忠厚仁慈，其待人也周，其治家也严，而训子也谨，其课诸孙也详而明"。太平军在广西起兵时，新会县群起响应，"四方蜂起，城日以困"，茶坑村也有响应起义的。梁维清从维护封建统治秩序出发，组织起保良会，把反抗扼杀在萌芽状态。由此可以清楚地看出，从梁启超祖父开始，梁氏家族就已被打上了鲜明的阶级烙印。

梁启超从六岁起在父亲授业的私塾里读书，学习中国历史和《五经》。父亲行为举止一定要遵循礼仪，不仅严于律己，而且严格要求子弟，除教给梁启超功课外，还特别注重品德修养。他常常对儿子说，学习的目的在于修身安己，这话正反映出了他一生的理想和追求。他时常告诫儿子不要把自己当一般人看待，要立志从小作一番事业。梁启超的母亲深明大义，平时对儿子十分慈爱，但对不良行为却绝不宽宥。梁启超六岁时说谎，被母亲得知。母亲生平第一次动怒，让他跪在地下，严加训斥，并用力鞭打数十下。母亲指责他说："你若再说谎，你将来便成窃盗，便成乞丐。"梁启超把母亲的教训牢记在心，奉为至理名言。严格的家教，为幼年的梁启超奠定了坚实的文化基础，也训练了他良好的道德风范。梁启超以后重视新民德的思想，还有忧国忧民的爱国精神都与他所受的家教密切相关。尤其值得一提的是，梁氏的家教尽管严厉，但教育方式却是自由宽松。祖父和父母对梁启超平时很少责骂，鞭打更少，多采用启发式教育。这和一般私塾中传统而呆板的教育方式大大不同。这使梁启超从小就养成了独立自由的精神和随自己兴趣探索学问的习惯。

童年时代的梁启超很幸福。祖父、父母都非常疼爱他，对他寄予了很高的期望。他从祖父、父母那里不但学会了识字、读书、作诗和写文章，而且还学会了怎样做人，以及怎样立身、报国的大道理。许多年以后，梁启超仍然"常记在心，谓为千古名言"，不敢稍忘。

全家除了母亲就数祖父最疼爱他了，也是祖父给了他许多教诲了。梁启超从六岁起开始在外学习以后，就搬到祖父屋里来住。一是因为他已该上学了，二是因为家中房屋原本就不多。祖父除了把自己的学问全部传授给孙儿外，还非常注重户外教育。

熊子乡有一个寺庙。庙宇中珍藏着四十八幅古画，上面画着历史上的二十四个忠臣、二十四个孝子的故事，每年元宵节时，就把画悬挂起来供人观赏。每年正月十五，上元灯节这天，祖父就携带梁启超和其他孙儿去庙里赏画，一边看，一边给孙儿们讲画上的故事。其中有朱寿昌弃官寻母，岳武穆出师北征，从这些生动感人的故事里梁启超学习到了许多传统的美德，知道了许多民族英雄英勇杀敌、精忠报国的故事。

梁启超高祖的坟墓修在西江口外的崖门。每到清明时分，祖父总是带领全家人乘船前去祭拜。从熊子乡到崖门，途经的地方都是南宋末年南宋水师与元军激战的古战场。六百年前，陆秀夫、张士杰等人拥护卫王赵昺为帝，在南海崖山一带建立了流亡政权，坚持抗元。崖山附近到处都有抵抗元军的遗迹，比如张士杰遇难处、陆秀夫负帝投海处，崖山的土地浸润着抵抗侵略的民族英烈的鲜血。民族英雄文天祥在崖山下所吟的"人生自古谁无死，留取丹心照汗青"诗句，至今仍在新会人中间广泛流传。

来往之间，经过这些地方时，梁启超的祖父总要对儿孙们讲述南宋末年抗元斗争的故事，讲到精彩的地方，还高声朗诵陈独漉的那首"山木萧萧"："海水有门分高下，关山无界限华夷"，铿锵有力的声音，悲壮的语调，令人十分感动。陈独漉，名元孝，是清初诗人。清初参加南明桂王永历政权，抗清斗争失败后，入深山隐居。他的诗大多是颂扬抗清人物的作品，字里行间洋溢着浓浓的爱国情怀。

遥望海中突起的岩石上的"元张宏范灭宋于此"八个大字，听着祖父讲述那几百年前在这里发生的抗元斗争，梁启超为民族英雄们在民族存亡、国难当头之时所表现出来的那种矢志不移、视死如归的精神所折服。一股浩然正气在他胸中回荡，崇高的爱国主义思想在他幼小的心灵中滋生，陶冶了他的情操。也正是这股凛然正气，这满腔爱国热情，使得梁启超在以后能够义无反顾地投身于戊戌变法等一系列革命斗争。

和睦幸福的家庭生活环境，加上青少年时代一帆风顺的生活，对梁启超的性格产生了很大的影响。尽管梁启超从政后充满了坎坷、艰险和磨难，但他总是充满乐观的情绪，而很少悲观失望。他对自己和国家的前途充满了信心，他在政治上过于理想化的特质就与此不无关系。梁启超的少年时代的确是无忧无虑，充满了求知的快乐和少年得意的满足。他十岁时就有了"神童"的美称，十一岁考中秀才，补博士弟子员。1884年，是梁启超崭露头角之年，这一年也是康有为酝酿《大同书》之时。当然，梁启超当时并不知道这位几年后将会对他产生重大影响的人。他正踌躇满志，春风得意，想要继续深造，以进一步获取功名。

在一片"神童"的赞誉声中梁启超度过了幼年。

梁启超才华很早就显露出来，童年时就常常流露出惊人的才华，为此深受人们的喜爱。他的父亲梁宝瑛一向把他当作掌上明珠，以为他有奇才，常常说："汝自视乃如常儿乎！"祖父梁维清更是把他看作梁氏宗族出人头地的希望，在八个孙子中"尤甚"爱梁启超。母亲赵氏几乎把全部的爱倾注在梁启超身上，费尽心思诱导、教诲和关心他，希望他将来能光宗耀祖。梁启超童年时得到的爱很多，压力自然也很重，在他后来的回忆中常常谈到读书是重于一切的头等大事。

在祖父、父母的悉心教育训导下，梁启超的学业日益精进。八岁就能作八股文，九岁就写出了一般孩童无法写出的好文章。"神童"之称逐渐在茶坑村一带流传开来，梁维清一家常常为此而感到自豪。亲戚朋友来梁家作客时，没有人不夸奖梁启超的聪明才智，有时还出题测试他。有一回，一位教书先生来拜望梁宝瑛，恰好梁启超在旁边。于是，这位教书先生让梁启超对对子，这位先生吟一句"东篱客赏陶潜菊"，梁启超稍作思考，便回答出"南国人思召伯棠"。在座的人都为之喝彩。梁启超的作诗才能很快传遍了新会的大小村落，被时人称之为"神

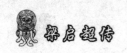

童"，这样请梁启超吟诗作对也成了常事。据记载：

"有客到访莲涧，先生上前奉茶，客人欲试试他的聪明程度，就出了一句'饮茶龙上水'，命他对。先生不假思索，应声答道：'写字狗扒田。'上联是新会俗语，下联对的也是新会俗语。"

就事实而论，梁启超的智商比一般人要高，再加之良好的家庭教育，他成为"神童"也就不足为怪了。

梁启超除了读书之外，还爬山、打鸟、乘船、观海、游古庙，和兄弟姐妹们时常在一块玩耍、捉迷藏，尽情享受童年的快乐。他常常和姐弟们玩乩卜的游戏，乩来一位诗仙或者古代的大文豪，借题发挥作诗打趣。如果"请来"的是李白、杜甫，就每人仿其风格写诗一首；如果乩到的是李梅娘等，就给他们作传，评论其得失。这种游戏虽有迷信色彩，但也十分有趣，而且能增长知识。久而久之，乩卜也被几个孩童"革新"了，丢弃了烦琐的程序，也不讲什么信条。梁启勋曾在《曼殊室戊辰笔记》中称："暑夜风凉，多以此消遣，平常扶乩，必先化符诸土地神代邀乩仙，习之既久，有时不化符，仅写一便条化之，或久不动，催符再化"。

三、求学广州

光绪九年癸未，梁启超已十一岁。清代科举制度规定，童生考试三年两考，丑、未、辰、戌年为岁考，寅、申、己、亥年为科考。光绪九年当为岁考，第二年甲申为科考之年。梁启勋在他的《曼殊室戊辰笔记》中说，梁启超在光绪八年壬午始应科举考试。

梁启超在他的《变法通议·论幼学》中记载，他十岁时就外出学习拜师，跟随邑城周惺吾先生学习书法和算学。学习书法是为了准备参加童试，由此也可得知，梁启超应童子之试应当在此后。这次他虽然没有考中，却增长了见识。对梁启超而言，这次最大的收获是买到了张之洞的两本书，一本是《辅轩语》，另一本是《书目答问》。后来他追记此事说："启超本乡人，瞢不知学。年十一游访问，得张南皮师之《辅轩语》《书目答问》，归而读之，始知天地间有所谓学问者。"

张之洞，字孝达，号香涛，直隶南皮人，是清朝末年洋务派的重要代表人物之一。张之洞十三岁就中秀才，十五岁时应顺天府乡试，考取第一名，成为"解元"，一时名震京师。同治二年，张之洞入京参加会试，中试第一百四十一名贡生，复试列为一等第一名。在进行廷试时，因对策指陈时政，直言不讳，而被置于三甲最后一名。总裁、大学士宝鋆将其视为奇才，把名次拔至二甲之首。试卷进呈慈禧太后，又提至一甲第三，又一跃而成为这次会试的"探花"，授翰林院编修，一时之间名满翰苑。

张之洞仕途之路初始，做了将近十年的学官，开始是主持浙江乡试，随即外放湖北学政。在梁启超出生的那一年，张之洞奉旨充四川乡试副考官，不久，又任四川学政。长期的学官生涯，使他对清末科考的弊端有非常深刻的认识。士人读书，只是将其做为科举仕途的工具，科考范围以外的东西绝少涉猎，终日沉浸于四书五经之中，学问空疏不切世用。一旦进入仕途，也只是碌碌无为。在四川学政任上，他曾批评童生不知道读书。童生问他："应读何书，书以何本为善？"张之洞于是撰《輶轩语》和《书目答问》两书作答。

《輶轩语》是讲治学方法、科举时文和有关程式的书。《书目答问》是为学习经、史、词章、考据诸学指点途径的一本目录书。这本书一问世，就在士人学子当中产生了很大的影响。张之洞著《书目答问》的目的，是想改变清末空疏无物的学风，为封建统治阶级培养"变通"的人才。当然在西学传播越来越广泛之时，也有指导士人不被"邪说诐行，俗学异经"所惑的作用。

《书目答问》一书是以经史子集四部分类，附有丛书、别录、清代著述诸家姓名的目录，为指引初学者选读提供了诸多便利，还择其要旨略加按语。《书目答问》和《四库全书总目》不同，它所收录的二千二百余种书大多为重要的典籍，所选版本也从当时常见者中选取其不缺漏、极少错误的上乘版本为主。因此，他在著录时，极其重视清代，尤其是乾嘉以来至当世的著作。在此书所收书目中，原书为修四库时所未见者约占三分之一；其余的书则是四库里虽有此书，而校本、注本晚于此书者，但这并不是重古求僻，仅追求宋元古本，而是注重精益求精而已。

《书目答问》各类书的分合也不拘泥于《四库全书总目》。经部选收以《汉书·艺文志》为主。史部分正史、编年、纪事本末、古史、别史、杂史、载记、传记、诏令奏议、地理、政书、谱录、金石、史评十四大类。其中子部变动较大，杂家书中以典籍丰富的入儒家，儒家则分为议论经济、理学、考订三部分。集部书所收则大多为历代名家著述中有传本的。每一大类下，又分成若干小类，每一类书以时间先后为序，每一部书名下面，又往往注明作者姓名。这样，就使《书目答问》所涉及之书，门类井然有序。

《书目答问》书后还附录有丛书、别录、清代各家著述姓名略三类。初学者

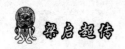

可将总目与别录相互配合起来，由浅入深，渐识读书治学之路径。另外，清代著述诸家姓名大多略去不载，虽只是列举著名学者的姓名籍贯，评论不多，但从中也可以了解到清代的学术流派及其区别，对初学者很有帮助。《书目答问》自光绪二年问世之后，多次重刻再版，流传甚广，在当时的知识分子中间产生了极大的影响。

梁启超自幼秉受家学，在祖父、父母膝下学习儒家经典，为参加科章考试。清代制度规定，童试考试的主要有《四书》文、试贴诗、《性理》论或《孝经》论。除此之外，还要默写《圣谕广训》百多字。所以，梁启超十岁的时候，又拜老师学习书法和算学。虽然他天性聪敏，被乡里称为神童，但少年时的学习也只是儒家经典而已，对学问涉及不深。十一岁时，岁考不中，游坊市时买得张之洞的《书目答问》后，马上被它吸引了。从《书目答问》一书中，他体会到中国传统文化的博大精深。这本介绍中国古代文献概貌、目录和版本知识的书，使梁启超眼界大开，从此开始了他真正的治学生涯。

光绪十年，正是甲申年，恰值童试科考。由于紧接着第二年是乙酉乡试年，因此，这一年童试科考规模特别大。于是，十二岁的梁启超第二次参加了童子试。

前一年，梁启超第一次参加童试，府试没有考中，但他并没有灰心丧气，而是更加刻苦努力，读书备考。到后来，他在《三十自述》中记载当时情形：

> 日治帖括，虽心不慊之，然不知天地间于帖括外更有所谓学也。辄埋头钻研，顾颇喜词章，祖父、父、母时授以唐人诗，嗜之过于八股。家贫无书可读，惟有《史记》一，《纲鉴易知录》一，王父、父日以课之，故至今《史记》之文，能成诵八九。父执有爱其慧者，赠以《汉书》一，姚氏《古文辞类纂》一，则大喜，读之卒业焉。

刻苦努力的学习使梁启超的学问有了非常大的进步。他信心百倍地参加了这一年的童子试。

按照清代科举制度，白身的童生想要考取秀才，取得生员资格，一定要经过县试、府试和院试才可。这一系列的考试，总称童试。县试的考试日期，一般在二月。考四场或五场，每场考试结束以后，都要放榜，"发案"。县试录取，第一场放宽，考完第一场后，以后场次是否再考听凭考生自愿。各场都考毕后，将所有被录取的考生，依名次排序，发一长榜。长榜的第一名叫县案首，马上造册报送本府，凡被录取者都可以参加下一次的府试。府试的考试日期经常在四月，因故不能参加县试的童生，必须补考一场，方能参加府试。府试考试的内容、场次以及录取的方法都与县试大致相同。

梁启超凭借优异的成绩通过了这一年的县试和府试，"于郡邑考列前茅"。

同年十月，梁启超到省城广州参加了院试。在童试中，院试是至关重要的一次。清初顺治年间，在直隶、江南设置提督学政，其余各省设提学道主持地方的科举和学校事务。到了雍正年间，又把各直省学政全部改为学院。因此，学政主持的考试，被称为院试。各直省学政除在驻地的衙门设置考场主持科考外，其它各府、直隶州都设有考场，学政依次分期到各处案临考试，叫作出棚。院试时，先考生员，后考童生。不论是生员还是童生的考试，都分为许多天，隔日轮排考。考生多的大县就每县设一场，考生少的小县就几个县合并为一场。

这一年，主持广东院试的主考是学政叶大焯。叶大焯后来曾记载这次主持院试的情况："甲申十月，再试广东之新会，择其髦而好学者一二人，仪范里阊。又于郡邑考列前茅之幼童梁生启超，试以文艺，皆有条理。"在这次院试中，梁启超高中榜首，成为府学生员。在清代，生员的称呼有很多，清承明制，称附生；又以府、县为上、下痒，所以生员又称痒生，同时还称茂才、博士弟子员等，俗称秀才。所以梁启超在《三十自述》中提到："十二岁应试学院，补博士弟子员。"

童试院试通过后，一般要在考棚大堂集合新进诸生举行簪花礼。新进秀会在这时受到学政接见，并举行拜师礼。由于祖父的七十大寿正好是十一月二十一日，因此，梁启超在拜见宗师时，长跪向叶大焯为祖父请寿辞："家有大父，今年七十矣，弧矢之期，仲冬二十一日，窃愿得先生一言为寿，庶可永大父之日月，而慰吾仲父吾父之孝思，且以为宗族交游光宠也。"叶大焯非常看重新会来的这个聪慧的幼童，好像看出此人日后必定成大器，便欣然应允，挥笔为梁启超的祖父写了寿辞。

叶大焯把梁启超叫到面前，列举了古代许多聪明有为的童子，勉励他切忌少年得志，便不思进取。"在昔吴祐卓识，桓骥异才，任延为太学圣童，祖莹为中书博士，刘敲能解《庄子》，柳偃能读《尚书》，陆从典之作《柳赋》，顾野王之记建安，皆以十二龄童子，显著当时，垂名后世，载在典籍，班班可考。子如有志奉庭训以承祖武乎，当如韩退之赠张童子，宜暂息夫其已学者，而勤夫其未学者，务臻于远大，当不仅如乐安、任瑕之幼而多慧已也。"叶大焯还引用唐代著名文学家韩愈对少年天才张童子赠言，鼓励这位新进的生员要更加刻苦学习，要

有远大志向，不可因骄废学。

正在梁启超奔走于县城、省城赴场赶考之时，中法战事越来越激烈。早在去年冬天，中法战争已经爆发，法国侵略军占领越南后，又在这一年八月把战火引到我国台湾以及东南沿海。中法马尾一战，福建水师全军尽失。全国各地掀起了日益高涨的抗法斗争。清政府的腐败和列强的入侵，使梁启超这个新进生员受到了极大的刺激，同时也激发了他强烈的爱国心。

梁启超中秀才五年后，在1889年考中了举人。这颗璀璨的新星从南海之滨冉冉升起。

在人生的道路上，成功可以给人以无限的推动力。1884年后，梁启超便一方面刻苦钻研儒家经典，另一方面也博览群书，扩大自己的知识面，由此才学与日俱增。他在刻苦学习八股文、帖括学这些应试科目的同时，对《史记》《汉书》、唐诗等也产生了浓厚的兴趣，准备向新的高度进发。

1885年，梁启超凭秀才的资格进入广州学海堂读书。学海堂是当时广东省的最高学府，由前两广总督阮元开设，目的是给士子们提供一个深造的机会。学校的先生称山长，通常有八人，必须人品好、学问精深、在学界有相当地位，督抚到广东赴任也会前往拜谒他们。学海堂的学生分专课生和附课生两类，主要是治经学，因此学生又被称为专经生。每月初一，山长和学生共同进餐，相互交流感情。学堂还设有"膏火"，也就是奖学金，对学业成绩优异者进行奖励。梁启超因为"四季大考皆第一"，经常获奖学金，他将奖金用以购书，每当寒暑假回家时，总是背一大捆书，比如《皇清经解》《四库提要》《四史》《二十二子》《百子全书》《粤雅堂丛书》《知不足斋丛书》等。

和学海堂并称一时的还有菊坡精舍、粤秀书院、粤华书院、广雅书院，号称广东五大书院。各书院尽管风格不同，但都以汉学为主要教学科目。1888年，十五岁的梁启超成为学海堂的专课生，同时还成为菊坡、粤秀、粤华书院的院外生。先后教过梁启超的先生有吕拔湖、陈梅坪、石星巢等，其中石星巢对他影响较大。

广州求学近五年，使梁启超有机会接触到各种学术流派，并且较广泛地涉猎了古代典籍，打下了深厚的汉学基础。那时广州学术界较有影响的学问分为两种，一是为科举考试作准备的帖括学；二是继承乾嘉时形成的以考据为中心的汉学。石星巢、陈梅坪他们对汉学最感兴趣，也有一定成绩。梁启超当然跟着老师的指挥棒，去钻研段玉裁、王引之的训诂学，去学习考释、辑佚、辨伪，同时也进行词章学、文字学等的基本练习。这些学问尽管十分枯燥无味，但比帖括学要有意义的多，可以说是一种较为实用的真工夫，而且一旦钻进去，也有很多的乐趣。兴趣广泛的梁启超一时被乾嘉汉学所吸引，刻苦钻研，自称在学海堂的五年内"乃决舍帖括以从事于此，不知天地间于训诂词章之外，更有所谓学也"。如果说梁启超中秀才以前主要是在祖父、父母的训育下研习八股文，那么，进入学海堂之后，他的重心则转到汉学方面。这种重心的转移，使他扩大了视野，对科举考试也有一定的帮助，更重要的是为梁启超打下了深厚的传统文化根底，具备了较广博的学术知识和基本的治学方法。梁启超晚年离开政界后进行的学术研究，可以说是广州五年苦学扎下根基的结果。

1889 年，梁启超参加了广州乡试，一举中的，名列第八。十七岁就中举，主考官刑部侍郎李端棻认为这位少年才华横溢，预测他将来会前途无量，就托副考官王仁堪作媒，要把自己的堂妹许配给梁启超为妻。中举对于世代为农的梁家而言，自然是万分的喜悦和荣耀了，如今又与朝廷的高官联姻，更是意外之喜。这双喜临门意味着梁氏家族的命运将发生根本的转变。更值得庆幸的是，梁启超与之联姻的这位朝廷高官，并不像有些文武大臣那样，庸俗腐败，而是一位颇有开明思想、爱国精神以及高尚气节的士大夫。1896 年，他给光绪皇帝上的奏折《奏请推广学校折》，就是梁启超代为拟稿。后来变法失败之后，慈禧太后用"滥行保荐康梁匪党"的罪名把李端棻革职查办，远戍新疆。虽遭到这种打击，李氏的维新志向和爱国情操始终没变。在流放途中他还写悼念六君子的诗。1901 年回贵州后，他仍为爱国事业奔走，倡办铁路。临终前他写信给梁启超，仍是念念不忘救国之事。梁启超在 1891 年与李端棻的堂妹李蕙仙成婚。李蕙仙是京兆公李朝仪的女儿，出身名门，知书达理，秀外慧中。梁启超一生南北闯荡，全凭夫人操持家中事务。李夫人对丈夫的事业始终表示理解和支持，梁启超视其为"闺中良友"。总而言之，和李氏联姻，对梁启超的生活和事业都有极大帮助。

中举以后，梁启超继续在学海堂念书，准备参加会试，以便"金榜题名"。他踌躇满志，志在必得。但是，他始料不及的是，在他的眼前，出现了两条截然不同的路。他将抛弃最早的选择，而走上另一条前途未卜的艰险道路。1890 年春，梁启超第一次入京参加会试，但未能考取。然而，大概正是由于科场不得志，为他改变人生道路创造了机会。1890 年，正是梁启超一生中发生重大变化的最为关键的一年。北京之行开扩了他的眼界，使他看到了家乡以外更大的世界。北京特有的政治气氛对他起到了一定震撼作用。从北京回南方路经上海时，梁启超有机会看到上海制造局翻译的各种西方书籍。他犹如发现了新大陆，如饥似渴地阅读着这些从来没有见过也没有听说过的书籍，对新学有了最初的认识。由于没有资金，他只购买了一本《瀛寰志略》。《瀛寰志略》是清末思想家徐继畬编著的一本世界地理著作。书中编录了有关世界各国地理、风土人情、历史沿革及社会变迁等方面的内容。徐继畬的著作不但介绍了地理知识，还勾勒出了世界文明强弱之势，系统介绍了西方资本主义国家的政治状况，并大力宣扬西方民主制度的优越性和发展资本主义工商业的状况。梁启超读后，视野大大开阔，"始知有五大州各国"。对于世界大势的初步了解促使他开始思考中国在世界上的地位和处境，在他心中萌发了国家观念和忧国忧民的忧患意识。

梁启超自己也认为1890年是他生命中的一个分水岭。他在六年后回忆说："启超自十七岁颇有怵于中外强弱之迹。"正是由于感受到中外的强弱之差，他开始改变自己的人生航向。他在1899年清晰而又生动地描述了这个转变过程："余乡人也。……余自先世数百年，栖于山谷。族之伯叔兄弟，且耕且读，不问世事，如桃源中人。余生九年，乃始游他县，生十七年，乃始游他省。犹了了然无大志，梦梦然不知有天下事。余盖完全无缺不带杂质之乡人也。曾几何时，为十九世纪世界大风潮之势力所簸荡所冲击所驱遣，乃使我不得不为国人焉，浸假将使我不得不为世界人焉。是岂十年前熊子谷中一童子所及料也。虽然，既生于此国，义固不可不为国人；既生于世界，义固不可不为世界人。"梁启超成为"国人"比成为"世界人"要早许多。从立志维新变法开始，梁启超就已经是一个国人，一个以爱国、救国为己任的真正的国人。他在当时就开始考虑民与国的关系，对国民缺乏爱国思想、国家忧患意识而深感忧虑和愤恨。十七岁时的经历和思想变化正是他从乡人变为国人的重要原因之一。

除了个人的努力探索，促使梁启超改变自己人生道路的另一个重要原因是康有为。在1890年，梁启超遇到康有为，并拜康有为为师，从此以后，"修弟子礼，事南海先生"整整四年。康有为教给他许多新知识、输给他新观念和新思想，深刻地激发他的爱国热情和救国责任感。帮助他更快地从乡人转变为国人，从传统的士大夫转变成为新型的知识分子。

四、美满家庭

梁启超正式组建家庭是在1891年。这年秋天，他的父亲陪他前往北京和名门小姐李蕙仙成婚。康有为当时曾赋诗一首，以示恭贺：

　　道入天人际，江门风月存。

　　小心结豪俊，内热救黎元。

　　忧国吾其已，乘云世易尊。

　　贾生正年少，诙荡上天门。

　　梁启超此时刚刚十八岁，中举刚刚不久，少年得意，又和名门权贵结为姻亲，当然喜不自禁，有"诙荡上天门"的感觉了。

　　在北京成婚后，梁启超便携夫人返回老家广东。李蕙仙也放下身份，出入乡里，孝敬老人，操持家事，深得乡人赞誉。只是过惯了官僚生活的李蕙仙终于难以忍受乡村的苦日子，后来又回到了北京。1898 年戊戌政变后，梁启超流亡日本，清廷出价十万两银子买他的头，李蕙仙为避难带全家逃到澳门。梁启超时常致信慰问，感谢李蕙仙对他事业的支持，倾诉夫妻间情深似海的真挚感情。现存的一封封激情饱满的往来书信，便是他们爱情的见证。1899 年，李蕙仙也来到日本，夫妻终于团圆，但梁启超为事业四处奔波，离别之苦和流亡海外的阵痛时时侵扰着李蕙仙。作为梁启超的妻子，李蕙仙从不计较什么，总是从生活的各方面去关怀、理解、帮助梁启超。一心操持家务，千方百计分担丈夫的重担。由于梁启超讲不好普通话，因此她就抽时间教他，最后大致可以过关。为此，梁启超曾自豪地讲："我因蕙仙得谙习官话，遂得以驰骋于全国。"梁启超事业上的成功，倾注着李蕙仙的大量汗水和心血。梁启超也非常感激妻子，称他们的结合是"美满姻缘，百年相爱"。1924 年 9 月，李蕙仙因病逝世，这使得梁启超悲痛交加，涕泪满面，了无生趣，"几不知人间何世"。为怀念爱妻，梁启超倾满腹忧思，集一腔热血，写下了千古佳文《祭梁夫人文》，字字有情，句句含泪：

　　　我德有阙，君实匡之；我生多难，君扶将之；我有疑事，君榷君商；我有赏心，君写君藏；我有幽忧，君燠便康；我劳于外，君煦使忘；我唱君和，我揄君扬；今我失君，双影彷徨。

　　梁启超与李蕙仙的婚姻是中国传统的父母之命，媒妁之言，他们的爱情之树是在结婚以后渐渐培植的，这也就是我们现在所说的"先结婚后恋爱"，明显带有封闭、保守、夫唱妇随的特色。1900 年梁启超和华侨小姐何蕙珍的恋情则非常开放、自由，并具有近代意义了。

　　何蕙珍是檀香山一个商人的女儿，她的父亲是梁启超所领导的保皇会会员。"蕙珍年二十，通西文，尤善操西语，全檀埠男子无能及者。学问见识皆甚好，善谈国事，有丈夫气，年十六，即为学校教师。"乍见蕙珍，梁启超觉得她是一个"粗头乱服之野村姑"，并未注意她。由于梁启超四处演讲，不会英文，何蕙珍就代为翻译，举止高雅，谈吐非凡，梁启超心中暗自钦佩。当时檀香山有很多人时常在报纸上用英文抨击梁启超，梁启超心中不满，但不能用英文辩驳。但是没过几天，报纸上连载反驳文章，梁启超得知后喜出望外，但心中纳闷是何人所作。有一天晚上，何蕙珍的父亲请梁启超去家中赴宴，缙绅名士皆来作陪，梁启超侃侃而谈，何蕙珍用流利明快的英语为他翻译。梁启超自觉得意，更觉何蕙珍"目光炯炯，一绝好女子也"。宴席散后，何蕙珍紧握着梁启超的手，含情脉脉地说道："我十分敬爱梁先生，虽然，可惜仅敬爱而已！今世或不能相遇，愿期诸来生，但得先生赐一小像，即遂心愿。"随后，何蕙珍把她在报上替梁启超辩驳的文章原稿拿来给梁启超看，梁启超感激涕零，更被何小姐所折服。数日后，梁启超将照片赠给何惠珍，何蕙珍亦回赠亲自织绣的两把精美的小扇。梁启超这时已坠入情网，自称"见其事，闻其言，觉得心中时时刻刻有此人，不知何故也！"

半个月以后，梁启超的一位好友劝他娶一个懂英文的女子作夫人，这样往各地活动方便。梁启超一听便知是指何蕙珍。他当场表示，对何小姐我梁启超是尤为敬爱，定会当面表示谢意。但一方面是自己有妻子，并曾与谭嗣同等人组织过一夫一妻世界会，绝不可能再娶；另一方面何小姐英姿勃勃，才气甚佳，也不能作妾；再者自己奔波海外，一举一动，为世界所关注，不能因小失大，败坏声名，更不能连累何小姐。何况清廷到处缉拿自己，哪里有一个安定的家庭！随后，梁启超请好友转告何小姐，他将为她选一佳婿。不料，这位好友告诉梁启超，何小姐自从见过梁启超后，已决定终身不嫁。这让梁启超十分为难。数日之后，何蕙珍的英文老师设宴款待梁启超，何蕙珍作陪，席间兴高采烈，高谈阔论，从兴办女子学校谈到中国妇女解放和国民素质，又推展到儿童教育和社会改革，还谈到中国的文字和她准备造切音新字的设想。面对如此有才学、抱负的年轻姑娘，梁启超更是难以压抑心中的爱慕之情。他不停地点头称是，不知如何作答。宴会结束以后，何小姐又深情地向他表示："先生将来维新成功后，不要忘记了我。但有创办女学堂之事，用一电召我，我一定来。我的心中只有先生！"握手珍别回到住处，梁启超激动的心情再也无法平静下来，自称"归寓后，愈益思念蕙珍，由敬重之心，生出爱恋之念来，几乎不能自持。酒阑人散，终夕不能成寐，心头小鹿，忽上忽下，自顾二十八年，未有如此可笑之事情"。

梁启超向来以为情感是超过理智的，但这一次他用理智战胜了自己的情感，拒绝了何小姐真诚而炽烈的爱。他致信给李蕙仙，讲述了这件事的经过，求得妻子的谅解。殊料想，从小受封建伦理教育的李蕙仙却提议梁启超娶何小姐为妾，被梁启超一口回绝了。为了纪念和珍藏这次甜蜜、幸福、痛苦而浪漫的恋爱，梁启超用真情和友爱交织的笔写了二十四首诗，略举一首如下：

> 颇愧年来负盛名，天涯到处有逢迎。
> 识荆说项寻常事，第一相知总让卿。
> 眼中既已无男子，独有青睐到小生。
> 如此深恩安可负，当宴我几欲卿卿。

梁启超在研究婚姻、家庭等方面的问题是极其开放和大胆的，他关于婚姻自由和家庭变革等方面的言论，代表了二十世纪初中国人反对封建专制、争取个性自由的新的追求。但在行动上，他却被传统的道德观念所束缚，无法突破封建婚姻的禁锢。这种言论和行动的相互矛盾不但在梁启超身上表现得比较突出，就是在比他更晚一代且留学美国的胡适身上也重复出现。中国传统文化和旧道德的影响在人们的心中是根深蒂固的。在行动上，梁启超也时常用自己行为的标准衡量他人，二十世纪二十年代他在清华大学教学时，对浪漫主义的青年诗人徐志摩追求浪漫的婚姻就曾有所反对。徐志摩原本与张幼仪成婚，相处也颇融洽，在后来的生活中他遇到陆小曼，两人一见钟情坠入爱河。陆小曼是官僚家庭的子女，父亲是前清举人，曾任参事，有较高的文化修养，风度潇洒，谈吐文雅，又善诗文，有情趣，陆小曼虽已和参谋长王赓婚配，但并不尽如人意。和徐志摩认识后，爱情的烈焰使之失态。现存的徐志摩与陆小曼恋爱时的书信和日记的合集——《爱眉小札》，如实地反映了当时二人热恋时的心情，颇具诗情画意。后来徐志摩与前妻张幼仪协议离婚，陆小曼与王参谋长解除关系。在徐、陆的婚宴上，梁启超表示十分不愉快，严肃地说道："你们都是离过婚，重又结婚的，都是感情不专，以后要痛自悔悟，……祝你们这次是最后一次结婚。"这些话使徐志摩非常难堪，他跪倒在梁启超的脚下，一再地请老师给他留一点面子。最后梁启超意味深长地说："天下岂有圆满之宇宙。"这话深刻反映了梁启超既对一些缺乏爱情的婚姻抱同情态度，又不主张为追求新的自由婚姻而实行离婚。这件事当时在北京和一些大城市广为流传，人们对梁启超的言行亦褒贬不一。由此可见，梁启超在婚姻恋爱问题上十分矛盾，既

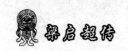

想冲破旧传统，又怕旧机体破败。

婚姻自由是资本主义社会文明赖以建立的一块重要的基石。在连婚姻自由都得不到的国度里，其他自由是无法谈起的。因此，反封建专制的政治斗争总会披上一层争取婚姻自由的面纱。从理论上说，梁启超是了解这些浅露而最基本的道理的，但他并没有真正走出当时中国社会所建构的框架。晚年的梁启超，随着思想的回归，婚姻观也趋向保守，1924 年他在《与蹇季常书》中明确承认他已纳妾。

据冯自由在《革命逸史》中所载，李蕙仙嫁与梁启超时带两名陪嫁丫头，名为阿好和王来喜。阿好不听使唤，不久即被逐；来喜则聪明勤快，深得梁氏夫妇喜爱，家中财政基本由王来喜主持。长期的共同生活，使梁启超和王来喜日渐密切，关系发生了本质变化。1904 年来喜为生孩子不得不从日本返回上海，旨在使李蕙仙息怒。后来，蕙仙也不得不承认这个事实，与来喜和好如初。但梁启超经过多方面考虑，并没有将王来喜纳妾，二十年以后梁启超才在和友人的信中公开承认此事。梁启超共有十个儿女，六男四女，即儿子思成、思永、思忠、思达、思礼、思同和女儿思顺、思庄、思懿、思宁。这些孩子当中究竟哪几位是王来喜所生的，较难确定。

从表面看，梁启超的家庭比较复杂，但由于梁启超开放、多情、体贴，使他的婚姻家庭生活仍能美满和谐，乐趣横生。梁和妻妾极少吵架，总是以情动人，相互理解和支持。从梁的书信中看来，他和李蕙仙真正的大吵仅有一次，但梁还把这作为终生的遗憾，一再忏悔。王来喜对梁的关怀照顾，更为体贴入微，而晚年尤甚，梁的一些信件中多次流露出对王来喜的关切心情。对于子女，梁总是细心教诲，热情帮助，子女们的生活、学习、工作、自我修养、交友、婚姻等等，他无不论及，而且合情合理，不摆父亲架子。现存的与子女的书信既是条理分明的政论文章，又是生活气息浓厚的抒情散文，还颇具童心和孩子气，从中体现出梁启超那种具有近代意义的思维和才学。梁与子女通信最多的是长女梁思顺（即令娴），父女之爱、骨肉之情、天伦之乐无不显露。梁启超的家庭生活和谐活泼、洒脱、幸福而又充满活力。

美满的家庭需要有一定的物质基础。梁启超从南国海滨小乡村奋斗出头以后，并没有多少收入。后来随着名气日渐增大，收入也多了起来。辛亥革命后，他出门有汽车坐，回家有洋楼住，能资助子女自费留学美国，晚年时一次就往美国汇了五千美元，还在北戴河购买了一套别墅，其经济收入是相当丰厚的。据一些零散的史料所记，袁世凯执政时，每月送梁三千元；段祺瑞执政时，每月付车马费八百元；他在清华大学当教授，月薪四百元；如果再有些兼职，每月即可多收入五百元左右；为出版社著书或发表文章，梁启超一般都是拿最高稿酬，每千字二十元。梁启超有多少遗产，我们虽然不得而知，他的经济收入也无法和同时代的大官僚相比，但在文人学者里是很少有人能达到的。

第二章 名师高徒

一、思想巨擘

梁启超拜师康有为的举动，对他一生道路的选择起着决定作用。这是由中国当时特定的社会文化趋向和康有为所占据的政治地位造成的。

近代中国人向西方国家学习大致经历了三个阶段：鸦片战争到洋务运动时期，主要引进西方的物质文明；戊戌变法到辛亥革命时期，倾向于学习资本主义的社会文化制度；1915年新文化运动时期又把文化视角集中在欧美的资产阶级文化上。梁启超和康有为交往，始于1890年。这正是洋务运动由高潮逐渐走向萧条的年代，也是第一批先进的资产阶级改良知识分子开始在政治舞台涉足，对前一阶段的洋务运动进行科学地反思和评判，并呼吁清政府开展政治变革，也就是由学习西方的物质文明向引进欧美的文明制度的转型期。十九世纪八十年代，随着洋务运动一连串问题如管理不善、贪污腐化、效益低下、连年亏本等不断显露，一些参与洋务运动而又善于思考的开明人士如郑观应、薛福成、马建忠、王韬、陈炽、胡礼垣等，大胆揭露出洋务运动的弊端，提出了切实可行的将学习西方技术和改革封建社会制度结合起来进行的改革方案，反映了那个时代先进中国人对当时社会变革的更深一层的思考。郑观应著《盛世危言》，揭露出洋务运动中发生的诸多问题，提出举办新式学堂，学习西方文化，建立议院，改革中国封建的生产关系等举措。薛福成的《出使英法意比四国日记》，根据自己在欧洲学到的最新文化知识，对清政府和洋务运动作了大胆深入的批判，既鲜明地指出了洋务运动的不足之处，又从政治、思想、文化等各方面提出了一系列的改革方案，勾勒出一条实现国富民强的道路。马建忠在欧洲留学期间主修政治学，他著的《适可斋记言》论述了西方资本主义国家强盛的根本在于政治，而经济只是其外部表面现象，清政府要想振兴发达，必须在政治上兴利除弊。王韬善于思辨，敢于进言，他的《弢园文录》记述了他对洋务运动的抨击和在政治方面的改革意见，尤其注重教育文化的变革和人才的培养，令人深思。陈炽、胡礼垣等人对西方的议院、议会也非常感兴趣，还设想具体怎样在中国建立议会制度。客观地说，洋务运动的兴起和发展，对清廷提出了必须进行政治变革这样一个问题。郑观应等有识之士正是这一历史发展趋势的典型代表。但是，他们这些早期资产阶级改良主义者虽然知识丰富、思想新颖、胆识俱佳、善于把握中国社会的脉搏，但是中国传统文化知识太贫乏，特别是不能有机地将中西文化融合在一起加以创新，让大多数中国知识界和思想界所接受。他们是引进来用不上，创新不足。这就不容易站在历史的潮头，指挥一切，因此也不可能成为在学习西方制度文化当中挥斥方遒的领头人物。于是，这一重任就落在了康有为身上。

1890 年 8 月，梁启超认识了康有为，他一生的道路从此改变了。康有为，别名祖诒，字广厦，号长素，广东南海人。他出身于一个官僚地主家庭。他的祖先，并非"显宦"，而"实以教授世其家"。祖父赞修，做过连州等地的教谕、训导等官职，还参与过南海县志的编修工作，在当地颇有名望。他的父亲康达初，仅是江西补用知县。但在他的亲族中，却有"素封"的"外家"，和凭借镇压太平天国革命起家、官至护理广西巡抚的叔祖父康国器。父亲早逝后，康有为一直跟在祖父身边。祖父期望他"科第"；外祖父也企盼他将来能成大气候。在这种环境下，康有为自幼就受到严格的正统封建教育，"成年之时，便有志于圣贤之学"；并关心"朝事"，"知曾文正、骆文忠、左文襄之业，而慷慨有远志矣"。十九岁的时候，他拜朱次琦为师，朱次琦力主"济人经世，不为无用之空谈高论"。康有为受他的影响非常深，思想发生发生了极大的变化。此后，他几次去广东和顺天参加乡试，但都没有考中。光绪五年，他从张延秋身上接触了一些资本主义的思想和当时正处于萌芽状态中的改良主义思潮。这在他平时学习的陆王心学和佛教哲学之外，又打开了一个他从未见识过的天地，使他"尽知京朝风气，近时人才和各种新书"。从此，他就"舍弃考据帖据之学，专意养心"，"以经管天下为志"。

1879 年末，康有为带着一种好奇心去了香港。那时的香港已被英国占领了三十多年，资本主义社会的经济、思想、文化和制度基本在香港建立，并显露出生机勃勃的样子。繁华的大街和鳞次栉比的高楼使康有为对资本主义社会赞叹不已；崭新的思想学术文化更让他目不暇接。尽情地领略了港岛风光之后，康有为购买了一些图书和地图，又开始了新的学习和思考。

从香港回到南海后，康有为在读书时就非常注重中国文化和西方文化的比较，善于从中西文化的结合上去建构自己的思想体系。他的西学知识虽然是有限的和浅薄的，且大多为自然科学，但康有为辨察力特强，能够从自然引发到社

会，由科技联想到人们的生活。而且，这时的康有为嗜好公羊学，弘扬今文经学，对汉学进行抨击，重视从古典文学的一般论述中去高谈阔论，阐述反映自己思想倾向的各种观点。他已逐步成为较有建树的今文经学大师，成为鸦片战争以来继龚自珍、魏源之后的又一位新兴今文经学学术思潮的代表人物。

从汉代开始，在研究和阐释中国古典学术文化当中逐渐形成了古文经学和今文经学两大派系。古文经学派重视求实、考订、注经，宏观的理论体系和论述比较薄弱；今文经学派则重点强调"微言大义"，经世致用，偏重理性的阐释，有较强思想性。相比之下今文经学在宋代较为发达，但从明代中期走向了极端，出现了一批空谈人物"性理"的道学先生，危害很大。明末清初的思想家一反其道，呼吁经世致用，抨击时事，在学术上和思想上有很多造诣。乾隆、嘉庆年间，由于清朝实行残酷的"文字狱"，今文经学很难发展，知识界只能钻研古籍，注经释文，考证辨伪，于是出现了乾嘉学派。这个学派在古籍整理、文化积累、纠正谬误等方面取得了极大成就，但在客观上助长了清朝的文化专制主义，抑制了中国文化学术的发展。所以，鸦片战争前后出现了以龚自珍为首的一批思想家，提倡今文经学，呼吁研究社会现实问题。这股学术思潮和中国突变的现实政治结合起来，产生了极强的生命力，迅速取代了乾嘉汉学勃然兴起。在光绪初年，如果想成为思想学术界的首要人物，必须先是学业丰硕的今文经学大师。康有为正是在这方面高人一筹。

康有为思想体系的一个重要特色是将今文经学的微言大义和西方某些文化知识融合起来，去表达自己的"怪论"。1882年，康有为趁去北京考试的机会，途中游历了上海，在江南制造总局的翻译馆里购置了许多声光化电方面的科技图书和介绍西方历史、地理、政治、法律的社科图书。后来，他还搞到了一台显微镜，从中遐思世界和人类的各种带有哲学意义的重大命题。他佩服哥白尼、牛顿、伽利略，钻研过日心说、天文地理和星云学说，还观看过通物电光（X射线）等现象。实事求是地说，康有为并没有想成为自然科学家的想法，而是想从这些自然科学现象中去汲取营养，研究哲学和社会现实问题。他自称："视虱如轮，见蚁如象，而悟大小齐同之理；因电机光线一秒数十万里，而悟久速齐同之理；知至大之外，尚有大者，至小之内，尚包小者；剖一而无尽，吹万而不同，根元气之混仑，推太平之世。"在19世纪末期，西方文化还没有真正在中国广泛传播开来，先进的有识之士只能通过这些自然科学来寻求社会科学的答案。从某种意义上讲，洋务运动时期翻译过来的那些国外声光化电图书，既产生了科技效应，也具有政治意义。康有为正是在一些科技现象中"尽破藩篱而悟彻诸天"。

康有为从事学术研究还有一个重要特点是带有明显的政治色彩，为如何解决中国的现实困难而"上下求索"。他自称"日日以救世为心，刻刻以救世为事"。1884年中法战争以后，清政府腐败更甚，民族危亡逐渐加重，康有为改造社会的渴望更加迫切。他将数年中所接触的西方文化和今文经学的社会理论以及佛学、陆王心学融于一体，再结合当时中国的政治现状和思想文化水平，逐步建造了一整套思想理论体系，形成了自己改造社会的总体框架。康有为在自编年谱中说，中法战争前后，他为中国的前途着想，"合经学之奥言，探儒佛之微旨，参中西之新理，穷天人之颐变，搜合诸教，剖析今古，考察后来"，最终"妙悟精理"，"日新大进"。1888年，当他再一次来北京考试的时候，面对腐败无能的清廷和国家的衰亡，于是毅然决定将自己的理想付诸实践了。同年12月10日，康有为写了《上皇帝书》，从国际环境、中国前途、社会矛盾、官情民情等方面具体分析了当前的形势，提出了"变成法""通下情""慎左右"的变革方案，并警告清廷说，如果不变法，"四夷"将威胁在外，"乱民"将造事在内，清廷将危在旦夕。在等级森严的封建专制社会，一个普通的文人敢于对朝廷指手画脚，是会有灭门之灾的。这时康有为的胆识和勇气是一般人难以企及的。所幸的是，一帮腐败官吏害怕此书上呈给自己带来祸患，只是将上书扣压下来，也没有追查康有为的责任。后来梁启超描述当时的情况说："光绪十四年，康有为以布衣伏阙上书，极陈外国相逼，中国危险之状，并发俄人蚕食东方之阴谋，称道日本变法致强之故事，请厘革积弊，修明内政，取法泰西，实行改革。当时举京师之人，咸以有为病狂，大臣阻格，不为代达。"康有为的这次上书虽未上达，但他开了普通知识分子要求参政的滥觞，将中法战争以后知识界和政治界的维新变法思潮转变成具体的政治行动。许多文人、学者、名士、官吏都在暗自传抄他的上书，康有为这个名字也在人们的窃窃私语中逐渐传开。尤为让人欣赏的是，康有为不惧怕失败，他在诗中写道："治安一策知难上，只是江湖心未灰。"1899年秋天，康有为满怀复杂而沉重的心情，开始了回归广东的旅程。

康有为这时虽然还没中举，但在思想上、政治上、学术上比举人梁启超要高出许多。在19世纪80年代，康有为已经抢先站在了向西方寻找救国救民真理的潮头，具备了成为维新变法领袖人物的主要条件。富有强烈事业心，怀着美好愿望的梁启超，一旦遇到康有为这样一位卓力先行的人，自然如铁块碰上磁石，结合在一起。梁启超在《三十自述》里说：

> 其年秋，始交陈通甫，通甫时亦肄业学海堂，以高才生闻。既而通甫相语曰：'吾闻南海康先生上书请变法，不达，新从京师归，吾往谒焉。其学乃为吾与子所未梦及，吾与子今得师矣。'于是乃因通甫修弟

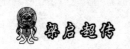

子礼，事南海先生。……先生乃以大海潮音，作狮子吼，取其所挟持之数百年无用旧学更端驳诘，悉举而摧陷廓清之，自辰入见，及戌始退，冷水浇背，当头一棒，一旦尽失其故垒，惘惘然不知所从事，且惊且喜，且怨且艾，且疑且惧，与通甫联床，竟夕不能寐。

自此以后，梁启超在万木草堂专心接受康有为的教导，用整整四年的时间，写下了他自己一生颇富激情的篇章。

光绪十五年秋，康有为离开北京。同年底，他返回广东。第二年春天，康有为迁移到广州安徽会馆。这时，他遇到了清末今文经学大师廖平。"以布衣上书，被放归，举国目为怪"的康有为和廖平大师谈论今文经学，他从今文经学里的"三统说"和"三世说"中发现了进行资产阶级维新变法的理论根据，建立了自己的变法维新理论体系。他将维新变法的理论同儒家的今文经学说结合在一起，用维新变法的观点对儒家学说做了重新阐释。

康有为所持有的"三统说"实际上是一种历史轮回说。早在西汉时的《尚书大传》就有"三统说"的记载，汉武帝时，今文经学大师董仲舒的《春秋繁露》和东汉班固等编写的《白虎通义》对"三统说"又有所发扬。"三统说"认为，每一个朝代都有自己的"统"，"统"受命于天，朝代更替，"统"也更替，新朝廷"承应天命"，必须"改正朔，易服色"。"三统说"把朝代的更替，归结于"黑统""白统""赤统"三种"统"的交替，朝代不同，"统"自然也不同，得到某一个"统"而为天子的，就得根据哪一个"统"的定制去办理。夏为黑统，商为白统，周为赤统，因此，夏、商、周三代的制度，才有所因循，也有所变革沿革增减，不是没有变化的。孔子说过："殷因于夏礼，所损益，可知也，周因于殷礼，所损益，可知也；其后继周者，虽百世可知也。"秦的兴起自称上继承周世，故为"黑统"。这种历史轮回说被历代皇帝所信奉，并在中国封建社会中影响很大。康有为在这里挑选其中"损益因革""因时制宜"的主张，为资产阶级维新派进行革新变法寻找到了理论根据。

"三世说"开始于公羊学。从春秋开始，历代经学家都对"三世说"加以阐发，做出新的解释。东汉时，经学家何休把"三世"称为"衰乱""升平""太平"。康有为把"三世说"中的"乱世"比作古代，"升平"比作近代，"太平"比作现代，说明社会历史是向前推进的，从"乱世"到"升平"，继而"太平"，"愈改而愈进也"。所以，"三世说"的本质，实际上是一种历史进化论。他告诉人们要成就"太平"之世，就要"因革""改制"，只有这样，才能进步，才能达到太平的境界。

二、万木草堂

光绪十六年春天，康有为从安徽会馆又搬迁至广州云衢书屋，重新开始讲学，利用这一时机进行维新变法的一系列宣传活动。这年三月，原来从学海堂肄业的高才生陈千秋得知康有为的声望，前去拜见。康有为在自编年谱中记载陈千秋来见自己的事说：

> 三月，陈千秋来见。……陈通甫又字礼吉，时读书甚多，能考据，以客礼来见，凡三与论诗礼，泛及诸经，吾乃告之以孔子改制之意，仁道合群之原，破弃考据旧学之无用，礼吉恍然悟，首来受学。

六月，陈千秋就投拜康有为门下学习。八月，落第归来的梁启超在学海堂遇到了自己同学陈千秋。陈千秋给梁启超讲起了新结拜的老师康有为的事情，陈千秋说："我听到南海康先生上书请求变法，没有传达，新以京师归，我往谒见。他的学问是我所没有想到的，于是，我拜康先生为老师。"梁启超让陈千秋立即领他见康有为，做了入门弟子。后来，梁启超在写的《三十自述》中，生动地记述了他第一次见到康有为的情景：

> 其年秋，……乃因通甫修弟子礼，事南海先生。时余以少年科第，且以时流所推重之训诂词章学，颇有所知，辄沾沾自喜。先生乃以大海潮音，作狮子吼，取其挟持之数百年无用旧学更端驳诘，悉举而摧陷廓清之。自辰入见，及戌始退。冷水浇背，当头一棒，一旦尽失其故垒，惘惘然不知所从事。且惊且喜，且怨且艾，且疑且惧。与通甫联床，竟夕不能寐。明日再谒，请为学方针。先生乃教以陆、王心学，而并及史学西学之梗概。自是决然舍去旧学，自退出学海堂，而间日请业南海之门，生平知有学自兹始。

从光绪十三年梁启超进入学海堂，到1890年退出，梁启超在学海堂整整度过了四个春秋的学生生活。他所研究之学，都为世人所崇尚，而且少年即登科甲，正春风得意，但与康有为谈后，竟"一见大服，遂执业为弟子"，可见康有

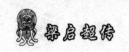

为有多么巨大的感召力。这年八月，梁启超离开学海堂师从于康有为。九月，后来维新派的另一个重要人物徐勤也投入康有为的门下学习。

光绪十七年，由于陈千秋和梁启超等人将个人的亲戚朋友都引荐到康有为这里入学，学生已近二十人，狭窄的云衢书屋已装不下。在陈千秋和梁启超等人的要求下，康有为将讲学的地点搬迁到长兴里的万木草堂。这样，万木草堂就成为培养维新运动骨干力量的重要根据地。

三、得意门生

三十多年后，梁启超仍不能忘记自己在万木草堂的读书生涯，在《南海先生七十寿言》中有一段形象生动的描绘：

> 吾侪之初待先生于长兴也，徒侣不满二十人，齿率在十五六至十八九之间，其弱冠以上者裁二三人耳，皆天真烂漫，而志气蹀踔向上，相爱若昆弟，而先生视之犹子。堂中有书藏，先生自出其累代藏书置焉。有乐器库，先生督制琴筝干戚之属略备。先生每逾午，则升坐讲古今学术源流，每讲辄历二三小时，讲者忘倦，听者亦忘倦。每听一度，则各各欢喜踊跃，自以为有所创获，退省则醰醰然有味，历久而弥永也。向晦则燕见，率三四人入室旅谒，时有独造者。先生始则答问，继则广谭，因甲起乙，往往遂及道术至广大至精微处。吾侪始学耳，能质疑献难者盖尠有之，则先生大乐益纵，而所以诲之者益丰。每月夜，吾侪则从游焉，粤秀山之麓吾侪舞雩也。与先生相期或不相期。然而春秋佳日，三五之夕，学海堂、菊坡精舍、红棉草堂、镇海楼一带，其无万木草堂师弟踪迹者盖寡，每游率以论文始，既乃杂遝泛滥于宇宙万有，芒乎汤乎，不知所终极。先生在则拱默以听，不在则主客论难锋起，声往往振林木，或联臂高歌，惊树上栖鸦拍拍起，噫嘻！学于万木，盖无日不乐，而此乐最殊胜矣。

在万木草堂，康有为不按当时的传统教学，对教学的内容和形式进行了很多大胆的革新，使其成为当时不同一般的一个教育模式。曾经在万木草堂参加过学习的梁启勋在《万木草堂回忆》中写道："康先生讲学的内容，是以孔学、佛学、宋明学（陆王心学）为体，以史学、西学为用。他讲学重'今文学'，谓'古文'是刘歆所编造。即如春秋，则尊公谷而非左传。当时，他对列强压迫、世界大势、汉唐政治、两宋政治都讲。每论一学，论一事，必上下古今，以究其沿革得失，并引欧美事例以作比较证明。我们最感兴趣的是先生所讲的《学术源流》。《学术源流》是把儒、墨、法、道等所谓九流，以及汉代的考证学、宋代的理学等，历举其源流派别。"康有渊博的学养深深地吸引着他的弟子们。光绪十七年，他作了一首诗，《门人陈千秋、曹泰、梁启超、韩文举、徐勤、梁朝杰、陈和泽、林奎、王觉任、麦孟华初来草堂问学、示诸子》，全面概括了他讲学的内容和特点：

圣统已为刘秀篡，政家并受李斯殃。

大同道隐《礼经》在，未济占成《易》说亡。

良史莫如两司马，传经只有一公羊。

群龙无首谁知吉，自有乾元大统长。

在万木草堂，康有为让学生最先读的书是《公羊传》和《春秋繁露》，因为这两部书是今文经学家据以阐发其微言大义的最重要的经典。除了读中国的历史古籍外，康有为还让学生阅读大量西洋的文献，如江南制造局有关声、光、化、电等科学译本一百多样，均要求学生一一阅读，还有容闳、严复等人所翻译的西书，和外国传教士如傅兰雅、李提摩太等人著作的中文译本。

万木草堂中的学习方法，除去听讲外，主要是靠自己看书、写笔记。每天除了听讲、写笔记、读书之外，每个同学还有一本功课簿，把读书的疑问或心得记在功课簿上，每半个月交上去一次。功课簿是万木草堂一项重要规定，康有为根据同学功课簿所记录的问题，用批语或讲解的方法引导学生进行深入的学习，学生写的一条很简短的问题，康先生往往会写长篇的批复。学生们的功课簿记满之后，康有为就把它们作为资料收集起来，新来的学生要首先阅读这些功课簿。康有为对学生们说，读这些功课簿，如同听他的讲课，同样重要，这里面有许多"非常异义可怪之论"。可惜的是，戊戌变法失败后，万木草堂被查抄，这些功课簿都被大火烧光了。除了功课簿以外，万木草堂里还有一本很厚的"蓄德录"，每天按着宿舍房间顺序，依次传递，周而复始。学生们每人每天都要摘录几句古人的名言、名句写在上面，所选之语随个人喜好，写什么都行，这些格言、名句除写在"蓄德录"上外，同时还用一张小纸写出，贴在大堂墙壁上，用以激励学生们的学习热情，培养情操等。康有为隔上一段时间也拿去查阅一下，从中了解

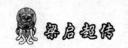

每个学生思想的变化情况。

万木草堂的图书主要是康有为的藏书，学生也把自家藏的书籍拿到学堂的阅览室以供大家阅读。万木草堂里还有一个礼乐器库，库内贮藏有学习礼仪时所用的钟、鼓、磬、铎、干、戚、羽、旄及投壶所用之竹箭等，主要是一些礼乐器具。草堂学生每月学习礼仪一次。

来万木草堂学习的学生每人每年要缴十两银子，名曰"脩金"，但寒士则完全免费。万木草堂没有设置正式的考试，全部靠功课簿来检查学生功课的优劣，学堂里也没有年级与班次之分，只是在先入学的学生中选出两三名优材生作为"学长"。万木草堂迁到广州府学宫仰高祠时，陈千秋和梁启超都做过"学长"，带领新生读书。

万木草堂还制定了明确而富有理论意义的教学方针，这也是康有为理性思维的具体表现。他的《长兴学记》，不但全面概括记叙了万木草堂的办学主旨，而且还集中体现了康有为的教育思想。在《长兴学记》中，康有为首次提出了德、智、体全面发展的教育原则，使万木草堂成为中西兼教的新颖学堂。康有为的德育，发扬了传统的中国道德文化教育，目的是培育忠勇、有志、气节高尚、为国为民的仁义之士。他讲课时就要求万木草堂的学生要"厉节"，也就是气节纯正、厚道，"劲挺有立，刚毅近仁"；要"格物"，也就是刻苦读书，追求真理，要有过人的"勇猛之力，精进之功"；要"养心"，也就是修炼刚强的毅力，将生死和困难置之度外，百折不回；要"敦行孝悌"，也就是尊老爱幼、做事行善，为他人服务等。总之，康有为的德育方法是培养人的威武气概、献身力量、奋进勇气，也是我们中华民族传统的优秀品德。他的智育与旧式的封建教育相比有较大的改进，他主张学以致用，全面发展。康有为要求梁启超等人要学习义理，也就是立人之道、天命之理，从理论上掌握孔孟之道、宋明理学；要学经世之学，也就是学习历代修身齐家治国平天下的经验教训；要学习词章学，也就是文辞、书法、文章学，中国和西洋文字学；要学习考据学，也就是经学、史学等，还有数学、物理、天文和中外历史地理；其他例如历代沿革的制度、典故、礼、乐这方面也必须学习。西方引入的机械学、图谱学、化学、地质学等，更是学生的必修课。显然，康有为是将中国的一些传统教育和新传入的西学知识结合起来进行教学。体育成为教学的一个重要课，开始于万木草堂。但康有为的体育教学不成系统，主要上军事体操、舞蹈、野游等一些课，并没有形成系统化的体育课程。但是，这对万木草堂那些从旧教育制度中游离出来的青年来说，已经是眼界大开了。

康有为是背负着沉重的中国传统文化的包袱而为资本主义带来的社会改革大

声呼吁的思想家政治家。他既弘扬传统，又要批判传统；向往近代，又不能完全近代化。这种双重性在万木草堂已深刻地反映出来。梁启超深有感触地说："万木草堂的教旨专在激励气节，发扬精神，广求智慧。中国数千年无学校，至长兴学舍，虽其组织之完备，万不逮泰西之一，而其精神则未多让之。其见于形式上者，如音乐与兵式体操诸科，亦皆属创举。"在十九世纪末期，中国正处在新旧交替的时代。当时的文化思想界，新旧混杂。旧的一套，已为许多人所厌弃；完全的西洋文化，也很难为绝大部分人所接受。像万木草堂这种新旧结合、不中不西的格局，最受像梁启超这样的刚刚从旧垒中逃脱出来的青年人的欢迎，也最容易激发他们的社会热情。当时的万木草堂是"万木森森散万花"，新思想、新观点层出不穷。而梁启超，则鼓起了思想的风帆，接受并发挥康有为的学说，很快成了康有为的得力助手。

为什么康有为的思想会如此快地被梁启超接受？难道他有过人的本领？事实并非这样。康有为只不过比梁启超稍早几年接触西方新知识而已，并通过比较中西观念形成了自己的思想体系。而梁启超虽然博学多才，但当时并没有独立的思想，对中国和世界形势也没有深刻见解。梁启超好学成癖，钻研学问已达到痴迷的程度。但他决不是仅满足于书本知识的书呆子，他的天性，是要闯荡世界，挥斥方遒。他要在政治舞台上叱咤风云。大量事实证明，对政治的热心成为他钻研学问的动力。正因为这样，他才迫切地关注传统知识以外的新知识，并对西方的新事物甚感兴趣。正是在他上下求索的时候，康有为的思想体系恰恰符合了他求新知、辟新路的需要。

实际上，康有为当时所接触的西学既杂乱也没有重点。因为他并不懂西文，所读懂的有限西书，内容非常杂乱，声、光、化、电及各国史志、游记、以至乐律、韵学、地图学等等，无所不有，然而最重要的政治、法律方面的书却非常少。康有为所接触的这些西书，与梁启超在日本时所读到的西书不论在数量上和质量上都无法相比。不过，康有为悟性很好，能从这有限的新知识中得到灵感和启发。他主要是通过对中外状况的比较考虑问题，以传统文化为基础，融入西方观念，构建了一个也中也西，既有现实政治设想，又有远期美好理想；既保留传统，又有西方新思想的独一无二的思想体系。康有为思想的内核是进化哲学，他发明春秋三世说，认为世界文明因进化而不断发展进步。中国数千年政治不进化，是专制政体造成的，所以必须改造政体。进化的结果是将来肯定会有极乐世界。进化哲学由此导致了大同思想的形成。康有为以儒家学说作为表达思想的媒介，将西方的天赋人权、议会民主制、平等观念等现代政治思想带到其中，内容庞杂却颇富新鲜活力。梁启超对此评价康有为说："先生者，天禀之哲学者也。

不通西文，不解西说，不读西书，而惟以其聪明思想之所及，出乎天天，入乎人人，无所凭藉，无所袭取，以自成一家之哲学，而往往与泰西诸哲相暗合，得不谓理想界之人杰哉。"

这个传统和现代兼具的思想体系，比纯粹的西方学说更适合梁启超这类士人的需求。因为当时中国的文化正处于转型时期，深受传统文化熏陶的士人不容易立刻接受西方的思想。假如没有康有为思想体系作为基础，让梁启超在1890年就面对在日本期间遇到的大量西方新知识浪潮的冲击，他肯定不懂得从何下手。正是在这样情况下，梁启超之类的这些优秀青年甘心情愿拜康有为为师。自投于康有为门下，梁启超不再倾心于如何成名，而致力于救国救民的事业，从此开始了从士大夫向新型有识之士的转变。他从专为培养科举人才的官学——学海堂退出，正是这一转变的发端。

梁启超在万木草堂读书时正是十七岁到二十岁，风华正茂，思维敏捷，年轻有为。他的同学也大多在十五岁到十九岁之间，充满了活力和想象力，勇于进取，易于接受新生事物。康有为又善于启发和诱导，经常发表一些"非常异议可怪之论"，激发梁启超等人的思考与辩论。处在这种特殊环境之下，思想本来就活跃的梁启超变得更加活跃，学问和新知与日俱增。

在万木草堂，梁启超是康有为的得意弟子之一。梁启超的家庭虽然可以算得上衣食不缺，但却并不富有，家中藏书也不多，所读之书大多是从亲友处借来的。进入官府学校以后，他才能够饱览群书，但学海堂的图书多半是词章训诂方面的书。在万木草堂，他才能够看到更多的文献典籍和西方译著。每日里，天刚蒙蒙亮，他就起床一直苦读到深夜。四年的勤奋苦学造就出扎实的国学和西学功底，让他一生受用无穷。

梁启超在万木草堂，除了攻读《公羊传》之外，就是点校《资治通鉴》《宋元学案》《朱子语类》等书。他对先秦诸子著作、佛教经典、清儒经注及西籍译本都有深入研究。他曾批注《四库提要》数十册。像《二十四史》《文献通考》等书也是他经常放在桌头的书。

康有为"大发求仁之义，而讲中外之故，救中国之法"的教学，使梁启超的思想立马就发生了极大变化。遇有疑难问题他总是请教康有为，以"决疑滞"。有一回，他们还"以其所闻昌言于学海堂，大诋诃旧学，与长老侪辈辨诘无虚日"，勇敢地向旧学宣战。

在草堂读书，梁启超逐步形成了比较鲜明的两方面的特点：

一是通过读书笔记来巩固已学过的知识，再把它们融会贯通，发表自己的见解。梁启超读书时非常刻苦，总是聚精会神，勤于思考，经常写心得体会，激动时则思潮纷涌，拍案叫绝。他听康有为授课，总是边听边写，很少走神，可以坚持三个小时，往往"讲者忘倦，听者亦忘倦"。他在万木草堂学习期间曾写下许多读书笔记，可惜都遗失了。但从他后来的记录中可以知道，梁启超认为最有效的学习方法就是听课做笔记。他在《读书分月课程》中说：

> 读书莫要于笔记。朱子谓当如老吏断狱，一字不放过。学者凡读书，必每句深求其故，以自出议论为主，久之触发自多，见地自进，始能贯串群书，自成条理。经学、子学尤要。无笔记则必不经心，不经心则虽读犹不读而已。

此话表明，梁启超是通过做读书笔记仔细领会书的要旨，让头脑有秩序地进行思考，形成自己的观点。这当然是梁启超的经验之谈，也是他在万木草堂所养成的有效而积极的学习方法。

二是把读书和实践有机结合起来，用实践来检验读书效果，用读书指导实践，在学与用统一这方面梁启超是非常突出的。梁启超在万木草堂学习期间曾一度去佛山讲学，大力传播康有为的学术政治观点，同时也丰富了他自己的思想认识。1893年，梁启超还来东莞县上过课，他所讲授的都是康有为的"古怪之说"，使一批青年为之震惊。《张篁溪日记》记述："梁先生于光绪十九年冬癸已到吾乡讲学，城内墩头街周氏宗祠内，时余才十七岁，从之游。先生命治公羊学，每发大同义理，余思想为之一变，始知所谓世界公理，国家思想。"一般情况下，掌握书本的原意是学习的第一个层面，将原意通过口头或文字表达出来为第二层面，把它变成自己的观点并向外传播，则是第三层面。而从第二层次向第三层次的转化，主要是实践，也就是学以致用。梁启超注重并善于进行社会实践，这使他在万木草堂很快成为出类拔萃的优秀学生，受到康有为的赞赏。康有为著《新学伪经考》，让梁启超参与校勘工作；编《孔子改制考》，由梁启超组织分纂。这与他外出讲学相比更能提高知识，增长才干，而且梁启超由此逐步成为康有为的得力助手，以致后来康梁并称，闻名天下。

梁启超在求学道路中还有一种强烈的责任感。他是在为解决中国的现实问题去探讨学术的，这就使他既能和康有为心心相印，又能促使自己去广泛地深入思考问题。开动梁启超思想的动力的，一是客观现实，二是康有为的政治观点。而康有为已将二者联系在了一起。他在万木草堂讲学时，总是"大发求仁之义，而讲中外之故，救中国之法"。"每语及国事机陧，民生憔悴，外侮凭陵，辄慷慨欷歔，或至流涕"。梁启超常为康有为所感染，"则振荡怵惕，憬然于匹夫之责而不

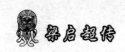

敢自放弃，自暇逸"。这种难以抑制的冲动，大大启发了梁启超，使其思想如"万壑分流，各归一方"。这时梁启超已开始了创造性的理性思考，显示出其思想家的风范。

但是，局限的社会环境和文化限制，迫使梁启超这时只能在康有为手下的学术和政治"圈子"内活动。梁启超在万木草堂的思想范围基本由今文经学的学术观点、循环进化的历史观和天下为公的大同理想结合而成，主要目的是变革社会，寻根探源。

对《新学伪经考》所宣传的学术观点，梁启超是没有疑问的。尤其是此书敢于向古文经学提出宣战的批判精神和"非常可怪"的各种新观点，促使梁启超去重新思考许多问题，将他引入了一个新的学术境界。康有为所说的"新学"，主要包括西汉末年刘歆以古文经为纲编纂的各种为王莽政治服务的封建典籍，这些经典书籍广泛流传，在清朝末期具有神圣的光环，没有人敢触动。康直接攻击它为"伪经"，动摇了其神圣地位，在思想界刮起了一股"飓风"，具有"惊世骇俗"的效果。梁启超接受并传播这种新型的学术观点，在某种程度上成为康有为的代言人。他后来回忆说："每出则举所闻以语亲戚朋旧，强聒而不舍，流俗骇怪指目之，谥曰'康党'，吾侪亦居之不疑也。"

光绪十七年至光绪二十年，是资产阶级维新变法的准备阶段。仅仅四年间，康有为和维新派集中做了两件大事。一是以设馆讲学的方式，广结朋友，宣传变法维新理论，培养维新运动的骨干力量。万木草堂学生中，除了陈千秋、曹泰早逝外，其余如梁启超、麦孟华、梁朝杰、韩文举、徐勤、王觉任、欧榘甲、叶觉迈等人，后来都成为维新变法运动的骨干分子和积极参与者。维新运动期间活动比较活跃的地区，如北京、上海、湖南、广东、广西等处，几乎都有万木草堂的弟子。万木草堂弟子在当时就叫"康党"，从侧面也反映了维新派已渐渐在形成。

康有为与维新派进行的第二件事，就是著书立说，建立资产阶级维新变法理论的体系。在万木草堂讲学的时候，康有为编著了很多书籍，《新学伪经考》和《孔子改制考》是他最主要的作品。从这两部书的编著情况可以看出它注入了万木草堂师生的心血。在草堂里，学生除了学生自己刻苦读书外，还有一项特殊的工作就是帮助老师编书。《新学伪经考》和《孔子改制考》，两部书的编著和发行为维新变法做了舆论准备。

光绪十七年七月，《新学伪经考》成书，分装四册正式发行。《康南海自编年谱》记："陈千秋、梁启超助焉"。梁启超在《三十自述》等文中也记载了此事，"先生著《新学伪经考》，从事校勘"。"先生著《新学伪经考》方成，吾侪分任校雠"。

梁启超在《清代学术概念》中指出："有为最初所著书曰：《新学伪经考》。'伪经'者，谓《周礼》、《逸礼》、《左传》及《诗》之毛传，凡西汉末刘歆所力争立博士者。'新学'者，谓新莽之学。时清儒颂法许、郑者，自号曰'汉学'。有为以为此新代之学，非汉代之学，故更其名焉"。在释名以后，梁启超又说："《新学伪经考》之要点：一、西汉经学，并无所谓古文者，凡古文皆刘歆伪作。二、秦焚书，并未厄及六经，汉十四博士所传，皆孔门足本，并无残缺。三、孔子时所用字，即秦汉间篆书，即以'文'论，亦绝无今古之目。四、刘歆欲弥缝其作伪经之迹，故校中秘书时，于一切古书多所羼乱。五、刘歆以作伪经之故，因欲佐莽篡汉，先谋湮乱孔子之微言大义。"

康有为为何攻击"新学"，驳斥"伪经"呢？清代乾、嘉以来，专门从事考据训诂的"朴学"大为兴盛，以惠栋为首的"吴派"主张搜集汉儒经说，加以贯通，而涉及到史学与文学。以戴震为首的"皖派"则主张以文学作基础，从训诂、音韵、典章制度方面考释经义。两派的共同特点是都以古文经学为核心，长于考据而鲜言"经世"。另一方面，自明代以来的程朱理学到清末虽仍占据统治地位，但早就已经成为"空言性理"的无用学说。这样，汉学的训诂考据和宋学便成为封建专制制度的保护伞。康有为责备古文经学不过是"新莽之学"，并非孔子的"真传"，经学家所崇拜的古文经书只不过是"伪经"，不是"真经"。这样，他就给予封建专制制度和传统思想以极大的震撼，从此否定了封建传统思想的合理性和合法性，为清除变法维新路上的绊脚石打下了基础。

《新学伪经考》并不完全是一部单一的学术著作，不是简单的"辨伪专著"，而是以经学为掩护，旨在"托古改制"、变法维新的一部理论著作。如果就学术而论，《新学伪经考》中的许多论断都不免有武断之嫌，同时代的符定一曾撰有《新学伪经考驳议》一书，举三十一事对此书加以驳斥。

梁启超在《清代学术概论》中也指出《新学伪经考》的武断，他说：

> 有为弟子有陈千秋、梁启超者，并凤治考证学，陈尤精治；闻有为说，则尽弃其学而学焉。《伪经考》之著，二人者多所参与，亦时时病其师之武断，然卒莫能夺也。实则此书大体皆精当，其可议处乃在小节目。乃至谓《史记》、《楚辞》经刘歆羼入者数十条，出土之钟鼎彝器，皆刘歆私铸埋藏以欺后世。此实为事理之万不可通者，而有为必力持之。

梁启超指出，《新学伪经考》的影响主要有两个："第一，清学正统派之立脚

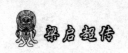

点，根本动摇；第二，一切古书，皆须重新检查估价。此实思想界之一大飓风也。"《新学伪经考》的意义在于它是以经学作掩护为维新变法这一目的服务的。形式上它所争论的是"经"，但实质上却是社会问题。虽然《新学伪经考》有关今古文"经"之争的某些结论未免太过武断，但它许多颇有见解的观点却动摇了封建正统思想的立足点，为变法维新开辟了思想道路。此外，它开创了近代学术史上的"疑古""辨伪"风气，造成的影响极其深远。

《新学伪经考》出版仅三年，光绪二十年七月，就被余晋珊、安维岭等弹劾。梁启超当时在北京，虽多方奔走，但无济于事，两广总督下令自行焚毁。《新学伪经考》书版被毁之事，恰恰反映了它对推动维新变法运动的特殊贡献。

康有为从光绪十七年开始编著《孔子改制考》。梁启超和万木草堂许多弟子都参与了《孔子改制考》的"分纂"工作。梁启勋在《万木草堂回忆》一书中，比较详细地描述了康有为《孔子改制考》"选徒助纂"的情景：

> 康先生要写一部《孔子改制考》，由他指定一、二十个同学，把上自秦汉、下至宋代各学者的著述，从头检阅。凡有关孔子改制的言论，简单录出。注明见于某书之第几卷、第几篇，用省属稿时翻检之劳。时间由编写团体共同商定，每月上旬某日某日，中旬某日某日，下旬某日某日，自几点至几点，会合在大堂工作。仍坐无靠背之硬板凳。某人担任某书，自由选择。一部编完，又编第二部。这些稿件，统存于书藏，备先生随时调用。

梁启勋在光绪十九年进入万木草堂读书，他亲身经历过这件事，这一论述应比较可信。

《孔子改制考》一书指出，孔子是一位致力于社会改革的政治家。他托古改制，建立新学说，即新教。真经就是孔子托古之作。康有为把孔子奉为"教主"。《孔子改制考》为提倡"改制"而提出"三统""三世"学说。"有为所谓改制者，则一种政治革命、社会改造的意味也，故喜言'通三统'：'三统'者，谓夏、商、周三代不同，当随时因革也。喜言'张三世'，'三世'者，谓据乱世、升平世、太平世，愈改而愈进也。有为政治上'变法维新'之主张，实本于此。""两考"公开攻击正统派，极大地冲击了晚清官僚统治的思想基础。虽然，这仍是以经对付经，以孔子对抗孔子。像冯友兰所说，是"旧瓶装新酒"。但这在当时已是非常不容易了，可以说是相当的惊世骇俗。

《孔子改制考》从《上古茫昧无稽考》到《汉武帝后儒教一统考》，全书共二十一卷，大约三十四万字。梁启超认为《孔子改制考》的基本内容是：

> 定《春秋》为孔子改制创作之书，谓文字不过其符号，如电报之密码，如乐谱之音符，非口授不能明。又不惟《春秋》而已，凡六经皆孔子作所，昔人言孔子删述者误也。孔子盖自立一宗旨而凭之以进退古人去取古籍。孔子改制，恒托于古。尧舜者，孔子所托也，其人有无不可知；即有，亦至寻堂；经典中尧舜之盛德大业，皆孔子理想上所构成也。又不惟孔子而已，周秦诸子罔不改制，罔不托古。老子之托黄帝，墨子之托大禹，许行之托神农，是也。近人祖述何休以治《公羊》者，若刘逢禄、龚自珍、陈立辈，皆言改制，而有为之说，实与彼异。有为所谓改制者，则一种政治革命、社会改造的意味也，故喜言"通三统"者，谓夏、商、周三代不同，当随时因革也。喜言"张三世"，"三世"者，谓据乱世、升平世、太平世，愈改而愈进也。有为在政治上"变法维新"之主张，实本于此。有为谓孔子之改制，上掩百世，下掩百世，故尊之为教主；误认欧洲之尊景教为治强之本，故恒欲侪孔子于基督，乃杂引谶纬之言以实之；于是有为心目中之孔子，又带有"神秘性矣"。《孔子改制考》之内容，大略如此。

梁启超以为《孔子改制考》对思想界的主要作用是："一、教人读古书，不当求诸章句训诂名物制度之末，当求其义理。二、语孔子之所以为大，在于建设新学派，鼓舞人创作精神。三、数千年来共认为神圣不可侵犯之经典，根本发生疑问，引起学者怀疑批评的态度。四、导人以比较的研究。"

《孔子改制考》写成后，一直没能发表，但对万木草堂弟子们的思想却产生了非常大的影响。直到光绪二十三年末，《孔子改制考》一书才被交付上海大同译书局印刷，第二年正月才正式出版。《孔子改制考》发行后，马上被清政府视为禁书严厉查封。可见封建统治者对《孔子改制考》所产生影响的恐慌。

光绪十八年，梁启超的爷爷去世，享年七十八岁。虽然爷爷年岁已高，可梁启超仍悲痛异常。爷爷对他的成长过程倾注了全部心血，谆谆教诲至今言犹在耳。梁启超作《哀启》一文，追忆自己童年时和爷爷在一起的大好时光，少年时聆听的教诲，满怀真情，感人至深。

同年二月，梁启超第二次进京参加会试。这一年春季考试的考官恰好是李端棻，梁启超和李端棻既有门生和座师之谊，李端棻又是他新婚妻子的兄长，所以许多人都劝他"通一关节"，这在封建时代的科考中是很常见的，有些人做梦都

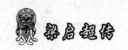

想有这种关系，让自己平步青云，但梁启超却坚持不用这层关系。他不想让别人说是因为裙带关系才得以金榜题名的，他相信自己的才能。可惜的是，他再一次惨遭淘汰。

夏天，梁启超携夫人李氏回到了家乡广州，在茶坑村居住了大约一年的光景。因为家境并不富裕，新婚不久的夫妻俩不得不"借用梁姓公有的书室的一个小房间权作新居"。在家乡居住的一年时间里，梁启超除了阅读"国学书籍而外，更购江南制造局所译之书，及各星轺日记，与英人傅兰雅所辑之《格致汇编》等书"。这一次，他对西方的政治理论和社会学说作了比较系统地分析和研究。

同年六月初一，他给朋友汪康年写信。汪康年，字穰卿，浙江钱塘人，比梁启超大十三岁，和梁启超的老师石星巢等人非常熟悉。光绪十六年梁启超结识汪康年，当时汪康年已在科举考试中中举，跻身在官场上了。此后两人的接触越来越密切，志趣也颇为相投。梁启超在信中说：

> 足下以经世之才，宦仕早达，福在苍生，匪唯私祝。仆性禀热力颇重，用世之志未能稍忘，然周览天人，知天下事之无可为，惟欲与二三同志著书以告来者，目前之事，半付之青天白云矣。足下爱我，其何以教之哉？

此信中，梁启超请求汪康年帮助在浙江的康幼博。同时，他还请求汪康年帮忙销售康有为的著作《新学伪经考》。康幼博，名广仁，康有为的弟弟，当时正住在浙江两广会馆。康有为《新学伪经考》发行后，为扩大新思想的宣传，梁启超等人到处联络销售。

这年春节，梁启超又写信给汪康年。他谈到回乡半年，"读书山中，每当诸同志纵论时变，退身虑而熟思之"的结果是："窃以为今日时事，非俟铁路大兴之后，则百凡无可言者。"修筑铁路怎么会成为救亡图存和变法维新的重要环节呢？他说：

> 中国人士寡闻浅见，专以守残，数百年如坐暗室之中，一无知觉。创以新学，则阻挠不遗余力，见一通人，则诋排犹如仇雠。此其故皆坐不兴铁路，铁路既兴之后，耳目一新，故见廓清，人人有海若望洋之思，恍然知经国之道之所在，则不待大声疾呼，自能变易，则必无诋排，必无阻挠，然后余事可以徐举，而大局可以有为。

他还说：

> 铁路以开风气，又以通利源。风气开则可为之势也。利源通则可为
> 之资也。今诸公衮衮因循观望，而我辈坐论莫展一筹，一手一足岂能挽
> 江河哉？

梁启超在家乡居住期间，大量阅读了西书，对于西方诸国从工业革命后，交通、通讯等各方面的发展情况，以及其对清除旧的封建制度，建立新的资本主义制度所起的作用印象很深。所以，他提出修筑铁路以开风气、通利源，造成可为之势和可为之资，到那时"不待大声疾呼"，维新变法会自动实现。

梁启超的认识，有其合理的方面，他发现了社会经济的发展是推进政治变革的基础，但是他却错误地将中国风气不开归结为铁路不发达，认为铁路修起后，专制政体自然就会垮台，变法维新的目标也就会立刻实现。这实际上是因果倒置，忘记中国的落后，被列强欺辱的事实，是腐败的封建专制统治所造成的。

梁启超对汪康年提议，要他劝说张之洞在南北交通路线上修筑一条铁路的主干线，然后再令各省商民在各省内接着修筑省内铁路，他认为不到十年，就可以收到可观效果。

梁启超的修筑铁路之说，说明了他已从草堂的读书生活中跨了出来，开始向宣传和推进维新变法运动的道路行进。

光绪十九年，梁启超喜得长女。他给长女取名思顺，把家从乡间茶坑迁到了省城里。由于长女的出世，这年中，梁启超曾准备将夫人李氏送回贵州省的亲戚家，然后再从贵州到湖北再到北京参加明年在京师举行的会试。后来，不知什么原因没有去成。

冬天，梁启超赴东莞讲学。与他一同前往讲学的还有韩文举。韩文举，字云台，广东番禺人，与梁启超同是万木草堂弟子。据东莞《张篁溪日记》记："梁先生于光绪十九年癸巳冬到吾乡讲学，城内墩头街周氏宗祠内，时余才十七岁，以之游。"这次讲学从光绪十九年冬，一直到第二年春，当时人们也称他们这为"冬馆"。梁启勋在《万木草堂回忆》中说：

> 七十年前的广东教育界，有所谓冬馆。于岁晚务闲之时，作三个月之短期教育。此等冬馆，大多是两人合教，梁启超尝与韩云台合教于佛山（当为东莞）。但是这种冬学，一定要有文学中有相当名望的人乃能据致学生。

梁启超在东莞县讲学时主要以公羊学教授学生,《张篁溪日记》记录当时他讲学的情况:"先生命治公羊学,每发大同义理,余思想为之一变,始知所谓世界公理,国家思想。"梁启超开始接触康有为的大同思想,是在光绪十七年,那时万木草堂建立不久,康有为在撰写《新学伪经考》和《孔子改制考》的时候,也同时在撰著《公理通》和《大同书》两部书。他经常和弟子们讨论书中的思想和观点。梁启超后来说:"其著《大同书》罩思独造,莫能赞一词,然每发一义,未尝不择其可语者相与商榷。"康有为所写《大同书》是解释"张三世"中"太平世"的,是一部带有空想社会主义色彩的著作。梁启超说:

> 有为虽著此书,然秘不以示人,也从不以此义教学者,谓今方为"据乱"之世,只能言小康,不能言大同,言则陷天下于洪水猛兽,其弟子最初得读此书者,惟陈千秋、梁启超,读则大乐,锐意欲宣传其一部分。有为怫善也,而亦不能禁其所为,后此万木草堂学徒多言大同矣。

梁启超在冬馆教书期间,不仅教授学生公羊学,传播大同思想,进行变法维新的宣传,而且还写了《读书分月课程》一书,"以训门人"。《读书分月课程》一书是梁启超依据康有为在万木草堂讲学时所著的《长兴学记》改写的。梁启超在万木草堂读书时深切感到《长兴学记》对他有很大的帮助。《长兴学记》一书是康有为阐发微言大义,训练后辈的,梁启超曾说:"他一生的事业,大部分是从《长兴学记》、《仁学》两部书学到的。"

梁启超在《读书分月课程》中,比较细致系统的记述了他要求学生学习的内容和办法。他认为读经书要以明大义通义理为主旨;读史书是为了证实经的内容,"百史皆经"。要读经书,则要以《公羊传》为主。学历史,要首先读懂《史记》、《汉书》,同时还要读世界史。在《读书分月课程》一书中,梁启超要求学生读书要掌握有效的学习方法。他借鉴草堂学生的功课簿,要学生做读书笔记。

去东莞讲学是梁启超首次执教鞭。从此以后,他就和教师这一职业结下了不解之缘,讲稿和粉笔几乎伴随他一生的时间。光绪二十年初,他结束了在东莞的讲学,再次进京。当时正值甲午中日战争爆发之前,帝国主义侵略瓜分中国的危机日益严重。不久,梁启超就完全投身于救亡图存的维新变法运动中去了。

在万木草堂读书期间,梁启超边学习边实践,已经成为维新运动的领导人物。康有为的历史地位是因为他发动和领导了维新运动,而康有为的最成功之处却是塑造了梁启超。二人一起策划变法事宜，日后康梁合称，既是师徒，又是同志，在历史上传为美谈。然而，康梁的关系又非常复杂，他们的合作也是有限的。几十年中，康梁之间分分合合风波不断。康梁之间的矛盾主要是他们的个性和见解不同。虽然两人都是爱国有识之士，都以救国济世为责任，但康有为自负、固执，以救世主、教主，后来又以"王者师"自称。作为他的得意弟子的梁启超对此颇有感触。在他给康有为所写的传记中，一面高度赞扬了老师的丰功伟绩和高尚品质，一面也婉转地对老师的缺点进行了批评。他说："先生最富于自信力之人也。其所执主义，无论何人，不能摇动之。于学术亦然，于治事亦然。不肯迁就主义以徇事物。而每熔取事物以佐其主义。常有六经皆我注脚，群山皆其仆从之概。故短先生者，谓其武断，谓其执拗，谓其专制，或非无因耶。"在这里，梁启超其实是借别人的话，批评康有为"武断""专制"。在《清代学术概论》中梁启超就明确指出，在万木草堂学习时，他与陈千秋二人就"时时病其师之武断，然卒莫能夺也"。

　　具体说来，康梁的根本区别具体表现在两方面。在个性上，康有为自负、自傲、刚愎自用。正像萧公权所说："谦虚显非他的美德。康有为很难自认有错误。"而梁启超却因谦虚而著称，他一生不断自责，并倡导别人也自责、自贬。康有为教条主义严重，后来越来越不顾现实。正如梁启超说，康有为太有成见，而自己太缺成见。梁启超跟随形势改换思想。康有为有极强的权力欲，因此对自己的部下专横跋扈，对他人也很傲慢。梁启超经常因为事事要票告，事事受康限制而非常痛苦。梁与康不同，梁启超不追求权力和名利，不论对何人都平等、宽厚、谦虚。胡适就说梁启超为人最可爱，全无城府，一团孩子气。例如戊戌政变后，孙中山想和康梁合作，康有为以帝师自居，妄自尊大，非要以孙中山拜他为师作为见面的条件，被孙中山拒绝。而梁启超对孙中山以兄弟相称，相交甚好。由于梁启超待人平等，交往甚广，在国内及海外华人中的影响远远超过康有为。康梁的分离主要因为思想和政见的不同。早在1895年，二人在学术上就有分歧。梁启超作《伪经考》，对老师的武断不满。康有为好引谶纬之书，以神秘性说孔子，梁启超对此不以为然。梁启超结交谭嗣同等人后，受他们激进思想影响，与康有为逐渐产生分歧。1897年，梁启超受严复、黄遵宪的启发，反对康有为保教的观点，他讲立教毫无益处，只会束缚士人的思想和才力，窒息新学。戊戌政变后，康梁流亡国外，不久就分开。梁启超大量吸收国外新思想后，建立了自己的思想体系，突破了康有为思想的桎梏。二人逐步分离，各自成为不同学派和政派的代表。

　　对康有为而言，梁启超是青出于蓝而胜于蓝。梁启超一生不断探索和追求，

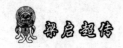

而康有为则逐渐落在时代后面，最终因复辟帝制而被历史抛弃。梁启超爱师、尊师，始终恪守传统的师道尊严，对康有为恭恭敬敬地行弟子礼。但在立场问题上，他坚持真理，坚守原则，明确而又谨慎地区分政治与私情。在反复辟的关键时刻，他甘愿顶着"背叛师长"的罪名，公然反抗恩师，以致康有为愤恨到了极点，大骂梁启超违背伦理道德，禽兽不如。梁启超事后仍毕恭毕敬地事奉师长，最终得到康有为的谅解。

1894 年梁启超进京，与京师名士多有来往。当时中日战争爆发，梁启超"惋愤时局"，抨击时政，但因人微言轻，无人理睬。梁启超更加发愤读书，探索救国途径。他与麦孟华、夏曾佑等几位朋友住在广东会馆，一起读书，讨论时事，研究问题。后来他回忆当时的情景说：

> 那时候我们的思想真'浪漫'得惊人，不知从那里会有那么多问题发生。一会发生一个，一会又发生一个，我们想要把宇宙间所有的问题都解决。但帮助我们解决问题的资料却没有。我们便靠主观的冥想，想得到的便说出来对吵，吵到意见一致的时候，便自以为已经把问题解决了。由今回想，真是感到可笑。但到后来明白问题不是那么容易解决。发生问题的勇气也一天减少一天了。

这群年青的知识分子热诚、真切、天真、浪漫，他们迫切地寻找最佳的救国方案，可是一时又难于找到。这对他们实在是痛苦之极。然而时代的浪潮既然把他们推向了社会的前列，他们不得不摸索着前行，而没有任何退却的余地。一旦政治形势发生变动，他们将会采取相应的行动。1894 年时，梁启超和他的朋友们还没有预料到，一场政治风暴即将来临。他们将卷入这场风暴的核心地带，果敢的行动势必结束无谓的争论。

第三章 维新变法

一、公车上书

光绪二十年初，梁启超再一次来到首都北京。这次和梁启超一起来京城的，还有他的老师康有为和他的妻子李夫人。

这是梁启超和康有为师生二人首次一起进京。光绪二十年，原不是礼部会试的时间，但这一年十月初十正是慈禧太后六十寿诞，所以，从上年起，朝廷就诏告天下，今年给慈禧太后万寿庆典，特开恩科。各省的举子自年初就纷纷从各地进京赴科赶考。但是，梁启超和康有为这次进京的目的却不在于科考中第，获得功名，而是进京进一步宣传他们的变法维新的主张。梁启超在后来写给朋友的信中说："此行本不为会试，弟颇思假此名号作汗漫游，以略求天下之人才。"到北京以后，康有为下车时不小心扭伤了脚，没能在北京久住，不久就返回广东去了。

梁启超此次入京的第二个动机，是送妻子李夫人回娘家"探亲"。前年夏天，梁启超会试不中，携新婚夫人南归故里乡居，已将近两年了。出身官僚世家的夫人对广东潮湿多雨的气候，以及茶坑梁家清寒的居住条件都非常不习惯。只在茶坑村乡居了一年多，就随梁启超搬到省城去了。这次到京城，梁启超先是带着夫人拜谢她的哥哥李端棻这个媒人。不久，妻子李氏就到贵州老家"探亲"去了。

梁启超此次到京，仍住在粉坊琉璃街的广东新邑馆。这一年的北京城分外热闹。为筹备慈禧太后的寿辰庆典，从开春，就大兴土木，加紧修建颐和园，在从故宫到颐和园的路上，搭建彩棚、彩亭和戏台。朝廷内外臣子都承蒙"殊恩特沛"的"赏赐"，加官晋爵。京师各会馆里，考试的举子们在梦想着金榜题名，衣锦还乡，一派"太平盛世"的情景。然而，在这粉饰的太平情景掩饰下，一场严重的民族危机正在迅速地降临。

光绪十九年末，朝鲜爆发了声势巨大的"东学党"农民起义。第二年五月初，朝鲜封建统治者在农民起义军的攻击下，诚惶诚恐，向清政府要求"酌遣数队，速来代剿"。早就企图吞并朝鲜，侵略中国，称雄亚洲的日本便以此为借口，在清军进驻朝鲜的同时，也大规模向朝鲜派兵。到五月底，进驻朝鲜的日军已经多达上万人。日军进驻朝鲜，其目的是在挑起中日事端，发动侵华战争，"抓住掌握亚洲霸权的时机"。战争已迫在眉睫。

而此时，清政府还在紧锣密鼓地筹划慈禧太后的万寿庆典。对于日本在朝鲜的明显挑衅，虽然以光绪皇帝为首的帝党全力主战，但以慈禧太后为首的掌握政权的后党却主张和好。慈禧太后怕战争搅黄了她万寿庆典的美梦；李鸿章更是打着"以夷制夷"的旗号，乞求英俄德出面帮助调解，或想方设法迫使日本撤军，把赌注全押在外国的干涉上。在朝廷上下力主抵抗，整顿军旅的呼声下，李鸿章陆续向朝鲜增派了一些部队，作了随机应变的准备，但即使在日本发动侵略战争的野心已充分暴露出来的情况下，慈禧太后仍就"不令先开衅生事"，让清军在突变的情况下处于十分被动的境况。

7月25日，日军不宣而战，在丰岛海面上袭击北洋水师的兵舰和运兵船。六天之后，日军的主力又进攻牙山，清军在激战三天后，溃散而出，退出平壤。8月1日，中日两国正式宣战。9月15日，平壤战役，清军战败，退回国内。三天之后，近代历史上最大的一次海上战役，黄海大海战爆发。此后，日本侵略者又打算将战火引到中国的土地上。

平壤败退，黄海沉船的消息传到国内，全国上下人人愤恨。一时间，主战言论充斥朝廷。光绪皇帝责备李鸿章，命令他"严防渤海以固京畿之藩篱，力保沈阳以顾东省之根本"，再不可使疆土丧失。帝党的首脑人物翁同龢和张謇等人，也"危言耸论，声泪交下"，主张坚决抵抗，反对妥协求和。他们想尽办法把被慈禧太后罢职、闲居多年的恭亲王奕訢重新推上台，试图凭此挽回危局。但掌握清政府大权的后党却根本没有坚决抵抗之心，仍希望通过调停，向日本摇尾乞和。

此时，客居京城的梁启超，深切地感受到了民族和国家危亡，认清了清朝统治者的腐败与无能。他往来于京师所谓名士之间，耳闻目睹的一切无不让人义愤填膺。在给朋友的一首诗中，他写道：

> 怅饮且浩歌，血泪忽盈臆。
> 哀哉衣冠俦，涂炭将何极。
> 道丧廉耻沦，学敝聪明塞。
> 竖子安足道，贤士困缚轭。

海上一尘飞，万马齐惕息。

江山似旧时，风月惨无色。

帝阍呼不闻，高谭复何益。

　　自甲午战争爆发后，梁启超等一批爱国志士，便到处奔走，高声疾呼，反对求和，主张坚决抵抗日本侵略者的侵华行动。但慈禧太后和那伙顽固保守的官僚分子，哪里会搭理这些小小举人的呼声，所以梁启超"六月日本战事起，愤愤时局，时有所吐露，人微言轻，莫之闻也"。他只能叹息自己空有"一腔孤愤肝肠热，万事蹉跎髀肉生"，却无法施展自己的满腔抱负。

　　面对日军的步步逼进，懦弱无能的清政府不是下定决心，重整旗鼓，以备再战，而是仍梦想通过外国的干涉来实现调停与和解。梁启超后来为康有为《甲午十月记事诗》写的序言中，记载了清政府乞求英、俄等国调停干涉的狼狈相，"当时两江总督张之洞建议割东三省与俄，西藏与英，赂使助我拒日。而盈廷联俄说尤盛，总督与俄使已有成言"。但是，英、俄等国都从自己的利益出发，实际上扮演了帮凶的角色。

　　10月16日，日军分兵两路向中国东北进犯。一时间，战火燃遍了我国辽东大地。以光绪帝为首的主战派仍然主张坚决抵抗外来侵略，可是，以慈禧太后为首的当权派，一方面，压制、打击帝党君臣；另一方面，仍一心主和，着力筹备太后的万寿庆典。慈禧太后凶狠地说："使我不欢者，我将使之终身不欢。"

　　11月，梁启超和好朋友夏曾佑一同"乘款段出都门矣"，愤然离京，"夕烽从东来，孤帆共南指"。正当大连沦陷，旅顺告急，边报、急电纷纷扬扬地飞向京师之时，慈禧太后在紫禁城皇极殿庆贺了她的六十寿诞，众官来贺，大戏三天，极尽奢靡之能事。慈禧太后命令光绪皇帝、文武重臣随侍左右，把国事完全置之脑后。梁启超沿运河乘舟南下，到上海时，才得知大连、旅顺已先后沦陷的消息。他作了一首《水调歌头》词，慷慨悲歌，抒发了一个爱国者对祖国满腔的情和爱：

　　拍碎双玉斗，慷慨一何多！满腔都是血泪，无处著悲歌。三百年来王气，满目山河依旧，人事竟如何？百户尚牛酒，四塞已干戈。

　　千金剑，万言策，两蹉跎。醉中呵壁自语，醒后一滂沱。不恨年华去也，只恐少年心思，强半为消磨。愿替众生病，稽首礼维摩。

　　十九世纪后期，帝国主义列强想要瓜分中国的愿望日益强烈。"俄北瞰，英

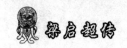

西睐，法南瞵，日东眈。处四强邻之中而为中国，岌岌哉。况磨牙涎舌思分其余者尚十余国"，亡国灭族的危险近在咫尺。救亡图存变为这个时期历史的主题。四年的万木草堂学习生涯，使梁启超从一个普通的封建士人变为一个满腔热血的爱国者和维新变法的勇士。从光绪二十年起，他开始放弃宁静的读书生活，投入到维新变法斗争中去。

这一年的春天，梁启超又一次来到北京。他与聚集京城的举人们不同，此行的梁启超无心求取功名，目的在宣传救国的主张。随着帝国主义列强侵略的逐步深入，清政府腐朽无能暴露得更加充分。梁启超的救亡图存的主张也有了质的变化。从光绪十八年秋天主张的振兴救亡的策略在于修筑铁路，到光绪二十年、二十一年间，梁启超进而提出"今日之事，以广求同志，开倡风气为第一义"。从期望依靠张之洞这样的洋务派、清流派中较为开明的大臣们筑铁路以开风气，师夷之长技以制夷到亲眼看到有着几千年历史文明的中国慢慢向半殖民地社会迈进，人民饱受痛苦，列强的军舰和士兵在沿海、内河行驶，肆无忌惮，而清统治者仍然腐朽不堪。梁启超在此期间写的一首诗生动形象地描绘出维新志士们在苦苦地探索着救国救民的道路，而一时之间又一筹莫展的彷徨：

> 群季年来几合并，短檠相坐对谈兵。
> 一腔孤愤肝肠热，万事蹉跎髀肉生。

光绪二十年前后，随着列强瓜分中国的危机日益加深，梁启超的思想也发生了转变，主张到处发动同志，组织团体，积极宣传维新变法。他的变化标志着中国近代资产阶级维新派开始进入历史舞台，并且，由小到大，渐渐成为一支不容忽视的政治力量。梁启超在其中扮演了维新变法最积极的宣传者、最热情的组织者的角色。

在京城，为宣传维新变法的主张，他广交以帝党为主的清流名士，如张謇、沈曾植等人，并通过他们和帝党首要人物翁同龢等权势要人互通消息。正是从此时起，梁启超开始表现出日后的非同寻常的外交才能。帝党与维新派较为密切的沟通也从此开始。

在北京的新会会馆里，梁启超经常与密友麦孟华、江孝通、夏曾佑等人在一起读书研究，讨论时事。尽管他们住在不同的会馆，但为了商讨一个问题，却常常聚在一起，送走一个又一个不眠之夜。1924年，夏曾佑逝世，梁启超写了一篇充满情感的真挚悼文。并在文章中回忆了他们在一起求知、求索的动人场面：

我们当时认为，中国自汉以后的学问全要不得的，外来的学问都是好的，既然汉以后要不得，所以专读各经的正文和周秦诸子。既然外国学问都好，却是不懂外国话，不能读外国书，只好拿几部教会的译书当宝贝，再加上些我们主观的理想——似宗教非宗教、似哲学非哲学、似科学非科学、似文学非文学的奇怪而幼稚的理想，我们的"新学"就是这三种元素混和构成。

就像毛泽东所指出的那样："那时，求进步的中国人，只要是西方的道理，什么书也看。""要救国，只有维新，只有学外国。"

在这一年梁启超写给汪康年的信中，反映了这些带有救国救民志向的热血青年是如何筹备广求人才以开启风气的。"奇士在世间，即造一世福。""新义凿沌窍，大声振聋俗。数贤一振臂，万夫论相属，人才有风气，盛衰关全局。去去复奚为，芳草江南绿。采掇当及时，无为自穷蹙。"从这里我们可以看出，梁启超等人将贤才、风气的好坏与救国救民的维新变法联系的是多么的密切啊。

广求人才，结为联盟，大力宣传维新变法主张。梁启超更加意识到人才还需要"教""养"。他给夏曾佑的信中就写道："今日之事，以广求同志开倡风气为第一义，前在都讲之已熟，君近有所得否？……湖江之间所见何人？……弟以为今日求人才，必当往教，不能候其来学。"在其他两封信中又说："贵省通材谨悉，但仍欲觅后起之秀者，虽学未成而志趣过人，亦足贵也。我辈阅人不可太苛。""我辈以普度众生之心，多养人才是第一义。吾粤学子虽非大佳，然见闻稍开，骨植稍竖，回顾天地，此方人尚可用也。"

甲午中日战争的惨痛教训，更大地刺激了这位救国救民的爱国志士，梁启超在给汪康年的书信中，如此写道："我辈今日无一事可为，只有广联人才，创开风气。"在此信中，梁启超首次提到孙中山，并敏锐地感到彼此间的差异，"孙某，非哥中人，度略通西学，愤嫉时变之流，其徒皆粤人之商于南洋、亚美及前之出洋学生，他省甚少。"然而他对孙中山及他的随同人员的评价"然弟度其人之无能为也"却被历史证明是错误的。

同年七月，由于维新变法理论的广泛传播，在社会上的影响不断深入，清政府中的封建思想顽固派仇恨、抵制维新变法的活动也开始明朗化了。给事中余晋珊、安维峻等上书弹劾康有为，罪名是"惑世诬民，非圣无法，同少正卯，圣贤不容"，并"请毁《新学伪经考》，而禁粤士从学"。慈禧太后马上降谕旨"可其奏"，并下诏当时的两广总督李瀚章"依议办理"。毁书禁学的行为是清政府顽固派们向资产阶级维新派变法宣传的一次围攻。事发当日，康有为在广州万木草堂讲学。客居京城的梁启超得知消息后，立即四处奔走，想办法营救。他走访京城中所结交的名士，在一批同情维新派的京官，如沈曾植、盛伯熙、黄绍箕、文廷式等人中活动，请他们联名致电广东提学使徐琪，请求他帮忙向总督李瀚章疏通。为防不测，梁启超又求见当时清廷中颇有盛名的名士张謇。张謇很早就被翁同龢所赏识，甲午恩科中，翁同龢为阅卷官而把张謇提拔起来，取一甲第一名进士，凭状元身份人翰林。梁启超求张謇向翁同龢说情。翁同龢一方面是当今光绪皇帝的师傅，另一方面又身为军机大臣和户部尚书，是清廷中同情维新派，而又握有实权的重要人物。翁同龢的调解折衷自然会使对康有为的惩办空气平静下来。但是，为敷衍慈禧太后和顽固派，两广总督李瀚章还是要求康有为自行焚书才算完事。

焚书禁学不是一件偶然事件，它是清朝封建顽固派与资产阶级维新派之间不可挽回的巨大冲突的前奏。也正是从这场斗争中以光绪皇帝为首的帝党，看到了维新变法强有力的感染力。这为以后"百日维新"运动中帝党与维新派结为同盟共同抵抗封建顽固派埋下了伏笔。

光绪二十一年，春江水暖，燕子南回，梁启超、梁小山和康有为去北京会试。途经上海，有某书院想聘梁启超为教师，梁认为上海"为南北要冲，人才凑人之地"，想留在上海任教。但京师形势怎样，让他放心不下。于是他便随康有为进京，"将至大沽，日人来搜船"，无缘无故的受到污辱，使康梁激愤难忍。来到北京，到处传言北洋军队全军覆没，李鸿章前往日本议和，要割地赔款。此种形势，使梁启超已不能集中精力去准备会试。正如他在给友人的信中所言："此行本不为会试，弟颇思假此名号作汗漫游，以略求天下之人才。"

这次会试，康有为中第八名进士，梁启超则又一次榜上无名。据一些野史杂文记载，当时的主考官是守旧分子徐桐，副考官是李文田、唐景嵩、启秀。徐桐恐怕康有为考中进士，凡是发现像康有为的考卷一律抛弃，梁启超的考卷不幸被徐摒弃，而康有为的真正考卷却顺利过关。李文田十分赞赏梁启超的答卷，曾竭力挽回，但没有改变这个事实，于是在卷末批曰："还君明珠双泪垂，恨不相逢未嫁时。"后来梁启超看到此句，为李文田的知遇之恩所感动，曾拜谒李文田，但一谈起政治双方便话不投机，李甚至断言"此人必乱天下"。徐桐知道康有为中进士后十分懊恼，明确地说绝不接见康有为。实际上徐桐在康有为眼中是一块烂泥，他怎么会去求见呢！

考试落榜，并没有使梁启超有太多的不愉快，因为他的心意已主要用在变法维新上面了。四月中旬，《马关条约》签订的消息传到京城。在京应试的举人纷纷议论，决心抗争到底。康有为觉得"士气可用"，立即令梁启超到处活动，发起了史无前例的公车上书。康有为的自编年谱中记录的经过说：

> 三月二十一日电到北京，吾先知消息，即令卓如鼓动各省，并先鼓动粤中公车，上折拒和议，湖南人和之，于二十八日粤楚同递，粤士八十余人，楚则全省矣。与卓如分托朝士鼓动，各直省莫不发愤，连日并递章都察院，衣冠塞途，围其长官之车，台湾举人，垂泪而请命，莫不哀之。时以士气可用，乃合十八省举人于松筠庵会议，与名者千二百余人，以一昼二夜草万言书，请拒和、迁都、变法三者，卓如、孺博书之，并日缮写，遍传都下，士气愤涌，联都察院前里许，至四月八日投递，则察院以既已用宝，无法挽回，却不收。

从以上的这段话可以看出，公车上书的策划者是康有为，具体实施者则主要是梁启超。签名上书的举人多达一千三百人，遍及河北、湖南、河南、广东、湖北、广西、福建、江西、安徽、江苏、吉林、山东、山西、四川、甘肃、陕西、云南、贵州等十八个行省。梁启超后来所著《戊戌政变记》一书，称公车上书是中国几千年来睡梦乍醒的标志，颇有见解：

> 唤起吾国四千年之梦，实自甲午一役始也。……乙未二三月间，和议将定。时适会试之年，各省举人集于北京者数以万千计。康有为创议上书拒之，梁启超乃日夜奔走号召，连署上书论国事。广东、湖南同日先上，各省从之，各自连署，麋集中都察院者，无日不有。虽其言或通或塞，或新或旧，驳杂不一，而士气之稍伸，实自此始。既而合十八省之举人，聚议于北京之松筠庵。为大连署以上书，与斯会者凡千三百余人，时康有为尚未通籍，实领袖之。其书之大意凡三事：一曰拒和，二曰迁都，三曰变法。……言甚激切，大臣恶之，不为代奏。然自是执政者渐渐引病去，公车之人散而归乡里者，亦渐知天下大局之事。各省蒙昧启辟，实起点于斯。此事始末，上海刻有《公车上书记》以纪之。实为清朝二百余年未有之大举也。

公车上书声势空前，震惊上下，大快人心。此壮举开启了知识分子集会上书、参与政治的新方法。它标志着新型知识分子登上历史舞台，成为社会的主导者的开始。

公车上书是康梁实施维新变法的开始。各地的举人回乡后，康有为、梁启超

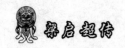

继续留在北京，从事他们的变法维新事业。中国历史上有许多著名的、有成就的政治家，然而能刚步入政坛，即承担起领导一场划时代政治运动重担的政治家却不多见。康有为和梁启超正是这样胆略的政治家，他们站在时代潮头，有力地加速了传统社会向现代化转变的进程。在维新变法运动中，康梁并名，是世人公认的。然而如果仔细分辨，两人在运动中所起的作用却不完全相同。在某些方面，梁启超的作用好像比康有为更为显著。康有为是运动的发起者，这一地位是无可取代的。他也是变法的领袖者、指挥者。但是，梁启超并不只是陪衬。他参与策划了许多具体运动，并且是公车上书的主要人物。另外，他还参与起草了康有为的一些包括纲领性文件和奏章在内的重要文件。梁启超广集人才，四处联络维新人士，比康有为更有号召力。他的活动对维新运动是十分重要的。康有为在知识分子中的影响和在社会上的名声也大多依赖于梁启超的宣传。不过，这些只是表面的现象。如果从更深的方面分析，可以看出更多的不同之处。

维新变法是社会转型时期的一次变革，其方式也兼有传统和现代两种。传统的方式是向皇帝上书，并运用儒家学说制造理论根据。现代的方式是使用报刊大造舆论、动员社会、成立社会团体，也就是学会，来组织联络维新人士，办学校、书局等新文化机构，启蒙思想。比较来说，康有为运用传统的形式更多些。他多次上书，把变法的希望寄托在皇帝身上。他积极鼓动上层官员，在京师各个重要的衙门奔走。当然，康有为也寻求社会各方面的援助，但总的方法仍然是把希望寄托于皇帝。梁启超的主要工作是进行组织宣传，办学、办报，直接动员社会。梁启超宣传的内容也有所区别，其思想更新、更激进一些。

维新运动最主要的工作是理论建设和社会动员。康有为的"两考"以传统学说为介质，其目的在于动员上层人士，以证明变法的合理性，但这些对维新运动并没有产生直接影响。正像某些学者所说："这两本书因为它表达的方式过分迂回，对于维新变法的政治主张没能从正面进行阐述，所以对于当时一轰而起、来势凶猛的变法实践，并没有发挥应有的直接指导作用。"梁启超的《变法通议》却是维新变法的宣言书和纲领性文件。

1896年，梁启超在《时务报》上发表《变法通议》，以流畅通俗的语言明确表达了变法的基本意图。在此文章中，梁启超坚定地宣称："变亦变，不变亦变！"《变法通议》从世界全局到中国的情况，从中外历史到社会现实，从自然界到人类发展规律等各个方面举出大量事实，有力地论证了中国非变不可的多种理由，指出："夫变者，古今之公理也。""上下千岁，无时不变，无事不变。"变是无可避免的，但怎样变，变什么？梁启超批评洋务派等不知变法根本，只变皮毛，只看重船坚炮利，他主张要从根本上改变，首先要进行思想启蒙教育，改变人的整体素质。梁启超把人的现代化放在首要地位。他说："言自强于今日，以开民智为第一义。"开民智，就是进行思想启蒙。然而思想启蒙与教育制度的改革密不可分，必须废除束缚士人思想的科举制度，而教育制度又受政治制度的约束。所以改革必须是全面的。他指出："吾今为一言以蔽之曰，变法之本，在育人才；人才之兴，在开学校；学校之立，在变科举，而一切要其大成，在变官制。"梁启超从全方位论述到：要广泛翻译西书，吸取西方经验；要废科举、兴学校、育人才；办学会，联络人才；开民智、开绅智、开官智，兴民权、兴绅权；要改官制，摒弃守旧官僚，任用新人，破旧立新；要发展农工商业等等。从《变法通议》中可以看到，梁启超超越了康有为的思想，更明确地阐释了变法的基本主张，并且使民族主义和民主思想在变法纲领中更加突显。《变法通议》一文问世，远近传播，震撼全国。

在戊戌变法之前，梁启超或者协助康有为，或者自己独立行动，为维新变法作了大量的准备工作。首先是办学会，广结同志，开社会风气。在此之前，梁启超自己一直在为寻求人才而努力。公车上书后，他与康有为商议，达成共识，将办学会作为寻求人才的手段。梁启超的《变法通议》中有一章节《论学会》，专门论述学会在维新变法运动中的意义。他指出："今欲振中国，在广人才；欲广人才，在兴学会。"这表达了当时的想法。1895 年 9 月，强学会在北京成立，梁启超当选为学会的书记员，主要主持全面工作。强学会是兼具政治、文化双重性质的团体，一方面与维新爱国人士和开明士绅联络，以聚会和讲学的方式宣传维新变法思想、探讨救国之道；另一方面投身新文化事业，开办报纸、翻译西书西报、设立图书馆、购买图书和科学仪器，用以开发民智。梁启超始终参与这些活动。创业的艰难是可想而知的。据梁启超的回忆，当时为购买一幅世界地图，在京师耗了一二月之久，仍未能买到，后差人在上海才买到。地图到京后，学会将其看作珍宝，每日邀请人前来观赏。强学会突破了统治者不让民间结社的禁令，开创了民间社会自由集会、结社的新风。梁启超说："在今日固视为幼稚之团体，然在当时风气未开之际，有闻强学会之名者，莫不惊骇而疑有非常之举。此幼稚之强学会，遂能战胜数千年旧习惯，而一新当时耳目，具革新中国社会之功，实亦不可轻视之也。"像粤学会、湘学会、桂学会、知耻学会、经济学会等都是在强学会的带动下，涌现出的一批维新团体。梁启超对这些学会全力支持，先后为蒙学会、农学会、知耻学会等撰写序文，宣传学会的重要意义。

以慈禧太后为首的腐败的清政府以一纸《马关条约》，赔款白银两亿两，将台湾及澎湖列岛割让给日本。丧权辱国条约的签定立即激发了全国人民，特别是台湾人民的无比愤慨。由此引发了一场声势浩大、史无前例的反割台斗争。

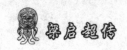

《马关条约》签订之后，台湾请求清政府废除条约，各阶层人民严正声明："愿人人战死而失台，决不愿拱手而让台"，杀敌保国的爱国热情在整个台湾岛激荡。但是，腐败无耻的清政府却无视全国人民和台湾人民的要求，还是将"保台"的希望寄托于帝国主义列强的干涉上。但列强的干涉只不过迫使日本放弃了对辽东的霸占。"保台"活动失败后，清政府马上准备向日本割让台湾以换取日本军队从辽东撤出。

四月二十五日，清政府派李鸿章之子李经方为割台专员，并下令台湾省大小官员陆续回到内地。五月二日，在爱国绅士丘逢甲的带领下，台湾千余人绅民列队去巡抚衙门示威，要求巡抚唐景嵩主持抗日大计。但唐景嵩一面假意应对，一面根据清廷旨意将官兵全部撤回大陆。五月四日，日军在桦山资纪的率领下，由大批军舰护送，开始攻占台湾北部。丘逢甲在此前就得知台北兵单力薄，要求巡抚唐景嵩增调黑旗军刘永福部北上救援，但唐景嵩无动于衷。五月六日，日军从台湾基隆东登陆。台湾军民为保家卫国与日军进行了激烈的战斗。五月十日，日军炮轰基隆，第二日基隆陷落。

五月十一日，康有为的《上清帝第三书》由都察院转报清廷。这次上书的内容与《上清帝第二书》大致相同，强调"社稷安危，决在今日，凡上所陈，其行之者，仍在皇上自强之一心，畏敬之一念而已"。不一样的是，这次上书到达了光绪皇帝的手中。光绪皇帝自甲午丧师败绩，割地赔款，一直心痛。"上每言及国耻，辄顿足流涕。"所以，光绪皇帝看到康有为的上书，"览而喜之"。这是维新派的变法主张第一次上书传达给皇帝，并得到赞许。

与此同时，梁启超为反对割让台湾，正联合"顺德麦孟华、香山张寿波、增城赖际熙上书都察院"力陈台湾不能割让。但腐败的清政府早已决定割让台湾给日本了。五月十二日，台湾巡抚趁台北溃兵索饷之事，"亟微服挈一子而逃，妾易男服随之，杂难民中窜上城，疾附英轮至厦门"，仓皇出逃。剩余的官员也逃之夭夭了。台北一时变成一座空城。五月十五日，日军不费吹灰之力占领了台北。爱国士绅丘逢甲在战败后，也回了内地。

从五月二十日，日军进攻新竹，到闰五月初三，日军攻占台南，到六月，日军进逼台中。台湾各地人民，尤其是黑旗军下属各部给日本侵略者以极其沉重的打击。彰化之战，台湾军民给予日军以重击，表现了台湾人民不惧强暴，英勇献身的精神。九月初，台南失陷。我国的神圣领土——宝岛台湾陷于日军的侵略之下，长达五十年的沦陷自此开始。

甲午之战的惨败，马关条约的签定，割地赔款，让昏睡的国人从梦中惊醒！亡国灭族之祸已降临到头上。康有为、梁启超领导的"公车上书"等一系列的上书请愿活动，标志着维新运动的高涨。作为爱国运动而名留青史的"公车上书"运动，完全可以和 1919 年"巴黎和会"中国外交失利消息传来，北京三千多学生在天安门前集聚，要求"外争国权，内惩国贼"的"五四运动"相媲美。

"公车上书"和一系列的上书虽然没有阻挡《马关条约》的签订，但却大大地激发了许多知识分子的爱国热情，广泛地宣传了维新变法、救亡图存的思想。维新派，特别是康有为、梁启超奔走呼喊，救亡就要维新，维新的目的是救亡。他们斥责当权派的顽固保守、媚外卖国。他们把救亡图存当作维新变法的前提和目的，从而说明了维新变法的紧急性和必要性。正是这个救亡的口号，使维新变法能够在短时间内迅速高涨起来，并在全国得到普遍的同情和支持。维新运动每前进一步都是与当时的日趋严重的民族危机密切相连的。随着列强瓜分中国狂潮的刺激，维新运动也进入了它的最高潮——"百日维新"。

但维新变法的发展却是建立在一个非常脆弱的基础上。近代中国资本主义的稚嫩，资产阶级维新派的主要人物多是一些接受西方思想较早的士人，阶级基础脆弱。在斗争中，旧的思想痕迹的印象使他们甩不掉旧制度，依靠自上而下的推行他们的变法维新的主张。《马关条约》签定后，翁同龢曾起草十二道新政敕旨，图谋实施，"常熟亦日言变法"。光绪皇帝也"毅然有改革之志"。但是，正像梁启超所说："君相之孱弱，岂能望其大有所为，但能借国力推行一二事，则教、族两端少有补耳。""此间大人先生两月以前尚颇有兴亡之志，今又束阁矣。"

维新变法高潮期的到来，还需要一个漫长的过程，还需资产阶级维新斗士们不懈的努力和宣传。

二、传经布道

1. 创立强学会

公车上书使康梁认识到要进行变法，一定要聚集为"群体"；要"合群"，则需要有一组织。1895 年夏秋之交，他们的着眼点集中到建立维新社团上。康有为在叙述他们的想法时说：

> 中国风气，向来散漫，士夫戒于明世社会之禁，不敢相聚讲求，故转移极难。思开风气，开知识，非合大群不可，且必合大群而后力厚也。合群非开会不可，在外省开会，则一地方官足以制之，非合士大夫

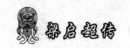

开之于京师不可，既得登高呼远之势，可令四方响应，而举之于辇毂众著之地，尤可自白嫌疑。故自上书不达之后，日以开会之议，号之于同志。陈次亮谓办事有先后，当以报先通其耳目，而后可举会。

由此可见，康有为和梁启超的得意想法是：办报、设会、合群、开风气。而且团会必须建在北京，"群"一定要人数众多，其主要目的是筹建一个学会。

经过各方共同努力，1895 年 8 月 17 日正式发行了《万国公报》，每逢双日出版，刊印一千多份，交给送《京报》者代为传递，"分送朝士，不收报费"。此报除了介绍西方国家的社会、政治、史地、风情、思想文化和转载一些新闻之外，主要是发扬公车上书的主旨，宣传富国强兵之道，国家振兴之路，养民教民之法，一字一句都渗透出变法维新的强烈要求。每期还附有一篇多出自梁启超评的论说，具有启迪效果。有些京城官员拿到这份报纸后，开阔视野，增长见识。两个月之后，舆论宣传有了基础，康梁等维新派即四处活动，筹集资金。十一月初，在北京正式成立了强学会，也叫译书局、强学局或强学书局。

关于北京强学会正式成立的日期，《南海先生自编年谱》的记录是"七月初"。但从梁启超与友人书信中可知，学会筹建在五月间，"此间亦欲开学会，颇有应者，然其数甚微"。八月底，在给夏曾佑的信中又说："前书所言学会事尚未大成，"正在筹备资金。北京强学会成立大概在十月初。

梁启超在《三十自述》中说：

> 京师强学会开。发起之者，为南海先生。赞之者为郎中陈炽，郎中沈曾植，编修张孝谦，浙江温处道，袁世凯等。余被委为会中书记员。

除梁启超上面所提到的，列名强学会会籍或参与会务者，还有麦孟华、沈曾桐、文廷式、丁立钧、杨锐、张权、陈伟垣、徐世昌、汪大燮、熊余波、姚菊仙、杨楷、韩樾堂、褚成博、张仲炘、王鹏运等二十二人。有资料显示，夏曾佑、吴德潇、吴樵、曾习经也是强学会中的骨干分子。

支持强学会和与强学会有关系紧密的人，有翁同龢、孙家鼐、李鸿藻、张荫桓、王文昭、刘坤一、张之洞、宋庆、聂士成、郑观应、李佳白、李提摩太、毕德格、欧格纳等十四人。

这些人当中，有维新派，有帝党，有身居朝廷的军机大臣，也有地方总督，朝廷清流，还有统领一军的武将，甚至还有外籍传教士。总的看来，强学会的成员复杂，关于强学会的性质，后来梁启超在北京大学一次演讲中说：

时在乙未之岁，鄙人与诸先辈，感国事之危殆，非兴学不足以救亡，乃共谋设立学校，以输入欧、美之学术于国中。惟当时社会嫉新学如仇，一言办学，即视同叛逆，迫害无所不至，是以诸先辈不能公然设立正式之学校，而组织一强学会，备置图书仪器，邀人来观，冀输入世界之智识于我国民，且于讲学之外，谋政治之改革，盖强学会之性质，实兼学校与政党而一之焉。在今日固视为幼稚之团体，然在当时风气未开之际，有闻强学会之名者，莫不惊骇而疑有非常之举。此幼稚之强学会，遂能战胜数千年旧习惯，而一新当时耳目，具革新中国社会之功，实亦不可轻视之也。

北京强学会在最初筹资结会时，以陈炽、沈曾植、沈曾桐、文廷式为正副董事。他们四人当时都是帝党的中坚力量，翁同龢的得力助手。维新派建立强学会支援帝党以发展自己，帝党也拉拢维新派壮大自己。在强学会的筹建过程中，维新派和帝党常常集会，结合在一起。

但是，维新派引来撑腰的帝党多是闲处散佚，没有实权，政治地位平平，经济上也"欲助无资"，实力很单薄。所以，他们又吸引了一些另有背景的官僚。如"执政"李鸿藻的得意门生张孝谦让康有为拉入强学会成为会员。张孝谦又接着把袁世凯、徐世昌等拉入会中。在地方督抚中，强学会最为兴盛，张之洞、刘坤一、王文韶等各慷慨解囊五千两作为经费，甚至李鸿章也愿意"以三千金入股"，被强学会拒绝。此外，张之洞"见重"的丁立钧、张权、杨锐也随之入了会。强学会筹设之始，"总董事"也变成以陈炽、丁立钧、沈曾植为总董，而以张孝谦"主其事"。

康有为为强学会写作《序文》。在《京师强学序》中，康有为高呼"俄北瞰，英西睒，法南瞵，日东眈，处四强邻之中而为中国，岌岌哉！"他指出印度、土耳其等国，"守旧不变"，"今或削或亡，举地球守旧之国，盖已无一瓦全者矣"。提倡变法维新。梁启超为强学会起草了章程，强调学会是汇集一批志同道合的志士仁人，目的是协助清政府变法维新、使之国富民强。但是，康梁的剖白根本不能打消封建顽固派的仇视。八月底，康有为被迫离开北京，梁启超在京主持强学会事务。十月，上海也成立了强学会，江浙一带的维新名士，如张謇、章太炎、汪康年、黄遵宪前来加入。南北呼应，维新运动呈现盎然生机。

强学会的主要事务有四个：一是定期集会，宣传维新变法思想，振兴清政府。一般每隔十天集会一次，有人精神振奋地演讲，宣传爱国、保族、保教，历数清廷弊政，呼吁人们大胆变革。康有为写的《强学会叙》，大致叙述了每次集会的中心内容。在民族危机严重、瓜分局面近在咫尺的关键时刻，这种充满热情的集会，对唤起人们的民族意识和救亡之心，起到了很大的推进作用。

二是购买图书，开设图书室。康有为、梁启超等维新派非常重视开风气和开发民智，喜欢在重建精神文明上做工作。他们认为当时的士大夫们太缺乏新知，对西方文化了解太少。于是便购置了一批欧美史地、风土、人文、道德和科技知识的新书，以增加见识，去除成见。当时购买这些图书非常不容易。可见这些新图书、新资料，在当时有难以想象的开民智功用。

三是翻译图书。在强学会中会外语的人非常少，但他们对译书非常重视，一有机会，马上请人翻译。梁启超在《三十自述》书中称"余居会所数月，会中于译出西书购置颇备，得以余日尽览之"。显然，他们确实翻译过西书。后来强学会被迫改成官书局，仍继承了康梁请人译书的传统，"日以翻译西书，传布要闻为事"。

四是办报。1895年12月16日，康梁把《万国公报》改成《中外纪闻》出版发行，事实上它已成为强学会的机关报。它的《凡例》中列出五条宗旨：一、报的内容包括阁抄、外国新闻、国内新闻、译印"西国格致有用诸书"和论说；二、两天出版一次，每月共十五次，月底收回，装订成册；三、所报新闻时事，都应注明出处，采集书中者，为节省版面，则不注明出处；四、购阅报纸者，每月收京足银三钱，票钱均可，按照当时的价格折算，京外订购者，按路程远近，计算邮费；五、报社设在宣武门外后孙公园，愿购者，请联系。由此可见，《中外纪闻》比《万国公报》要内容丰富，订阅手续完善。梁启超后来在演讲中把《中外纪闻》说成《中外公报》，还说"只有论说一篇，别无记事"，这都不符合事实，算是记忆错误。《中外纪闻》以梁启超、汪大燮作主编。不少文章都出自梁启超之手。在介绍西方资本主义社会状况和科学技术，评价中西社会利弊，宣传向西方学习、改造清廷政治等方面，《中外纪闻》是很有成效的。这其间自然倾注了青年知识分子梁启超的很多汗水。

综合起来，强学会的活动内容主要集中在精神方面，政治活动较少，但仍不为守旧势力所容，被清廷顽固统治者仇视。

1896年1月20日，在李鸿章等人的煽动下，御史杨崇伊上奏朝廷，大肆攻击强学会售卖"西学"，私刊报纸，要挟"外省大员"，破坏安定局面，请立即查封。军机处立刻行动，许多强学会会员听到消息后惊惶失措，"纷纷匿遁"。有的甚至泪流"泣下"，求当朝开恩。23日，"北城出示拿人"，强学会也在无形中解散。梁启超也无能为力，只能顺其发展。恰在这时，文廷式等人上奏清廷开办洋务书局，一时难以找到合适人选，李鸿藻趁机把强学会改为官书局，以译书为核心。梁启超等虽然也参与了其中的一些实务性工作，但无法贯彻他改革社会、开启民智的初衷。强学会已名存实亡。康有为后来也曾在上海成立过强学会，但维持时间也不长。由此梁启超深感时局维系艰难，风气未开，于是把精力转向了办报。在 1912 年他的一次演讲中，他较详细地回忆了组织强学会的过程及重心的转移：

> 当甲午丧师以后，国人敌忾心颇盛，而全瞀于世界大势。乙未夏秋间，诸先辈乃发起一政社，名强学会者。……彼时同人固不知各国有所谓政党，但知欲改良国政不可无此种团体耳。……遂在后孙公园设立会所，向上海购得译书数十种，而以办报事委诸鄙人。当时固无自购机器之力，且都中亦从不闻有此物，乃向售京报处托用粗木板雕印，日出一张，名曰《中外公报》，只有论说一篇，别无记事。……办理月余，居然每日发出三千张内外。然谣诼已蜂起，送至各家门者，辄怒以目，驯至送报人惧祸及，悬重赏亦不肯代送矣。其年十一月，强学会遂被封禁，鄙人服器书籍皆没收，流浪于萧寺中者数月，益感慨时局；自审舍言论外未由致力，办报之心益切。

这里要办的报，就是《时务报》。

1895 年到 1896 年间，梁启超住在北京一年多。在他早期政治生涯中，这次在京时间超过以往任何一次。在这一年多的时间里，他全神贯注地投入到了维新运动中去。作为维新运动的主要领导人之一，他广交国内名士，与众多维新志士都有非常密切的来往。许多人成为他的密友和知音。

梁启超在所著《清代学术概论》中说："启超屡游京师，渐交当世士大夫，而其讲学最契之友，曰夏曾佑、谭嗣同。"

光绪二十年十月，亲眼见到清政府的腐败，梁启超和夏曾佑一怒之下离京南归。光绪二十一年，公车上书后，维新运动掀起波浪。筹备北京强学会时，梁启超和夏曾佑多次书信往来，商谈建学会、办报刊事宜。据吴樵《致汪康年书》称强学会被封禁后，夏曾佑等又"起一小会"，是维新运动的骨干。

梁启超在《三十自述》中说，光绪二十一年"其年，始交谭复生、杨叔峤、吴季清、铁樵、子发父子"。在这些人中间，和梁启超关系最好、影响最大的，只有谭嗣同一人。梁启超与谭嗣同是在参加甲午科试间认识的，此后交往愈深。梁启超在给康有为的一封信里，这样提到谭嗣同：

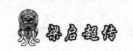

谭复生才识明达，魄力绝伦，听见未有其比，惜佞西学太甚，伯理玺之选也。因铁樵相称来拜，公子之中，此为最矣。

在《清代学术概论》中，梁启超谈到夏曾佑和谭嗣同，又说：

曾佑方治龚、刘今文学，每发一义，辄相视莫逆。……嗣同方治王夫之之学，素谈名理，谈经济，及交梁启超，亦盛言大同，运动尤烈。而启超之学，受夏、谭影响也至巨。

梁启超在《新中国未来记》这本小说中，用文学手法谈到他深受谭嗣同的著作《仁学》的影响。他"即日抄得一部，宝藏箧中而去……一路细读，读了已不知几十遍，把那志气越发涨高几度……他一生的事业，大半是从《长兴学记》、《仁学》两部书得来"。

在北京新结识的维新志士中最重要的人物是陈炽了。陈炽，字次亮，江西瑞金人。当时他的官职是户部郎中，军机处章京。陈炽著有《庸书》，有内篇外篇共计百篇，高呼外患之忧，痛斥封建制度的弊病，倡导政治之革新。梁启超在给夏曾佑的信中提到他："弟在此新交陈君次亮炽，此君由西学入，气魄绝伦，能任事，甚聪明，与之言，无不悬解，洵异才也。"在北京强学会的筹建及成立后，作为董事之一的陈炽做了大量工作。

2. 主办《时务报》

光绪二十二年，梁启超"去京师，至上海，始交公度"。公度，即黄遵宪的字，广东嘉应人。在上海强学会列各会籍或参与会务者里，是与张之洞关系不很亲近的为数不多的几个人之一。京师强学会遭查封后，上海强学会也立马解体。黄遵宪"愤学会之停散，谋再振之，欲以报馆为倡始"，汪康年也从湖北来到上海，与黄遵宪相逢"谈及创办报纸事，意见相同"，于是筹备创办《时务报》。商议写信召梁启超来上海办报。临行前，梁启超就写信给汪康年谈到强学会被查禁后的感慨和想法。他说："时局之变，千幻百诡，哀何可言！黄门以言事伏诛，学士以党人受锢，……南北两局，一坏于仆人，一坏于君子。举未数月，已成前尘，此自中国气运，复何言哉！"虽如此，但他仍决心从事维新变法运动，如上海报馆事成，就赴沪办报，不成，就准备赴湘。他以为"湘省居天下之中，士气最盛，陈右帅适在其地，或者，天犹未绝中国乎"。

七月，《时务报》正式刊行。梁启超任总编。在时务报馆的周围集合了一批维新志士，如严复、谭嗣同、马建忠、容闳、章太炎、吴雁舟等。梁启超和这批人来往密切，并跟随马建忠学习拉丁文。

在担任《时务报》总编不久之后，梁启超就出版了著名的《变法通议》一文和《西学书目表》一书，主要是宣传变法维新的思想。不久，《时务报》就成为全国颇具影响的刊物，梁启超也因此声名大振。

《时务报》的宗旨是开民智，求自强，尤其重视中外时事政治的介绍。因此，《时务报》虽开设了论说、谕折、京外近事等多个栏目，但国外报译几乎占据了一半的篇幅。该报为十天一期刊，每期二十余页，检阅和存放都很方便。加上内容新颖，文笔流畅，反映民众心声，敢于抨击政事，一时风靡全国上下，在戊戌变法时期成为和天津《国闻报》并驾齐驱的影响极大的报刊之一。梁启超说："甲午挫后，《时务报》起，一时风靡海内，数月之间销行至万余份，为中国有报以来所未有，举国趋之，如饮狂泉"。

《时务报》是梁启超发表言说的重要阵地。他利用这一宣传阵地，比较全面而系统地宣传了他的变法主张、文化目标、改革内容。《时务报》开办前期，可以说大致是根据梁启超的精神风貌来办的，其内容和流派风格都反映出当时梁启超的思想倾向。梁启超在《时务报》发表的文章达到六十篇。

《时务报》共发刊六十九期，没有梁启超文章的仅仅十七期，尤其在该报前期，几乎每期都有梁启超的佳作，有时每期报刊甚至两篇或三篇，他的确是名副其实的《时务报》主笔。梁启超在《时务报》的这些文章，从内容上看大体分为五种：一是强调报刊的"喉舌"作用，认为报刊有"治病"、"通神"、唤起民智、增强活力、"去塞求通"之功用；二是呼吁变法，认为变是天下之规律，顺之则昌，逆之则亡；三是抨击时事，揭露封建官僚，哀叹平民疾苦，痛斥社会弊病；四是介绍中西方文化，主张中西并用，他在《西学书目表序例》中指出，"舍西学而言中学者，其中学必为无用，舍中学而言西学者，其西学必为无本，皆不足以治天下"；五是对某些具体人物、事件、图书、学校、团体、商务、财政、文献等的论述，在扣人心弦的记述和画龙点睛的评说中阐释出本人的政治和思想文化观点。总而言之，梁启超造就了《时务报》，《时务报》也宣传了梁启超。

梁启超在《时务报》之所以取得这样重大的成就，首先是他的言论代表了当时多数人的呼声，符合近代社会发展的需要，具有雄鸡一鸣，召唤黎明的效应；其次是他刻苦学习，发奋进取，日夜努力的结果。此时的梁启超不过二十余岁，精力充沛，才华过人，新思想和新思维层出不穷。他回忆说："每期报中论说四千余字，归其撰述；东西各报一万余字，归其润色；一切公牍告白等项，归其编

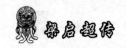

排；全书报章，归其复校；十日一册，每册三万字，启超自撰及删改者几万字，剩余也字字经心。夏日酷暑，洋烛皆变流质，独居一楼上，挥汗执笔，日不遑食，夜不遑息。"这基本符合事实，梁启超确实是《时务报》的中坚力量，所以在多数人眼中，《时务报》是梁启超创办的，梁启超和《时务报》紧紧地联在了一起。随着《时务报》的广泛传播，梁启超也名声大噪，"通邑大都，下至僻壤穷陬，无不知有新会梁氏者"。张之洞在《劝学篇》中说道："乙未以来，志士文人开创报馆，广译洋报，参以博议，始于沪上，流衍于各省，内政外事学术皆有焉。虽论说纯驳不一，要可以扩见闻，长志气，涤怀安之鸩毒，破扪篽之瞽论。于是一孔之士，山泽之农，始知有神州，筐篚之吏，烟雾之儒，始知有时局，不可谓非有志四方之男子学问之一助也。"张之洞的幕僚叶瀚在《致汪康年书》中称："梁卓如先生天才抒张，论著日富，出门人问余之言，捄天下童蒙之稑，敢拜下风，愿交北面。"陈三立也说，黄遵宪称"梁卓如乃旷世奇才"，"今窥一斑，益为神往矣"。严复则称梁启超"自甲午以后，于报章文字，成绩为多，一纸风行，海内观听为之一耸"。这些赞美言语，并非过分赞誉。梁启超敏锐的洞察力、深刻的见解和优美文雅的文字三位一体，自然赢得了许多读者的喜爱。我们还是读一读梁启超在《时务报》的一段文章，品味其中的"滋味"：

> 官惟无耻，故不学军旅而敢于掌兵，不谙会计而敢于理财，不习法律而敢于司李，瞽聋跛疾，老而不死，年逾耋颐，犹恋栈豆，接见西官，栗栗变色，听言若闻雷，睹颜若谈虎，其下焉者，饱食无事，趋衙听鼓，旅进旅退，濡濡若驱群豕，曾不为怪；士惟无耻，故一书不读，一物不知，出穿窬之技，以作搭题，甘囚虏之容，以受收检，褒八股八韵，谓极宇宙之文，守高头讲章，谓穷天人之奥；商惟无耻，故不讲制造，不务转运，攘窃于室内，授利于渔人，其甚者习言语为奉承西商之地，入学堂为操练买办人才，充犬马之役，则耀于乡间，假狐虎之威，乃轹其同族；兵惟无耻，故老弱羸病，苟且充额，力不能匹雏，耳未闻谭战事，以养兵十年之蓄，饮酒看花，距前敌百里而遥，望风弃甲。

从《时务报》刊发的首期起，梁启超便用他那支尖锐的笔写作，宣传变法主张。在他的许多文章中，尤以《变法通议》影响最大。新会梁氏的名声也因此大噪。《变法通议》一文被分为几个部分在《时务报》上连续登载，在文中梁启超阐释了他救国救时的政治主张。

在《自序》中，梁启超首先提问"法何以必变？"他以天地万物生生死死为例，回答说"故夫变者古今之公理也"。他用古代社会的税法、兵制、学校科举制度的变化，指出"上下千岁，无时不变，无事不变，公理有固然，非夫人之为也"。他进而谈到变有自然和社会两种变化。"自然之变，天之道也。或变则善，或变则敝"。社会之变"有人道焉，则智者之所审也"。"委心任运，听其流变，则日趋于敝，振刷整顿，斟酌通变，则日趋于善。人力使然也。"他历数历代王朝的变更说："荥然守之，因循不察，渐移渐变，百事驰废，卒至疲敝，不可收拾。""审其敝而变之，斯为新王矣，""自审其敝而自变之，斯号中兴矣"。他批判仇视变法者为泥古，"坐视其因循废驰，而漠然无所动于衷。"他最后引用《易经》"穷则变，变则通，通则久"的经典，高呼要救亡图存，只有维新变法这一条路。"知我罪我，其无辞焉"。

在《论不变法之害》中，梁启超把中国看作经历千年的大厦，"瓦墁毁坏，榱栋崩折，风雨猝集，必倾坷矣。室内之人，犹然酣卧者有之，束手待毙者有之，补漏弥缝者也有之，但终于事无补。"他指出，"善居室者，去其废坏，廓清而更张之，鸠工庀材，以新厥构，图始虽艰，及其成也，轮廓换焉，高枕无忧也。"

梁启超逐指出"大地最古之国"的印度，"地跨三洲"的突厥，"三倍欧土"的非洲，"素号骁悍"的中亚回部，"服属中土"的越南、缅甸、高丽等国，都因"守旧不变"而成为他人藩属、被瓜分、鲸吞蚕食的事实。例举俄国、日本、西班牙、荷兰等国，通过变法变的强大，并对外称雄的事实，警示国人以此为鉴，以求图新。他明确的指出经济、军事、政治各方面非常落后的中国，"法弊如此，虽敌国外患，晏然无闻，君子犹或忧之，况于以一羊处群虎之间，抱火厝之积薪之下而寝其上者乎"。

梁启超抨击顽固派守旧者"祖宗之法不可变"的言论说，"不能创法，非圣人也。不能随时，非圣人也"。他从清兵入驻中原后，变服饰、变赋法、变历法、变刑法、变役法、变继统方法，这些"变前代之法，善之又善者"，到顺治帝裁抑诸王，康熙帝重建汉将绿营，咸丰帝起用曾国藩、左宗棠这些人，同治帝以后通商派使，这些"变本朝之法"，指出"上观百世，下观百世，经世大法，惟本朝为善变"。

他针对反对变法者称西方之法在中国不适用的说法，提出西法中"一切保国之经，利民之策"，"大率皆在中朝嘉道之间。"欧洲"前此之旧俗，则视今日之中国无以远过，惟其幡然而变，不百年间乃勃然而兴矣。"梁启超说，所言之新法"皆非西人所故有"，"施之西方与改而施之东方，其情形不殊，盖无疑矣。"他用日本通过学习西方之法"因变致强"为例，证明西方之法也可以适用于

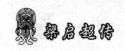

中国。

他在回答反对者批评实施新法是"用夷变夏"时说，"右之圣人，未尝以学于人为慙德也"，西法中许多方法中国从古代就有。"夫法者，天下之公器也，徵之城外则如彼，考之前古则如此，而议者犹曰夷也夷也而弃之，必举吾所固有之物。不自有之，而甘心以让诸人，又何取耶？"

他举日本明治维新成功，法国在普法战败后继而强盛的例子，指出中国虽然甲午战争败绩、正值强敌交逼之时，如果能通过变法变得强大，"亡羊补牢，未为迟也"。

他阐述变法的必要性，"大地既通，万国蒸蒸，日趋于上，非可阙制。变亦变，不变亦变。变而变者，变之权操诸已，可以保国，可以保种，可以保教，不变而变者，变之权让诸人，束缚之，驰骤之，呜呼！则非吾之所敢言矣。"

在《论变法不知本原之害》中，梁启超指出洋务推行变法将近三十年，然而败迹屡现，没能使国富兵强，其原因不在新法不好，而在不知道变法根源所在。洋务派的变法是在细小处着手，而非"去陈用新，改弦更张之道"。所以，洋务派"练兵如不练"，"开矿如不开"，"通商如不通"，"兴学如不兴"，"自余庶政"，"莫不如是"。洋务派行新法弊病有二，一是"责成于肉食官吏之手"。但更治之腐败，"肉食官吏之不足任事。"二是依赖西方人。"以西人而任中国之事，其爱中国与受其国也熟愈。""况吾所用之西人，又未必为彼中之贤者乎。"所以洋务变法近三十年"利未一见，弊已百出"。

那么，应该怎样变法呢？梁启超说："变法之本，在育人才；人才之兴，在开学校；学校之立，在变科举；而一切要其大成，在变官制"。他明确地提出了维新变法的核心主张。他责备洋务派的"师夷之长技以制夷"，训兵制械是"病夫""不务治病，而务壮士之所行"。洋务新法"其在中国，不得谓非急务也，然西人言之，则其为中国谋者十之一，自为谋者十之九。"他说，西方人之所以不把"科举、学校、官制、工艺、农事、商务等""立国之元气"，"致强之本原"告诉中国，是"西官之为中国谋者，实以保护本国之权利耳"。

在之后的《学校总论》《论科举》《论学会》《论师范》等著作中，梁启超深入论证了他的变法维新主张。他说："故言自强于今日，以开民智为第一义。"然而治理国家施行新法，非人才所"莫能举也"。而人才出自于学校，西学学校虽然也有，但却"不能得异才何也？"关键在于"科举制度不改"，缺少在校学生的缘故，"故欲兴学校、养人才，以强中国，惟变科举为第一大义，大变则大效，小变则小效。"

那么，怎样广结朋友，造就人才呢？梁启超说："为群之道，群心智为上。

国群曰议院，商群曰公司，士群曰学会。""今欲振中国，在广人才，欲广人才，在兴学会。"他还说："故欲革旧习，兴智学，必以立师范学堂为第一义"。他提出培养人才需要从根本做起，"自京师以及各省府州县皆设小学，而辅之以师范学堂。"

梁启超用《时务报》作阵地，在之后的几年中连续不断地发表《变法通议》等文章，抨击清末腐败守旧的政治，宣传维新变法主张，震聋发聩，在当时确实产生了很大的影响，促进了维新运动的进一步发展。

在任《时务报》主笔时，梁启超除撰写了许多关于政论文章之外，还致力于学术研究。这段时间，他所著的《西学书目表》一书，就反映了他救国救时的学术主张。

《西学书目表》一书共分四卷，收入西书三百多种。上卷收入的西学之书有算学、重学、电学、化学、声学、光学、汽学、大学、地学、全体学、动植物学、医学、图学等方面的书目。中卷收入的西学之书主要是政治方面的译作，有史志、官制、学制、法律、农政、矿政、工政、商政、兵政、船政等方面的书目。下卷收入的西学之书较杂乱，有游记、报章、格致、西人议论之书的书目，此外还收录有其他卷目无法归类之书的书目。

三卷以后，还有附卷。附卷收入的西学书目，一是明代和清初外国传教士，如利玛窦、艾儒略、南怀仁、汤若望等人所撰写的关于天文、历法、算学等方面的著作，大约有一百多种。二是制造局、益智书会等地译印的未成之书百余种书目。三是通商以来，中国人关于外事著书，当中切实可读之书，约有数十种。

四卷之外，还附有札记一卷，札记数十篇。札记都是梁启超过去回答门生询问怎样学习西学，读西书的事。在这些札记中，有梁启超对各种西书长短优劣的评述，也有指导门人辨别哪些书该先读，哪些书应后读的解说。"虽非详尽，初学者观之，亦可以略识门径"。

梁启超在《西学书目表序例》中谈起这本书写作的缘由，"余既为《西方提要》，缺医学兵政两门未成；而门人陈高第、梁作霖，仲弟启勋，以书问应读之西书，及其读法先后之序，乃为表四卷，札记一卷，示之"。那么，为何提倡要读西书，学西学呢？梁启超说："智愚之分，强弱之原也。今以西人声、光、化、电、农、矿、工、商诸学，与吾中国考据词章帖括家言相较，其所知之简与繁，相去几何矣？《兵志》曰：'知己知彼，百战百胜。'人方日日管伺吾侧，纤细曲折，虚空毕见，而我犹枵然自大，偃然高卧，非直不能知敌，亦且昧于自知，坐见侵陵，固其宜也。故国家欲自强，以多译西书为本；学子欲自立，以多读西书为功，此三百种者，择其精要而读之，于世界蓄变之迹，国土迁异之原，可以粗

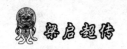

有所闻矣。"

在《西学书目表序例》里，梁启超一方面指出书目中所收录的西书的内容"实为致治之本，富强之由"，表露出维新派"要救国，只有维新，只有学外国"的变法主张；另一方面，他也清楚地知道所收的译著，大多在二十年前写成。西学新法"日出日新，愈变愈上"，对西方来说这些书里的内容"已为陈言矣，而以语吾之所谓士大夫者，方且诧为未见，或乃瞠目变色，如不欲信"。

由此可见，梁启超撰写《西学书目表》也是他宣传维新变法的一个重要组成部分。

在《西学书目表后序》中，梁启超谈到中学与西学之间的关系。他说："要之舍西学而言中学者，其中学必为无用；舍中学而言西学者，其西学必为无本；无用无本，皆不足以治天下。虽庠序如林，逢掖如鲫，适以蠹国，无救危亡"。他提出把中学和西学兼容并蓄的学术主张。

在近代中国，随着帝国主义列强用炮舰攻开中国古老的大门，西学东渐的势头也变得越来越强劲，洋务运动兴起，办西学、译新书更使西学东渐日益普及。但在洋务运动中，洋务派认为西学和中学的关系是"中学为体，西学为用"，也就是"以中国之伦常名教为原本，辅以诸国富强之术"。中体西用论，作为一种思想体系，本身就存在着无法避免的矛盾。洋务派企图用资本主义的西学，来维护和巩固发展封建主义的中学，其结果必定是，不但再不能用好西学，反而使成为体系的中学受到西学的涤荡，最后是中学西学都弄不好。

梁启超十分敏锐地意识到了这一点，他说："今日非西学不兴之为患，而中学之将亡之为患。"一些所谓西学者，特别是在甲午战争失败之后，把中国弱败的原因，归结于传统文化没用，"直欲举中国文学，悉付之一炬。"甚至"更有无赖学子，自顾中国实学一无所识，乃藉西学以自大，嚣然曰：'此无用之学'，我不为也，非不能也"。梁启超痛斥了这些"英法之文，亦未上口，声、光、化、电之学，亦未寓目，而徒三传束阁，《论语》当薪"的"苟求衣食"之徒，并哀叹"中学之不自立"，"科举保持千年，八股为文，试帖、律赋、楷法成为士子步入仕途的必经之路"。"上非此勿取，下非此勿习"，经世致用之实学鲜有讲习。中学"虽无西学以乘之，而名存实亡盖已久矣，况于相形之下，有用无用，应时立见，孰兴孰废，不待言决"。

梁启超认为在中国古老的文化中，蕴藏着许多精华，"《六经》之微言大义，其远过于彼中之宗风者。"他谆谆告诫后学者："读经、读子、读史三者，相须而成，缺一不可"，并对读经学时应注意的十二个"当知"；读诸子时应注意的十个"当知"；读史学书时的八个"当知"进行了归纳。

　　梁启超的中西学并重的"本用"观，打破了洋务派中体西用的迂腐观念。与后来戊戌时期，张之洞在《劝学篇》中鼓吹的"旧学为体，新学为用"，"中学为内学，西学为外学；中学治身心，西学应世事"的观点相比，充分显示出中西学并用的进步作用和积极意义。

　　《时务报》是在上海强学会的领导下创建的，它是由资产阶级维新派建立的，它的主要负责人是张之洞的旧僚汪康年。维新派创办《时务报》是为了发表己见，宣传维新变法主张；张之洞参与办报是企图借维新派变法之影响和声势以"窃取声誉"。因此，从《时务报》创刊伊始，报馆里的分歧就已经存在。

　　《时务报》馆内的争论有两个，一是梁启超和章太炎之间的争论；二是梁启超和汪康年之间的争论。第一种争论纯因学术见解不同，意见有分歧；第二种争论则属要把《时务报》办成什么性质报纸的政见不同。

　　光绪二十二年冬，梁启超请章太炎来上海担任时务报撰述，章太炎《口授少年事迹》中记有其事，"梁启超设《时务报》于上海，遣叶浩吾至杭州来请入社，问：'何以知余？'曰：'因君前有入强学会之事'。"时值康有为正提倡"尊孔保教"，梁启超也参与其中，且曾提出设立保教大会的主张。这一段时间，梁启超与严复、黄遵宪等人在书信往来中，多次讨论"保教"之事。他在致严复的信中说："国之强弱，悉推原于民主……今之论且无遽及此。但中国今日民智极塞，民情极涣，将欲通之，必先合之。合之之术，必择众人目光心力所最趋注者，而举之以为的，则可合。……则人易信，而事易成。譬如民主，固救时之善图也，然今日民义未讲，则无宁先借君权以转移之，彼言教者其意亦若是而已。"第二年三月，章太炎因为和梁启超学术上观点相左，"春时在上海，梁卓如等倡言孔教，余甚非之"。"麟自与梁、麦诸子相遇，论及学派，辄如冰炭，……遂与仲华先后归杭州"。后来梁启超听了严复、黄遵宪"教不可保"的言论后，也渐渐转变，后来甚至由于反对保教，与自己的老师康有为发生了冲突。可见，梁、章之争纯属学术观点上的意见分歧。

　　梁、汪之争则并非如此。《时务报》创办所需要的资金都是上海强学会所筹备的"余款"。上海强学会解散之后，黄遵宪等提出用这笔"余款"创立报刊，写信邀请梁启超从北京南下担任主笔。"余款"点交之时，黄遵宪已北上，梁启超又没来得及南下，汪康年趁机"总揽一切"，以谎称"余款"为自己所捐集。对这一点，黄遵宪有所发现。《时务报》发行不久，他就提出"举董事"，说明报刊乃"公众所设"。而汪康年则避开不谈《时务报》和强学会之间的联系，实为摆脱维新派，讨好张之洞。所以后来《时务报》改为官报时，汪自吹该报为其一人所办，激起梁启超的不满，指出汪康年"因欲没康先生之旧迹"，将《时务报》

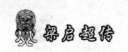

与强学会"蝉联一线"掩盖起来。这是在争夺报权。

《时务报》的中心人物确实是黄遵宪、汪康年和梁启超。在开始议论创报宗旨时，汪康年就主张"广译西报"，"事皆记实"，相反梁启超则认为自己既然任主编，就要有发抒言论的自由。二人宗旨从根本上就有差别。在《时务报》发行之初，梁启超等维新派志士发表了许多宣传维新变法主张的文章，很快使《时务报》成为这一时期推动维新运动发展的主要推动力，影响深远。

但维新派的变法主张和张之洞的"变法"有本质上的差别，再加上梁启超那支辛辣的笔时常戳到洋务派的痛处，如《变法通议·论学校》中，梁启超就斥责"金陵自强军所聘西人，半属彼中兵役，而攘我员弁之厚薪"，张之洞发现后，即不悦，说"谓明年善后局不看此报矣"，又扬言威胁"另开一馆，专驳《时务报》之议论。"《时务报》第八期载《变法通议·论科举》，梁启超又痛斥顽固守旧的倭仁排斥西学是"误人家国"，《论学会》中，又对当时在学术界占统治地位的"汉学"进行猛烈攻击。这都让张之洞非常不满，提醒汪康年"以后文字，须要小心"。

汪康年在《时务报》上，也曾写过讲求新法的文章，事后即遭张之洞僚属训斥，认为其"附康"说。这样，汪康年一方面注意把自己的文章"敛迹"，一方面又企图压制维新派的激昂陈词。张之洞也想让梁启超"入我范围"，做自己的幕后策划人，但梁启超"固辞"。之后撰写文章仍然宣传维新主张。张之洞暗示汪康年赶紧压制，"不能管主笔之事，然则不能名曰总理矣。"汪康年就乘梁启超离开上海去湖南之机，总揽《时务报》大权，当《时务报》四十期刊登梁启超批判封建守旧统治的《知耻学会序》一文后，张之洞以"停发"相威胁。此后，汪康年不但把梁启超的文稿擅自"改正者数处"，而且许多维新派人士的文章也都不再登载了，"在上海歌筵舞座中，日日以排挤、侮弄、谣诼南海先生为事"。

梁启超在光绪二十四年二月致信汪康年，"请兄即与诸君子商定，下一断语，或愿辞，或不愿辞，……如兄愿辞，弟即接办；如兄不愿辞，弟即告辞"。汪康年当然不想放弃，张之洞也不会答应他放弃。最终，梁启超愤然离职，离开了《时务报》。《时务报》五十五期之后，再也没有看到梁启超的文章。

《时务报》馆中的汪、梁之争，不只是他俩之间个人之争，更是以张之洞为首的洋务派与以梁启超为代表的维新派之间的一场尖锐的政治斗争。

光绪二十一年五月，康有为发动创建北京强学会，"日以开会之义号之于同志"。筹化强学会的"总董"之一，陈炽坚持"办事有先后，当以报先通其耳目，而后可举会"。梁启超对创办报刊也十分热心和注重。五月末，他在给夏曾佑的信中讲到："顷欲在都开设报馆，已略有端绪，此举有成，其于重心力量颇大也。"在给汪康年的信中说:"度欲开会,非有报馆不可,报馆之议论,即浸渍于人心,则风气之成不远矣。"梁启超的这些观念,道出了维新运动伊始,维新派对宣传、舆论工作的特别重视。

筹建学会的时候,维新派即先行办报,开始所办的报名,叫《万国公报》。《万国公报》在光绪二十一年创刊,双日刊,每期有编号,没有出版日期,刊式和《京报》类同,报名沿用上海广学会英、美传教士所创办的《万国公报》,因为该报在清政府官僚中销售多年,便于推广。英国传教士李提摩太曾经说过,《万国公报》是"中国维新派在北京出版的第一个机关报。"

《万国公报》每期都会刊载几篇论文,除从广学会和其他报刊摘录外,绝大部分文章都出于康门弟子梁启超、麦孟华之手。《万国公报》共出四十五期,现全部保存于上海基督教三自爱国会。刊载的论文大多数没有署名,其中有很大影响力的文章有《地球万国说》《地球万国兵制》《通商情形考》《万国矿务考》《万国邮局章程价值考》《各国学校考》《学校说》《铁路情形考》《佃渔养民说》《西国兵制考》《报馆考略》等。在这些文章中,梁启超和麦孟华重点宣扬"富国""养民""教民"之说,对开矿、铸银、制机器、造轮船、筑铁路、办邮政、立学堂、设报馆等西学新法都有所涉及,阐发、宣传了维新变法主张。《万国公报》是维新派的首块宣传阵地,它的创刊和发展,大大推动了强学会的组建进度。

十月初,北京强学会"开局"。经李提摩太提议,"以免两相混淆",《万国公报》更名为《中外纪闻》。梁启超、汪大燮为该报主笔。《中外纪闻》于十一月一日正式发行,也为双日刊。"当时固无自购机器之力,且都中亦从不闻有此物,乃向售京报处托用粗木版雕印",故为木活字印刷,每期标有出版时间,但没有编号,纸用竹纸,每期连封面共十页。康有为为《中外纪闻》题写了刊名。

《中外纪闻》从发刊到被封禁历时一个月零五天。内容除"恭录阁抄、次全录英国路透电报,次选择外国各报","次择录各省新报"之外,还刊有"译印西国格致有用之书"。《中外纪闻》现在存留已不完整,在现存各期中,翻译西学的文章有《英国幅员考》《各国商船及海上贸易价额考》《普国矿利考》《西国铁路考》《各国驻华师船考》《地球奇妙论》等篇。每篇篇尾又加有简论,中西对比,呼吁变法自强,体现了资产阶级维新派有意向西方靠拢的政治倾向。

对于《中外纪闻》的发行和影响,康有为在自编年谱中说:"变法本源非自亲师始,非自王公大臣始不可,乃与送京报人商,每日刊送千份于朝士大夫,纸墨银二两,自捐此款,令卓如、孺博日属文,分学校军政各类,日腾于朝,分送朝士,不收报费。朝士乃日闻所不闻,识议一变焉。"梁启超日后回忆此事说:"鄙人则日日执笔为一数百字之短文,其言之肤浅无用,由今思之,只有汗颜。

当时要敢望有人购阅者，乃托售京报人随宫门钞分送诸官宅，酬以薪金，乃肯代送。办理月余，居然每日发出三千张内外。"由此看出，维新运动开始办报、从事宣传舆论工作何等艰难。

梁启超在康有为避难南下后，在京师总揽强学会，除担任《中外纪闻》的主笔人外，还十分关注上海强学会的成立。他在和汪康年多次的书信往来中，多次谈到京沪两地强书局的事宜，希望南北"声气相贯，尤有补益也"。

维新派的宣传舆论尽管"肤浅无用"，但仍不免遭到后党顽固派的妒忌。同年十二月初，御史杨崇伊上疏，指责维新派刊印《中外纪闻》，按户兜售，"犹复借口公费，函索外省大员，以毁誉为要挟"。《中外纪闻》在这种攻击下，发行也成了问题，"然谣诼已蜂起，送至各家门者，辄怒以目，驯至送报人惧祸及，是重赏亦不肯代送矣"。年尾，《中外纪闻》被迫废刊。

北京强学会和《中外纪闻》的同时封禁，并不代表封建腐朽势力的强大，反而衬托出维新派在维新运动早期舆论、宣传方面的巨大影响力。尽管它还不那么成熟，但在中国近代新闻史上却意义重大。

在北京强学会和《中外纪闻》被封禁后，梁启超赴上海，筹办《时务报》。他在主办《时务报》期间，还指导了《知新报》的创办，并为其撰写了不少稿件。

光绪二十二年秋，梁启超从上海返回广东故乡探亲。他从去年二月入京，后又到上海，已有一年半多的时间没有回广东探亲了。

秋高气爽，船又恰遇顺风，云帆高挂，劈波斩浪，行驶三天三夜抵达广东，梁启超这次回乡与前年离京南归心情相比自然是大不相同。前年，甲午战争惨败，亲眼目睹腐败软弱无能的清政府，一腔热血的他无法施展自己的抱负，只好愤恨而离京回返故里。而这次回乡探亲，梁启超可以说是"衣锦荣归"，不亚于会试状元返乡。自从七月初任《时务报》主笔以后，新会梁启超的名声和他的文章不胫而走，对当时的社会产生了极为广泛的影响。可以说，康有为和他的变法维新理论在广大知识分子中的传播是和梁启超超凡的宣传活动分不开的。人说"戊戌前，南海已蜚声海内，实任公文章之力也"，此言不假。正是在康、梁的组织、推动和影响下，全国出现了蓬勃向上的变法维新的新局面，社会风气也为之一变。梁启超仰卧在藤床上，心情想必也如海阔天高，碧水蓝云，期盼变法维新运动同顺风顺水的船一样，永往直前。

梁启超这次返乡还有一件重要的事情，这就是在广东筹划办报。之前，广东的维新派志士康广仁、何廷光打算在澳门开设报馆，宣传变法维新。他们多次邀请梁启超前往商议筹办事宜。梁启超这次回广东对家乡的看法并不好，给汪康年兄弟的信中说："惟在粤省，所得新闻太少，无以为报，但知督、抚、藩、臬、学五台皆视西学如仇耳。度风气之闭塞，未有甚于此间者也。"十月中旬，梁启超乘船去澳门和康广仁等人商议办报事宜，在二十一日致汪康年的信中，梁启超说：

> 顷偷闲到澳门数日。澳报已成，集股万无，而股商必欲得弟为之主笔。弟言到沪后，常寄文来，而诸商欲弟到澳一行，是以来此。此间人皆欲依附《时务报》以自立，顷为取名曰《广时务报》。中含二义：一，推广之意；二，谓广东之《时务报》也。其广之之法，约有数端：一，多译格致各书、各报，以续格致汇编；二，多载京师各省近事，为《时务报》所不敢言者；三，报末附译本年之列国岁计政要。其格式，一依《时务报》……近日报务日兴，吾道不孤，真强人意。

梁启超对澳门办报倾注了很大的心血，"欲以全力助成之，令彼知我实能办事"。但《广时务报公启》中所说由梁启超"遥领"，并声称对近事"不容已于言者"，可"拟抉择多载"，以补《时务报》所不敢言，又掀起了一场斗争。作为《时务报》发起人之一的吴德潇以为梁启超能"兼领"，"粤报主笔"，"便须坐镇上海"。邹代钧发现澳报大多是康门弟子撰写的文章，则说"卓如在澳门，大有阴谋。"吴樵又恐怕澳报言论传染《时务报》，使"任其咎"。汪康年亦以"报主维新，不主复眘"为借口，反对《广时务报》的这个刊名，试图摆脱它与《时务报》的关系。《广时务报》于是改名《知新报》。

梁启超这次去澳门原定四十日内即可返回上海，但直到十月初，还说："久不归者，澳人苦留，澳报助我张目，弟速行则事虑不成故也。"这年冬天，梁启超才携从贵州探亲归来的妻子一同返回上海。

光绪二十三年初，《知新报》在澳门正式出版发行。一开始为五日刊，后来改为旬刊。以康广仁、何廷光任总主笔，梁启超、徐勤、何树龄、韩文举、吴恒炜诸人为撰述。

在《时务报》的影响下，全国各处维新派新建的组织，如粤学会、湘学会、桂学会、知耻学会、经济学会等，如雨后春笋般不断地建立起来，已达二十多个，各种宣传变法维新的报刊，像《国闻报》《湘学报》《蜀学报》等也相继涌现，《知新报》的创立便是其中之一。

《知新报》的撰稿人，大部分是康有为的弟子，他们利用这片宣传阵地，极力宣传康有为的变法思想，传播推广康有为的著作和学说。

《知新报》对列强的侵略、民族危亡，不时加以评论，抨击沙俄的野心，斥责德国在山东半岛的挑衅事端，还刊载了一些《时务报》所不能登的"大振脑筋之语"。

梁启超身兼两馆主笔，为维新变法宣传尽了自己最大的努力。他在给友人的信中写到："数月以来，益困人事，日罕得片刻暇"，"数日人事极忙"。他这一时期文章极多，在谈及所写文章时说："然启超常持一论，谓凡任天下事者，宜自求为陈胜、吴广，无自求为汉高，则百事可办。故创此报之意，亦不过为椎轮，为土阶，为天下驱除难，以俟继起者之发挥光大。……故有妄发而不自择也。……然总自持前者椎轮土阶之言，因不复自束，徒纵其笔端之所至，以求振动已冻之脑官。"

这年四月，吴铁樵英年早逝，梁启超十分悲伤。七月，谭嗣同奉劝梁启超"卓如揽事太多，又兼两馆主笔，内外夹攻，实于身命有碍"，希望他去西湖静养。但是梁启超笔勤如故，著作更丰。

梁启超帮助筹创的《知新报》对推动维新运动的发展，起了十分重要的作用。特别是戊戌政变之后，国内讲求维新的报刊被迫停办，远在澳门的《知新报》，陆续出版，保存了很多关于变法运动的资料。《知新报》是戊戌时期南方最为著名的报刊之一。

3. 经营湖南

湖南位于东南上游，土地肥沃，物产丰富，人文极盛，在日益高涨的变法维新运动中，是最富活力的一省。自光绪初年以来，随着洋务运动在湖南的不断拓展，湖南的资本主义有了相当程度的发展，资本主义思想的传播及民族危机的日益加深更使得素号守旧的湘地发生了巨大的变化。湖南巡抚陈宝箴、按察使黄遵宪、督学江标及后继任者徐仁铸等，都是地方官吏中维新派的代表人物。他们利用手中掌握的权力，倡导新政，大胆地起用一些年轻的变法维新人士，如谭嗣同、唐才常、陈三立等，使得湖南的变法维新运动在较短的时间里掀起了一个小小的高潮。创办时务学堂就是湖南"新政"的重要内容之一。

梁启超此时虽只不过是一个二十五岁的青年，但因为创办《时务报》宣传维新思想早已举国闻名。湖南绅士对他十分钦佩和敬重，巡抚陈宝箴十分重视《时务报》，用官费定二百余份，分发于省城及各县书院，每个地方一份至二三份，作为讲义或参考书。所以梁启超人还没到湖南，湖南早已深受其影响。实行新政的计划也是这影响所致。梁启超的任命系由黄遵宪推荐。当时维新运动在北京遭遇挫折，强学会被封，康梁正寻求向外发展势力。所以梁启超赴湘便有了两项使命，一是培养维新人才，二是赞助湖南新政。正像毛以亨所说："任公此次之来，不仅为时务学堂总教习，且为湖南全省的总教习。"然而总的目的是要把湖南建成全国维新运动的重要基地。

时务学堂由湖南士绅王先谦首先提议创办。王先谦是湖南长沙人，号葵园，同治年间进士，充任翰林院庶吉士，后又在长沙任城南书院和岳麓书院院长，重考证，有学问，为湖南名士。但因思想守旧，以维护封建旧学为己任，是湖南守旧派的总代表。1896 年冬，他为了发扬封建理学，上书湖南巡抚陈宝箴，要求设立时务学堂。在各省巡抚当中，陈宝箴是最开明的，并且具有一定的维新倾向，比较支持湖南的维新派。陈宝藏并不了解王先谦的本意，本以为是为了培养革新人才，便欣然同意。第二年春天，便着手筹资金，选校舍，请教师，开展了紧张的筹备工作。陈宝箴想通过时务学堂的筹办，大开湖南风气，培养有用人才，推行新政。他在《时务学堂招考示》中说到："国势之强弱，系乎人才；人才之消长，存乎学校；……国治之本，莫不以添设学堂为急务。"时务学堂要培养出一批既通中学，又通西学，能够救亡图存的于国有用人才，"中国自强之基，诸生自立之道，举莫先于此矣。"显然，陈宝箴和王先谦的办学宗旨产生了严重分歧。公开发表的《湖南时务学堂缘起》也讲创办时务学堂就是要效法日本，研究西学，探求"攘夷之道"。并且从当时的客观形势来讲，也不可能按王先谦预想的那样办一个发挥封建经典的守旧的时务学堂。此后，宣布了时务学堂开办章程，要求学生所学功课要中西并重，毕业后便能从事新式工厂企业的各项工作，能出国留学，并把时务学堂的校址、招生人数、招生办法、入学手续和学堂规章一并公布于众。时务学堂将以崭新的姿态出现于湘江之畔。这一切自然深深地吸引着梁启超。

梁启超抵达长沙时，时务学堂已从二千名应试青年中招收了四十名学生，建立了图书资料室，并且购买了一些科学仪器，提调熊希龄、西文总教习李维格及谭嗣同、唐才常、皮锡瑞、黄遵宪等人都极为热心于时务学堂各项工作。这种如火如荼的热烈场面，使得易于动情的梁启超不能自持，立即投入教学当中。他迅速亲手制订《湖南时务学堂学约十章》：一曰立志，要求学生要以天下为己任。为救亡而献身；二曰养心，要破苦乐，破生死，破毁誉，威武不屈，富贵不淫，贫贱不移；三曰治身，忠信笃敬；四曰读书，要"上下千古，纵横中外之学"；五曰穷理，注意思考和观察；六曰学文；七曰乐群；八曰摄生，锻炼身体；九曰经世，寻找图强之道；十曰传教，宣扬孔子精神。这十条学堂规则虽然充满了儒家的治学精神，但其总目标是学以致用，全面发展，为救亡图存和变法维新服务。

梁启超把时务学堂视为他理想中的政治学堂来办。他制订了十项学生公约，包括"立志""养心""读书""经世"等。梁启超教育学生要放弃功名禄位，养

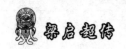

成艰苦学习的志趣，不为衣食所拖累；要养心、静学，必须有下地狱的决心，才能对付得了今后的艰巨危难；要读外国之书，通中外古今；要经世，富有社会责任感，以改革政治。其立意和教学内容与万木草堂大大不同，更多教授学生激进的民主思想。梁启超在课堂上大力提倡民权论和反满思想。那些与他年龄相仿的热血青年受他鼓舞，意气风发，成为矢志不渝的维新志士。

梁启超每日讲课四小时，还要批改四十多名学生的作业，有的评语上千字，常常工作到深夜，有时"彻夜不寐"。这些青年学生人人精神焕发，胸怀救国大志，苦思探索救国救民的灵丹妙药，常常问题成堆，妙不可言。梁启超时常被他们包围，回答他们提出的各种问题。对这些问题，现在的《总教习梁批》，记录了梁启超回答学生问题的主要批语，涉及到政治、经济、文化、社会等各个领域，接触到民权、议会、总统、君权、道德、习俗、官制等许多敏感的问题。梁启超都能大胆发挥，圆满回答。教学余暇，梁启超还和谭嗣同、唐才常、黄遵宪等维新志士谈论志向，议论时政，诗歌互答，享受知己者难得的快慰。在时务学堂这块无拘无束的天地里，梁启超淋漓尽致地宣传自己的思想，自由地展示个人的才华。这种幸福，一生难得。所以梁启超多次回忆起在时务学堂的日日夜夜，其中可以窥见时务学堂的风貌。《清代学术概论》中记述：

> 嗣同与遵宪、熊希龄等，设时务学堂于长沙，聘启超主讲席，唐才常等为助教，启超至，以《公羊》、《孟子》教，课以札记，学生仅四十人，而李炳寰、林圭、蔡锷称高才生焉。启超每日在讲堂四小时，夜则批答诸生札记，每条或至千言，往往彻夜不寐。所言皆当时一派之民约论，又多言清代故实，胪举失政，盛倡革命。其论学术，则论荀卿以下汉、唐、宋、明、清学者，掊击无完肤。时学生皆住舍，不与外通，堂内空气日日激变，外间莫或知之，及年假，诸生归省，出札记示亲友，全湘大哗。先是嗣同、才常等设南学会聚讲，又设《湘报》、《湘学报》，所言虽不如学堂中激烈，实阴相策应，又窃印《明夷待访录》、《扬州十日记》等书，加以案语，秘密分布，传播革命思想，信奉者日众，于是湖南新旧派大哄。

由上面的记述看来，梁启超在时务学堂期间不仅教学认真负责，工作十分紧张，而且思想特别激进，赞成反清斗争。他愤怒声讨痛斥清廷"屠城屠邑，皆后世民贼之所为，读《扬州十日记》，尤令人发指眦裂，故知此杀戮世界，非急认公法维之，人类或几乎息矣"。梁启超在和同事们一起谈论国事时，曾提出四种主张:"一渐进法;二急进法;三以立宪为本位;四以彻底改革,洞开民智,以种族革命为本位。"这里公开把反清革命当作解决现实问题的一种策略,而且他比较同意第二或第四种主张,由此可见当时的梁启超思想较为激进。用激进思想去教导学生,自然使得时务学堂面貌焕然一新,无怪乎顽固派攻击梁启超主讲时务学堂以来,"一时衣冠之伦,罔顾名义,……伪六经,灭圣经也;托改制,乱成宪也;倡平等,堕纲常也;伸民权,无君上也;孔子纪年,欲人不知有本朝也"。这又从另一个方面表现了梁启超思想的进步,更加表露出时务学堂正走上和封建主义相反的道路。

梁启超更加大胆的行为是煽动陈宝箴根据湖南自身的情况自立。梁启超的想法是倘若湖南自立,其他省也纷纷效仿,那么大清的江山就保不住了。但他这一特别的建议却不能为陈宝箴所采纳。梁启超又发表《论湖南应办之事》,提出开民智、开绅智和开官智等治湘的方案。梁启超还参与并创办具有地方色彩的南学会,并为它撰写《南学会序》,希望湖南正如日本幕府末年的萨长土肥四藩那样,变成全国维新运动的基地。维新派主办的《湘报》《湘学报》也极力宣传维新变法思想。湖南的维新运动搞得轰轰烈烈。甲午战争中国的惨败及屈辱的《马关条约》的签订,大大加快了帝国主义国家争夺中国的步伐。《马关条约》签约之后的第六天,便出现了俄、法、德三国干涉还辽和日本退出辽东半岛的事件,这也是十九世纪末列强瓜分中国具体表现的开端。此后,俄、德两国便加快了瓜分中国的阴谋活动。

光绪二十三年,德国以两名德籍教士于山东巨野县被杀为由,派军舰占领了山东胶州湾。胶州湾事件发生后,梁启超刚从上海抵达湖南长沙担任时务学堂总教习。德国以巨野事件为幌子强占胶州湾后,沙俄、法国、英国、日本等帝国主义列强加紧了侵略中国的活动,纷纷在中国划分势力范围和攫取利权。亡国灭种、国家被帝国主义列强肢解瓜分的危险局面越来越近地摆在中国人民的面前。

十一月十五日,湖南巡抚陈宝箴之子,著名的维新人士陈三立招集湖南省的官绅名士聚会,坐在一起谈论国家政局。作为当时时务学堂总教习的梁启超也参加了集会。在会上,陈三立传达了他父亲对时局危促的看法,提出"欲与诸君子商一破釜沉舟万死一生之策。"所有参加集会的人无不为之气愤和动容。梁启超"闻是言"更是"心突突不自制,热血腾腾焉,将焰出于腔,盖振荡迅激,欲哭不得泪,欲卧不得瞑。"胶州湾被占一事,恐怕造成瓜分之势,这深深地刺激了梁启超。几天以后,他上书湘抚陈宝箴,"以笔代舌,披沥肝胆",向惟一支持变法维新运动的这位封疆大吏提出了自己的看法:

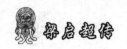

呜呼！今日非变法无可以图存之理，而欲以变法之事望政府诸贤，南山可移，东海可涸，而法终不可得变。然则此种愿望之念，继绝焉可也。愿望既绝，束手待毙，数年之后，吾十八省为中原血，为俎上肉，宁有一幸？故为今日计，必有腹地一二省可以自立，然后中国有一线之生路。今夫以今之天下，天子在上，海内为一，而贸然说疆吏以自立，岂非大逆不道，狂悖之言哉？虽然，天下之事变，既以若此矣，决裂腐烂，众所共睹，及今不图，数年之后，所守之土，不为台湾之献，即为胶州之夺。彼此挂冠而逃，固所不可，即拒敌致命，粉身碎骨，何补于国，何补于民？一人之粉焉碎焉，犹可言也，天下由兹荼毒，大局由兹陆沉，虚怀忠义之名，实有陷溺之罪。故启超以为今日之督抚，苟不日夜孜孜，存自立之心者，虽有雄才大略，忠肝义胆，究他日结局，不出唐景崧、叶名琛之两途，一生一死，而其为天下之万人唾骂者，一而已。

然后，梁启超讲出西汉末年窦融占据河西自立"能捍卫一隅，佐复汉室"，明末郑成功收复台湾"存明正朔垂四十年"的事迹，劝陈宝箴"要存自立之心，夫使天下大局，苟尚有一线可以保全，则亦何取于此？而无如不为窦氏郑氏之布置，即步唐氏叶氏之后尘"。

梁启超紧接着还说，"启超之为此言也，岂有如前代游说无赖之士，劝人为豪杰割据之谋，以因利乘便云尔哉"。存自立之心，自立自保，非割据一方。他说，"今之天下，非割据之天下，非直非割据之天下，抑且日思所以合十八省为一国，以拒外人，犹惧不济，而况于自生界画乎？此其义也，虽五尺之童，莫不知之，启超虽戆愚，岂昧于此。"那么，所谓日夜孜孜，存有自立之心，其意图是什么呢？梁启超说，"谓为他日穷无复之之时计耳，岂曰为目前之言哉？"梁启超给陈宝箴上书，告诉他应存自立之心，自保自强，并不像有的人所说是"异想天开"，"不啻神经错乱而已"，被陈宝箴看作是危险人物。梁启超应陈宝箴之邀上破釜沉舟九死一生的策略，是建议湘抚励精图治再接再励、继续推进湖南的维新运动，"而无事则整顿人才，兴起地，其于地方之责，亦固应尔，而终不必有自立之一日，此岂非如天之福乎？脱有不幸，使乘舆播迁，而龙飞有驻足之地；大统沦陷，而种类有倚恃之所，如是焉而已"。

梁启超在给湘抚上书中极大地赞扬陈宝箴"莅湘以来，吏治肃清，百废具举，维新之政，次第举行，已为并时封疆之所无矣"，赞扬湖南"特聚人才于一城以备公之用者，盖不乏人也"。最后他说，"启超虽拙陋，窃数日夜之苦思，力索极其条理及下手之法，以为若使德人胶州之祸不息，今岁即成瓜分之势，斯无可言矣。若能假以五年，则湖南或可不亡也。然明公必于他日自立之宗旨，树标既定，摩之极熟，不令少衰，然后一切条理乃因而从之。""倘不以为狂悖之言也，则将竭其刍荛之所及者，更次第陈焉"。

没过多长时间，梁启超再次上书湘抚陈宝箴，讨论湖南现在应该去做的事。他说，"今之策中国者，必曰兴民权"，"今曰欲伸民权，必以广民智为第一义"。怎样增民智呢？一是朝廷改变科举考试制度，二是州县到处设立学堂，讲求时务新学。他又说："欲兴民权，宜先兴绅权，欲兴绅权，宜以学会为之起点。"梁启超所描述的学会既是维新派的政治团体，又具有资产阶级政治制度中议会的味道。他说："绅权固当务之急矣，然他日办一切事，舍官莫展也"，"故开官智，又为万事之起点"。

梁启超在上书中将湖南该办的事归纳为开民智、开绅智、开官智三件事。他说："窃以为此三者乃一切之根本，三者毕举，则于全省之事若握袭挈领焉矣。"最后，梁启超提出建立新政局总办各项新政，只有事情归到一块办，新政的推行才能彻底摆脱封建顽固势力的反对，"有条不紊或稍易为力也"。

梁启超在时务学堂讲学之余，仍然非常关注胶州湾事态的进展。他在与朋友的信中多次提到德国人强占胶州湾之事。他十分敏锐地认识到"胶州之事，恐遂成瓜分"，因而两次上书湖南巡抚陈宝箴，力陈救时对策。梁启超的这些言行极大地推动了湖南维新运动的发展。

湖南维新运动的蓬勃发展及梁启超的言语引起顽固派的极大恐惧和仇视。湖南绅士叶德辉、王先谦等人率先攻击梁启超是"会匪""文妖"，指责他"妖言惑众""伤风败俗"，并上书清廷攻击梁启超的言论。时务学堂的札记和梁启超的批文全部变成了顽固派攻击的对象。顽固派还采取行动挤压维新人士，趋散南学会，殴打《湘报》主笔。梁启超、黄遵宪、谭嗣同等人被迫离开湖南，湖南新政就此中止。湖南的风波是第二年戊戌政变的主要原因之一。梁启超回忆道："新旧之哄，起于湘而波动于京师。御史某刺录札记全稿中触犯清廷忌讳者百余条，进呈严劾，戊戌党祸之构成，此实重要原因也。"

时务学堂开办以来，共招考生三次，收学生二百多名。在梁启超等人的悉心指导下，这些学生不仅学到了新知识，而且还接受了新思想，他们"常常谈论国家大事"，国家的破落，清廷的昏庸，使他们以救国图存为己任；通过新学问的钻研，对世界的了解，又让他们决心效仿西方，改革内政。李炳寰讲："我们求学，所为何事？但求起衰振敝，上利于国，下泽于民耳。"林圭讲："朝廷纲纪败坏，达于极点，……吾人今日求学，应以挽救国家为第一要义。"蔡锷亦讲："我们求学，是为了探扎教之精蕴，以匡济时艰，应淬励品德，做一个堂堂正正的男子，决不可随俗沉浮以自污！"唐才常回忆说："我在时务学堂学习，学了一些新的知识，思想上受到很大启发，星期天又前往南学会听讲，得知国内外大事和古今学术源流，裨益尤多。"李炳寰、林圭、蔡锷、唐才常都为当时时务学堂的优秀生，他们明显地把求学和救国有机地结合在一起。时务学堂的许多学生还为《湘报》投稿，宣传民权、平等和变法维新。这些人都是十七八岁，精力充沛，求知欲强，思想激进，乐于接受新生事物，梁启超的思想观点极容易被他们吸收，并全部宣传出去。湖南的守旧派攻击说，梁启超赴湖南讲学后，谭嗣同等人"乘风扬波，肆其簧鼓，学子身无主宰，不知其阴行邪说，反以为时务实然，丧其本真，争相趋附，语言悖乱，有如中狂，始自会城，浸及旁郡。"这段诬蔑之词大约说明两点：一是时务学堂的学生大都接受了梁启超、谭嗣同的进步思想；二是这些学生不怕邪恶势力，坚决向外传播。因此，时务学堂虽小，却培育了一批矢志改革的年轻知识分子，这就极大推进了湖南乃至全国的变法运动。就像梁启超在《戊戌政变记》中所描述的那样：

> 自时务学堂、南学会等既开会，湖南民智骤开，士气大昌，各县州府私立学校纷纷并起，小学会尤盛。人人皆能言政治之公理，以爱国相砥砺以救亡为己任，其英俊沉毅之才，遍地皆是。其人皆在二三十岁之间，无科第，无官阶，声名未显著者，而其数不可算计。自此以往，虽守旧者日事遏抑，然野火烧不尽，春风吹又生。湖南之士之志不可夺矣。

时务学堂是湖南维新变法蓬勃发展的重要标志，对全国也产生了一定的影响。梁启超这位辛勤园丁，终于迎来了绽开的花朵。

甲午中日战争之后的几年间，梁启超在宣传鼓动变法的同时，非常注重结交维新志士。他在《三十自述》中讲："甲午年二十二，客京师，于京国所谓名士者，多所往还。"在致夏曾佑的信中说："我辈以普度众生为心，多养人才是第一义"。在给汪康年书中再次强调："我辈今日无一事可为，只有广联人才，创开风气"。类似这种对维新人才渴求的呐喊，几乎变成了梁启超的口头禅。从当时的客观情况分析，的确是缺少一个有影响兼有实力的维新知识群体。为此，梁启超奔波于北京、上海、湖南、广州等地，结交朋友，试图造就一个革新势力。通过梁启超这时的书信、文章、札记中看出，梁启超结交的志士有四五十位，其中包括夏曾佑、谭嗣同、黄遵宪、汪康年、严复、马建忠、马相伯、宋恕、陈炽、吴小村、章太炎、张謇、曾广钧等。这些志士虽说政见不一，但他们全都有革新要求，这又为梁启超推进变法增加了力量。特别是夏曾佑、谭嗣同、黄遵宪，和梁关系极为密切，这使他如鱼得水，受益匪浅。

夏曾佑是杭州人，光绪进士，于1890年授礼部主事，在文学、史学、哲学、政治学等学科方面都有自己的独到见解，而且了解西方文化，具有维新思想，1891年他和梁启超一见如故，旋即与梁成为好友，常常谈论志向。梁启超在《亡友夏穗卿先生》一文中追忆说：

> 我十九岁始认论穗卿——我的"江外佬"朋友里头，他算是第一个。初时不过草草一揖，了不相关，以后不晓得怎样便投契起来了。我当时说的纯是广东官话，他的杭州腔又是终身不肯改的，我们交换谈话很困难，但不久便得互相了解了。他租得一间小房子在贾家胡同，我住的是粉坊琉璃街新会馆，后来又加入一位谭复生，他住在北半截胡同浏阳馆。"衡宇望尺咫"，我们几乎每天都见面，见面就谈学问，常常对吵，每天总大吵一两场，但吵的结果十次有九次我被穗卿屈服，我们大概总得到意见一致。

从这段语言里，我们真切地看到了梁夏之间那种知心朋友达到的默契程度，也了解了他们对学问和真理的急切追求。梁启超还写过一首长诗，详尽地表达了他与夏曾佑间的友谊：

> 壬辰在京师，广座见吾子。
> 草草致一揖，仅足记姓氏。
> 洎乎癸甲间，衡宇望尺咫。
> 春骑醉莺花，秋灯狎图史。
> 冥冥兰陵门，万鬼头如蚁。
> 质多举只手，阳乌为之死。
> 祖裼往暴之，一击类执豕。
> 酒酣掷杯起，跌宕笑相视。
> 颇谓宙合间，只此足欢喜。
> 夕烽从东来，孤帆共南指。
> 再别再相遭，便已十年矣。
> 君子尚青春，英声乃如此。

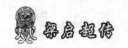

嗟嗟吾党人，视子为泰否。

人生难得一知己，政治上并肩作战的知己则更难求。在实现自己维新大志的征途上，梁启超结识了夏曾佑这样的知己好友，他愉快和激动的心情可想而知。

梁启超认识谭嗣同的时间，目前有三种说法，一为1895年；二则1896年3月在北京；三是1896年5月在上海。汤志钧先生经过详细考证，认为第二种说法令人信服。谭嗣同与梁启超有着迥异的经历和性格。谭生于官僚家庭，从小失去母爱，性格比较刚强，爱好"任侠"，早年活动于北京、兰州、湖南等较为封闭的地区，甲午战争之后才逐渐接触西学，探讨中国救亡图存之路。但他思维敏捷，后来居上，比梁启超要激进许多。1896年春在北京与梁启超等人几乎天天见面，交流看法，抨击时政，寻找救国好办法。尽管他们有时争论得面红耳赤，谁也说服不了谁。不过平静下来细想，双方都从争论中得益。谭嗣同"自交梁启超后，其学一变"，"盛言大同，运动尤烈。"梁启超则承认自己"受夏、谭影响亦至巨。"他在给康有为的信中赞扬谭嗣同说："敬甫之子谭复生，才识明达，魄力绝伦，所见未有其比，惜佞西学太甚，伯里玺之选也。"梁启超还向谭嗣同说明了康有为的变法思想，这使谭十分高兴，他感到康有为的"微言大义"，"竟与嗣同所冥想者，十同八九。"1896年秋，谭嗣同于南京著《仁学》，梁启超在上海，谭嗣同每完成一篇文章，都要去上海找梁启超征求意见。梁启超在《仁学序》中说那时和谭嗣同"每供居，则促膝对坐一榻中，往复上下，穷无人之奥，或彻数日夜废寝食，论不休。每十日不相见，则论事论学之书盈一箧。"对真理的追求，进一步加深了梁谭之间的友谊。那时的上海人才济济，思想激进，谭嗣同到达上海，如干旱的土地遇上倾盆大雨，心情十分快乐。他与梁启超等人一起散步、聊天、游园、摄影、吟诗、论道，青年文人所追求的乐趣在这里表现的应有尽有。谭嗣同回湖南之后，梁启超在时务学堂讲课之余，总愿意找谭嗣同交谈。唐才常赠给梁一块贵重的菊花砚，谭随即题诗一首赞"空华了无真实相，用造蒴偈起众信。任公之砚佛尘赠，两公石交我作证。"江标听到这个消息，自告奋勇镌刻。雕刻的时候，江标怀抱一猫，与梁玩耍，"且奏刀且侃侃谈当世事"，两人又吟诗作文，非常投机，直到深夜，梁启超等人借"濛濛黄月"，送江标回家，江又回送梁等人，卿卿我我，一夜未睡。文人志士的友情竟然如此浪漫真切。

黄遵宪比梁启超大二十五岁，但他很器重梁的才华，便千方百计协助梁维新变法。甲午战争之后，当梁启超初涉政治的时候，黄遵宪早就声名卓著。黄遵宪不仅善长写诗，通西学，思想新，且长期在日本、美国、英国、新加坡等地担任外交官，堪称戊戌时期维新派中最富有世界知识的才子。在上海筹办《时务报》时，因为黄的大力推举，梁启超才出任主笔。此后，共同的事业和爱好使黄梁结下了忘年交。黄遵宪著的《日本国志》，对梁启超有很深刻的影响。梁启超的许多世界知识都是从黄遵宪那里学到的。当黄去湖南任按察使后，极力主张请梁到时务学堂任教。黄遵宪谢世的前一年还致函梁启超，叙心中的苦闷，云：

> 自吾少时，绝无求富贵之心，而颇有树勋名之念。游东西洋十年，归以告诗吾曰：'已矣，吾所学，屠龙之技，无所可用也！'盖其志在变法，在民权，谓非宰相不可为；宰相又必乘时之会，得君之专，而后可也。既而游欧洲，历南洋，又四五年，归见当道者之顽固如此，吾民之聋聩如此，又欲以先知先觉为己任，藉报纸以启发之以拯救之。………及戊戌新政，新机大动，吾又膺非常之知，遂欲捐其躯以报国矣。自是以来，愈益挫折，愈益艰危，而吾志乃益坚。

结交朋友的前提条件是两人要志同道合。黄遵宪和梁启超基于这种大体一致的追求，使他们无所不说，心心相印，相互促进。戊戌变法前后，梁启超在诸多方面都得到黄遵宪的帮助。

南学会筹建于光绪二十三年冬，梁启超是它的主要组织者之一。关于南学会筹建的背景，梁启超日后在《湖南广东情形》一文中说道：

> 当时正德人侵夺胶州之时，列国分割中国之论大起，故湖南志士仁人作亡后之图，思保湖南之独立。而独立之举非可空言，必其人民习于政术，能有自治之实际然后可，故先为此会以讲习之，以为他日之基。且将因此而推诸于南部各省，则他日虽遇分割，而南支那犹可以不亡。此会所以名为南学也。

南学会是在列强瓜分中国狂潮骤起、国家生死危亡之际，资产阶级维新派所成立的一个政治团体。梁启超、谭嗣同、唐才常等人是南学会的重要发起者，他们常常聚在一起"会商学会事"，南学会的筹划也得到了湖南巡抚陈宝箴等人的大力支持，成为湖南推行的新政之一。

光绪二十四年，通过两个多月的准备，南学会正式成立。梁启超为南学会提写了序文。在《南学会序》中，他竭力论证成立学会的重要意义。他说："曰使其国千人也，则为国者千；使其国万人也，则为国者万，呜呼不得谓有国焉矣。"

国家的强盛则在于上下连接，万众一心，齐心协力。他说，"吾乃远稽之三代，乃博观于泰西，彼其有国也必有会。君于是焉会，官于是焉会，士于是焉会，民于是焉会。旦旦而讲之，昔昔而磨砺之，虽天下之大，万物之多，而惟强吾国之知。故夫能齐万而为一者，舍学会其曷从与于斯。"

他在序文中，强烈地抨击腐朽没落的封建统治，甲午的惨败，"偿币犹未纳，戍卒犹未撤，则已以歌以舞，以遨以嬉，如享太牢，如登春台。其官焉者依然惟差缺之肥瘠是问；其士焉者依然惟八股八韵大卷白折之工窳是讲。"他大声疾呼世界瓜分中国的危机已近在眼前，"曾不知中国股分之票，已骈阗于西肆，瓜分中国之图，已高张于议院"。"今山东胶湾之据，闽海船岛之割，予取予携，拱手以献，不待言矣。而其欲犹未餍，其祸犹未息，试问德人今日必索山东全省，福建全省，改隶德版，我何以拒之？试问俄人今日以一旅兵收东三省直隶山陕，我何以拒之？试问法人今日以一介使索云贵两广，我何以拒之？试问英人今日以一纸书取楚蜀吴越，我何以拒之？""敌无日不可以来，国无日不可以亡，数年以后，乡井不知谁氏之藩，眷属不知谁氏之奴，血肉不知谁氏之俎，魂魄不知谁氏之鬼"。

在这一序文的最后，梁启超又指出，要救亡图存，只有自振自保。"夫所谓可以自振，可以自保之机者何也？即吾向者所谓齐万而为一，而心相构、而力相摩、而点相切、而线相交。盖非是而一利不能兴，一弊不能革，一事不能办。虽日呼号痛哭，奔走骇汗，而其无救于危亡一也。"他热切盼望南学会的成立"为中国热力之起点，"会使我"数千年之古国""可以自立于天地也。"

南学会成立之后，主要活动内容是演讲，"会中每七日一演说，巡抚、学政率官吏临会。黄遵宪、谭嗣同、梁启超及学长等，轮日演说中外大势、政治原理、行政学等，欲以激发保教爱国之热心，养成地方自治之气力。"有讲学可查记录的共13次。在这些演讲和讲学中，他们极力宣传成立学会的重要性，进一步进行变法维新的舆论宣传。

南学会除了演讲外，还设有答问。讲学后如遇有疑难问题或有建议的，都可以进行答问。答问与讲演互为表里，相辅相成。答问中对湖南振兴改革之事，已设未设之局，经常商讨，使得变法维新宣传更加深入人心。

南学会尽管存在的时间不长，但由于维新派把南学会当作"东南半壁自立之起点，""全省新政之命脉，虽名为学会，实兼地方议会之规模"。南学会的活动在当时影响非常广泛。南学会的成立极大地促进了湖南新政的发展，因为南学会变法维新宣传的影响，湖南各府州县都先后推行了新政。此外，南学会还对湖南社会风气的变化，文人们思想的开放，起了促进作用，同时，也促进了湖南各地学会的成立。据《湘学报》和《湘报》所载，湖南各府州县所成立的学会中，较为著名的有不缠足会、延年会、积益学会、学战会、公法学会、法律学会、群萌学会、任学会、舆算学会、致用学会、明达学会等十多个学会。

光绪二十四年，梁启超因身体不好离开湖南。以后，虽与南学会其他成员不断有书信往还，但没有参与南学会的活动。湖南维新运动的发展使得顽固封建势力大光其火，特别对南学会更加咬牙切齿，一定要把南学会除去而后快。四月中旬，顽固派们群起而攻之，把南学会邵阳分会会长樊锥驱逐出境。几天后，南学会的骨干分子皮锡瑞也被迫离开湖南。这样，南学会的讲演只开办了三个月，就被迫停下来了。

随着湘南维新运动的日益高涨，南学会机关报《湘报》在光绪二十四年二月十五日创刊，主编唐才常是湖南维新派中的重要人物。梁启超参加了《湘报》的创办工作，并担任《湘报》董事和撰述。

在《湘报》创刊前夕，湖南已出版过《湘学报》（亦称《湘学新报》）。《湘学报》的创办人是湖南学政江标。江标是江苏元和人，光绪己丑进士，官翰林院编修。光绪二十年，江标出任湖南学政，以"变风气，开阐新治为己任"，给予湘抚陈宝箴所推行的新政很多帮助。光绪二十三年春，他创办了《湘学报》，并亲自为它作序。在序文中，他谈到《湘学报》的创刊缘起，据江标所讲：是他视学湖南，"取门下诸生粗有所得之厄言"刊布，"薪与海内切劘而出"。"随时恭录谕旨及新学一切章奏"，"专从讲求实学起见，不谈朝政，不议官常"，《湘学报》为旬刊，主要分史学、掌故之学、舆地之学、算学、商学、交涉六门，没有设置经学，原因是担心经学的内容"言之未免过激"。

这一年十月，梁启超进入湖南任时务学堂中文总教习。以后，湖南维新运动发展更加蓬勃起来。这时，徐仁铸接任江标作湖南学政，《湘学报》由徐仁铸接管。胶州湾事变后，瓜分危机日益严重，湖南维新诸公筹议南学会，直到第二年二月初一南学会正式挂牌，维新的议论更盛，改革制度的说法更扩张。《湘学报》连续刊登了不少主张民权、宣传变法维新主张的文章。张之洞先是以"谬论甚多"为由禁止《湘学报》到湖北销售，以后又对学政徐仁铸痛责。从四月后，《湘学报》逐步让张之洞所控制。

湖南既然已出版《湘学报》，为何熊希龄又相约朋友，集巨资，成立新的《湘报》馆呢？唐才常在《湘报序》中讲得很详细，德国占领胶州湾后，外患日益逼进，"焚如之灾，迫于旦夕，而士夫泄沓"，于是集资办报，"以使圆庐方趾能辩之无之人，皆是通晓"，"以辅《时务》、《知新》、《湘学》诸报所不逮"。除此外，谭嗣同在《湘报后序》说，因为《湘学报》是旬刊，"昨日之新至今日而

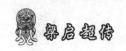

已旧，今日之新至明日而又已旧，然而则既已十日矣，谓之新可也，谓之日新不可也"，于是又创办《湘报》，"一日一出之"，以合"日新之义"，"将以风气浸灌于他省云"。

《湘报》的董事有蒋德钧、王铭忠、梁启超、李维格、谭嗣同、邹代钧、唐才常、熊希龄。撰述有戴德诚、梁启超、樊锥、何来保、谭嗣同、唐才常，西文翻译李维格诸人。

《湘报》作为日报，在长沙出版，版面格式也很有特点，"可裁作四叶，集订成书"。内容上，首载论说和奏疏，次录电旨、公牍、本省新政、各省新政、各国时事、杂事、商务，同时适当选登政学新书或其他报刊上所载论说文章。《湘报》创建不久，主持者熊希龄就要求允许将政府文告、公牍随时在报头摘发，陈宝箴批复："所请自应准予立案，除未定之咨谋，应密之机事，未便遽行宣示处，所有应行之件，仲侯随时饬送该馆刊刻，以资考证，而实见闻。"《湘报》刊载公布政府文告和公牍开启了清末具有近代历史意义的档案文件公布的先例，有力地推动了湖南维新运动的健康发展。

《湘报》刊行以后，影响极大。湖南巡抚陈宝箴每月拨给湘报馆二百两公款作为费用。由于有陈宝箴的大力支持，《湘报》销售通畅通达，立马就成为湘中一大报。梁启超在《湘报》刊行不久后，就身患重病不能履行撰述职责，但他的影响仍能从《湘报》所载文章内容上显示出来。在《湘报》上发表文章最多的当数谭嗣同和唐才常。他们在文章中极力揭露清政府的腐败，宣传"爱国之理"和"救亡之法"，倡导变法维新。虽然其中同时掺杂一些封建糟粕，但对西方资产阶级政治制度、社会学说介绍甚多，对当时封建顽固势力进行了猛烈的还击。《湘报》很快作为湖南新政的一面旗帜，与时务学堂，南学会"日并为一气"，"专以开风气、拓见闻为主，非借此谋生者可比"。

与时务学堂和南学会一样，《湘报》创刊不长时间，便遭到封建统治阶级的破坏和攻击。王先谦、叶德辉乘机对《湘报》百般污蔑和刁难，并唆使湘籍的京官徐树铭、黄均隆"据情揭参"。三月八日，《湘报》第二十号登载了易鼐的一篇文章《中国宜以弱为强说》，主张"西法与中法相参""民权与君权两重""中教与西教并行""黄人与白人互婚"，以及"听民兴利除害"等说。张之洞看后大为恼怒，立即电令陈宝箴、黄遵宪，"至近日新出《湘报》，其偏尤甚。近见刊有易鼐议论一篇，直是十分悖谬，见者人人骇怒。""此等文字，远近煽播，必致匪人邪士，倡为乱阶。"他以"事关学术人心"为理由，叮嘱"随意留心救正"。在张之洞的重压之下，此后《湘报》上，就再没有谭嗣同、唐才常的文章了。戊戌政变以后，《湘报》在九月初一被迫停刊，共发行一百七十七号。

《湘报》在湖南变法维新舆论宣传中，发挥了重大作用。参与创立《湘报》是梁启超在湖南时务学堂期间做的最后一件事，不久，他便返回上海治病去了。

三、戊戌变法

光绪二十三年秋，德国强占胶州湾，帝国主义列强掀起了瓜分中国的狂潮。日渐严重的民族危机和迫在眉睫的瓜分狂潮，再一次冲击着中国这片土地。一时间，全国沸腾，救亡御侮的呼声重新高涨起来。

德国霸占胶州湾的消息刚刚传出，康有为便从广州匆忙赶到北京。在这一年的十二月，他第五次上书光绪皇帝。在《上清帝第五书》中，他痛陈时局之忧危，同时提出变法图强的上中下三策。书上，工部尚书淞溎"恶其忼直，不为代奏"，经给事中高燮的努力，奏书才得以上达。光绪皇帝看过以后，十分激动，立即传旨给总署诸臣，从此以后康有为若有条陈，立即呈送，不许阻隔。

光绪二十四年初，康有为上《应诏统筹全局折》，这就是著名的《上清帝第六书》。他提出了变法维新的纲要，请求光绪皇帝不顾守旧派的阻挠，果断推行新政，走日本明治维新的道路。上书的主要内容为：（一）大誓群臣以定国是；（二）设上书所广开言路；（三）开制度局拟定新制，制度局下设度支、法律等十二局，地方每道县设立民政局。不久，康有为第七次上书光绪皇帝。在上书的时候还将自编的《日本变政考》、《俄大彼得变政记》等书一块进呈。

康有为"既上书求变法于上，复思开会振士气于下"，组织维新变法志士和旅京志士倡导筹设学会，"以继强学会之旧"，随后粤学会、蜀学会、闽学会、关学会陆续建立。这时因会试时间已近，各省举人聚集北京，康有为又想抓住机会"成一大会，以伸国愤"，于是商议开保国会。

光绪二十四年春，梁启超带病进京，康广仁也为"护视其病，万里北来"。瓜分危机逐渐加深，使有病在身的梁启超的感情非常激昂，他早在从湖南去上海的船上就悲壮地与同志相约："吾国人不能舍身救国者，非以家累即以身累，我辈从此相约，非破家不能救国，非杀身不能成仁，目的以救国为第一义，同此意者皆为同志。吾辈不论是败是非，尽力做将去，万一失败，同志杀尽，只留自己一身，此志仍不可灰败，仍须尽力进行。"

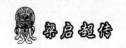

当维新派重整旗鼓，正要重新大显身手时，北京的形势和1895年公车上书时的情形十分相似，恰好遇上三年一度的会试，数千名举子会集京师。而且同时面临着帝国主义瓜分中国的危机。康有为、梁启超再次决定利用举子的士气，大造声势，以促进变法的进一步发展。在康有为的带领下，梁启超接连发起三次公车上书。第一次是反对俄国强占旅顺、大连。3月27日，梁启超和麦孟华等有志之士联合百余名举人上书都察院，请求清政府不要把大连、旅顺租让给俄国，但都察院并没接纳。由于考试临近，大多数举子忙于应试，没有能够像1895年那样，多次到都察院请愿，所以这次公车上书未能达到预期目的。3月31日，条约正式签字。第二次公车上书是抗议德国官兵破坏山东省即墨县文庙内的孔孟塑像。这一事件发生在戊戌正月初一。三个月后，赴京准备会试的孔孟后裔及山东举人百余人上书都察院，上报此事。康有为、梁启超借次机会，鼓动士人掀起爱国运动的热潮。4月29日，梁启超、麦孟华等发布公告，号召举人签名上书。5月6日，梁启超、麦孟华联合八百余名举人上书都察院，请求清廷与德国政府交涉，责令德国严惩肇事者并赔偿其损失。全国各省举人纷纷相应。八省举人前后八次上书，总人数达一千五百余人。此外还有百余名京官先后为此上书。这次行动在历史上是罕见的。这两次公车上书主要目的是反对帝国主义侵略和清廷的卖国、妥协政策，对激发人们的爱国主义热情，同时推动维新运动起到了积极的作用。

梁启超发动的第三次公车上书是请求废免八股取士，革新科举制度。这一上书直接与变法有关，极具挑战性，也是最为重要的一次公车上书。《戊戌政变记》中对当时上书情形是这样描述的："梁启超等联合举人百余人，连署上书，请废八股取士之制。书达于都察院，都察院不代奏，达于总理衙门，总理衙门不代奏。当时会试举人集辇毂下者，将及万人，皆与八股性命相依，闻启超等此举，嫉之如不共戴天之仇，遍播谣言，几被殴击。"梁启超向都察院呈递的《请变通科举折》中痛斥八股取士之弊端，请求皇帝变革科举制，推行经济六科的考试制度，并强调培养人才的重要性，指出变法之要，莫过于培养人才。虽然这次上书仍没成功，却造成了重大影响，成为不久后百日维新废八股的先声。百日维新时，光绪皇帝下诏废八股取士制。梁启超在《戊戌政变记》中高度评价皇帝这一壮举。他强烈批评旧制度，说"八股之害，甚于焚书坑儒"，"八股与中国不两立"。

1. 保国会夭折

同年3月，康有为与御史李盛铎等人在北京发起组织保国会。梁启超"京中卧病，办保国会"，"多所赞画奔走"。康有为撰著了《保国会序》，列举瓜分危机给国家带来失地失权的二十事，提出"惟有合群以救之，惟有激耻以振之，惟有厉愤气以张之。我四万万人知身之不保，移其营私之心，以营一大公；知家之不存，移其保家之心，以保一大国"。《保国会序》当时被抄成数份，在会所张贴，晓谕会众。康有为同时制定了《保国会章程》三十条，明示保国会"以国地日割，国权日削，国民日困，思维持振救之，故开斯会以冀保全，名为保国会"。保国会的宗旨是保国、保民、保教。章程规定施行会讲制，由公众推举博览群书的人才在集会上公开演讲，每次演讲两小时，以后还有问辩和谈论。初步商定在北京、上海各设两总会，各省府县设分会。综上可知保国会已初具政党的规模。

3月27日，保国会在广东会馆召开第一次会议，与会的各省举人和京官有二百多人，大家推举康有为登台演讲。康有为历数亡国灭种之惨祸，疾呼"来日方长，何以卒岁"。他强调"人人有亡天下之责，人人有救天下之权"，只要"吾四万万人皆发愤，洋人岂敢正视乎"！梁启超在所著《戊戌政变记》里记载保国会事说："盖自明世徐华亭集士大夫数千人，讲学寻济宫，至今三百年，未有聚大众于辇毂为大会者，此会实继守之。"保国会的成立使变法维新的气势日渐高涨起来。

保国会在松筠草堂举行第二次会议，这次梁启超被推举上台演讲。他讲道：

> 呜呼，今日中国之士大夫，其心力其议论，与三岁以前则大异。启超甲午、乙未间游京师，时东警初起，和议继就，窃不自揣，日攘臂奋舌，与士大夫痛陈中国危亡，朝不及夕之故则信者十一，疑者十九，退而蓦然忧，眎然思，谓安得吾国中人人知危知亡，其必有振而救之者。乃及今岁，胶、旅、大、威相继割弃，受胁失权之事一月二十见，启超复游京师与士大夫接，则忧瓜分，惧为奴之言洋溢于吾耳也。

他引用曾惠敏和英人乌理西的比喻讲，中国好比一个沉睡多年的雄狮，虽然现在瓜分之事已显现，为奴之局已定，但"以数万里之沃壤"，"数万万之贵种"，"俯首帖耳，忍气吞声，死心塌地，束手待亡，斯真所谓是自求祸也"。如果中国四亿人"各竭聪明才力之所能及者，以行分内所得行之事，人人这样，而国之亡犹不能救者，吾未之闻也"。他还讲到，只有成立保国会，合群策、群智以及群力，"群之习之、磨之砺之、荡之决之、策之鞭之"，"沉睡的雄狮"犹有将醒之时。

数日之后，保国会又在贵州会馆举行了第三次会议，这次参加会议的不下百

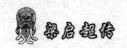

人。梁启超为三次大会的顺利召开，做了大量的实际工作，他主管会务，登记造册，"实司其事"，"到处援引"，联络人员，有几次因意见不统一，与人"几至冲突"。

保国会成立之后，在康、梁等人的操纵下，保滇、保浙、保川等会在京相继成立，同保国会互通声气，使得变法维新的呼声一浪高过一浪。

保国会的宣传作用在京师产生了很大的影响，也招来许多人的不安和攻击。一些顽固守旧派用强学会被封禁之事向康、梁警告更有甚者则造谣攻击，务除之而后快。吏部主事洪嘉与为人撰写《驳保国会议》，到处散发，使得诽谤之风渐起；荣禄则公开威胁恫吓入会者，"小心首领可也"；军机大臣刚毅也乘机指使御史弹劾保国会，想一举清查会中人。只是因为光绪皇帝说了句，"会能保国，岂不大善"，才把事情压下来。

由于封建顽固派和守旧势力的破坏与攻击，保国会只召开了三次会议，就"累被飞章，散会谢客，门可罗雀矣，"被迫停止了活动。保滇会、保浙会、保川会亦相继遭到破坏。

保国会被迫解散后，顽固守旧势力接连上章攻击康有为，御史文悌诋毁保国会是"名为保国，实为乱国"；康有为是"徒欲保中国四万万人，而置我大清国于度外"。虽然御史文悌后被光绪皇帝痛骂、免职，但"保中国不保大清"却日后成为慈禧发动政变、大兴党狱的籍口。保国会是资产阶级维新派在民族危机时刻，领导组织民众以救亡御侮为目的的政治团体，尽管保国会存在的时间极短，但是它在戊戌变法运动中所起的积极作用是应该得到充分肯定的。

2. 百日维新

经过长期的舆论和组织准备，维新志士最终迎来了他们梦寐以求的日子，变法步入实质性阶段。1898年6月11日，年轻的光绪皇帝发布"定国是"诏，宣布自即日起实行新法。从6月11日到9月21日这一百零三天，皇帝连续发布了一百多道诏谕，以空前的规模极力推行维新变法，历史上称这次变法为"百日维新"。在8月底前，改革过程主要涉及经济、军事和文教等各个领域。在经济方面，设置农工商局等机构，以便促进经济发展。在军事方面，着重于训练现代化的陆军，加强海军管理等。这两方面的变革只是比自强运动有所加强。在文教方面改革则大大超出了自强运动的水平。其中两项重要的措施是：第一、彻底改造科举制，以时事和实学的策论取代八股文取士；第二、在首都设立京师大学堂，在各省设立许多高等或初级学堂及军事、工艺等专业学堂。从8月下旬开始，光绪皇帝开始进行政治改革，废除部分中央和地方政府机构，并对其余的机构进行改造。9月13日准备"开懋勤殿以议制度"。百日维新中的改革措施绝大部分是康有为的提议。但皇帝并没有完全采纳康有为的主张，尤其是政治方面如制订宪法、建立国会和实行君民共治等民主性质的改革，上谕中都没有涉及。即使如此，百日维新已属空前之举，触动的方面相当广泛。

百日维新中，康有为因得到皇帝重用而担任主要角色。而数年中一直作为维新运动主角的梁启超却没有能够大显身手。翰林院侍读学士徐致靖向光绪皇帝荐举梁启超时高度评价他说："广东举人梁启超，英才亮拔，志虑精纯，学贯天人，识周中外，其所著《变法通议》及《时务报》诸论说，风行海内外，如日本、南洋岛及泰西诸国，并皆推服……"光绪皇帝7月3日破例召见梁启超。按照清朝制度，举人若被皇帝召见，即可直接入翰林，最次也不失为内阁中书。以梁启超当时的声名，加之徐致靖的大力推荐，人们大多以为梁启超一定能得到皇帝的重用。不料召见后，只是赐六品顶戴，让他主管译书局事务。而同被徐致靖推荐的杨锐、刘光第、谭嗣同、林旭四人则被光绪皇帝提拔为军机章京，赏四品卿衔。也许由于梁启超名声太大，易招致顽固派的痛恨，所以皇帝对他采取了谨慎的态度。康有为对他弟子遭冷遇深感不快，积极为梁启超谋求重要官位。他保荐梁启超为懋勤殿顾问，意图使他能接近皇帝，施展才华，却最终没能如愿。

不过，梁启超不论在幕后还是在台前，仍起着重要作用。例如代御史杨深秀、侍读学士徐致靖起草奏章，推动光绪皇帝颁布"定国是"诏；代御史宋伯鲁起草奏章，请求废除八股。由此可见，梁启超在百日维新的开始和废八股这两件大事中都起了重要作用。废除八股之举是康梁主动为之，首先是康有为让梁启超起草奏章，让宋伯鲁上奏。这一反传统的举措遭到顽固派的抵抗。军机大臣刚毅以"此事重大，行之数百年"为由，提出"不可遽废"。但光绪皇帝力排众议，断然下诏废除八股。梁启超还应军机大臣和总理衙门之请求，为京师大学堂起草八十条规则。梁启超对译书局工作也认真负责，把它当作新文化建设的重要工作。他拟定十条章程，并上书皇帝请增拨经费，他的章程和请求得到皇帝的嘉许。梁启超提议建立编译学堂也得到允许。康有为提出变法的诸多意见也得到梁启超的大力帮助，这些在百日维新中都间接地得到了体现。

光绪二十四年4月25日，由徐致靖保荐，光绪皇帝诏令康有为、张元济预备召见，黄遵宪、谭嗣同等人由该督抚送部引见，梁启超写总理各国事务衙门查看具奏。自此以后，梁启超便正式参加了新政的筹划工作。28日，光绪皇帝召见了康有为，长谈达二个半小时。康有为所谈论的变法维新事，皇帝皆以为然，极力赞同。光绪皇帝任命康有为担任总理各国事务衙门章京上行走一职，并下令他专折奏事。

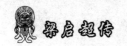

这样，帝党在同后党的斗争中与维新派联合起来。帝党以维新派为奥援，维新派借帝党以自重，联合起来，共同参与维新。从5月初起，维新派凭借光绪皇帝上谕的形式，颁发了几十条变法维新法令，把维新变法运动一步步推向了高潮。梁启超帮助康有为起草了许多重要的奏折，用以领导变法运动。正如梁启超在致夏曾佑的信中所述："新政来源，真可谓令出我辈"，这句话切实地反映了维新派在百日维新中的作用。5月15日，光绪皇帝召见梁启超，君臣一起讨论了倡导西学和成立学校等问题。光绪皇帝对梁启超"大加奖励"，并且让他将自己的著作《变法通议》呈报上来。当天，光绪皇帝就传旨赐给梁启超六品衔，专职处理译书局事务。

梁启超在他著的《戊戌政变记》里谈到这次被皇帝召见时说："谨案国朝成例四品以上乃能召见，召见小臣自咸丰后四十余年未有之异数也。启超以布衣召见，尤为本朝数百年所未见"。在致同仁的信中梁启超也曾谈及这次召见的感受，他说："上实明，稍惜诸老不足为助耳"。梁启超对于此次召见，对光绪皇帝求才若渴，不拘泥于规矩念念有词。但正像他在康有为被封为在总理衙门章京上行走时所说的，"总署行走，可笑之至"。这次，他被召见亦只赏了个小小的六品衔，但按清朝惯例，举人被召见，即必须赐入翰林，最次也不低于内阁中书。时人王照后来谈到梁启超被召见而没有得到重用的原因时这样讲到：

> 是时梁氏之名，赫赫在人耳目，皆拟议必蒙异数。及召见后，仅赐六品顶戴，是仍以报馆主笔为本位，未得通籍也。传闻因梁氏不习京语，召对时口音差池，彼此不能达意，景皇不快而罢。

尽管梁启超仅以六品衔专办译书局事务，但他还是满怀激情地投入自己的工作。不久，他就上书力陈译书局创办以来的情况，并将拟好的译书局十条章程呈上。他除专办译书局事务之外，梁启超同时在京师大学堂充任编纂员，达到"每日赴差次，勤于职务"。康有为对梁启超没有得到重用，心中常常"怏怏"不快，他也曾想派梁启超南下，接管《时务报》。为此，他"托他友致书于汪穰卿，劝令将时务报馆总经理之职，让与卓如，谓卓如新蒙宠眷，可令该报声价跃起。"使它成为维新派主要的舆论阵地。但是汪康年不但公然拒绝不交，进而还把《时务报》更名为《昌言报》。梁启超接办的《时务报》只剩下了一副空招牌。汪康年还在报端刊发广告污蔑《时务报》创办的史实。梁启超、黄遵宪等也不甘示弱，复函和汪康年进行辩论。《时务报》汪梁之争在当时对维新运动起了很大影响，其事实是维新派与守旧势力的斗争。

　　到了 7 月，百日维新趋向高潮，封建顽固势力的抵制、攻击也愈来愈激烈。19 日，礼部六堂官蔽塞言路，光绪皇帝在诏改八股取士旧制之后，又全部革去礼部六堂官职务，对顽固守旧势力进行沉重打击。第二天，光绪皇帝又提拔杨锐、林旭、刘光第、谭嗣同以四品卿衔，为军机章京，参与新政。四章京为新政之宰相，重用四京卿进一步反映了光绪皇帝进行变法的决心。从此以后，变法、新政更加迅速地展开来。同月底，光绪皇帝打算开懋勤殿，选集通国英才数十人，并延聘东西各国政治专家，共议制度，推行新政。康有为求人向光绪皇帝保荐梁启超为懋勤殿顾问。但同时政变的消息已经传开，光绪皇帝自己的地位亦岌岌可危，开懋勤殿以备顾问的事也就流产了。

　　1898 年春，大同译书局陆续出书，所出版的书籍主要有《大同合邦新义》《意大利侠士传》《孔子改制考》《俄土战纪》《南海先生春秋董氏学》《新学伪经考》《桂学答问》《四上书记》《五上书记》《六上书记》《日本书目志》《中西学门径》七种、《英人强卖鸦片记》《瑞士变政记》《地球十五大战记》等。这些书籍基本上都体现了梁启超的初衷，为维新变法运动作了舆论准备，也为中国人了解世界、认识时局提供了大量精神食粮，最为重要的是它由资产阶级维新派单独筹办，显示了维新派实力的壮大和社会地位的极大提高。大同译书局虽然只开办了一年，于 1898 年秋停办，但在维新运动中发挥了积极的作用。

　　同时，梁启超在经元善、谭嗣同等人的大力支持下，在上海设立了中国第一个女子学堂，并亲自撰写《倡设女学堂启》，呼吁解放妇女，提高中国的人口素质，培养有知识、有理想、有抱负的新型女青年。他把妇女受教育当作开民智的基础，只有"妇人各得其自由之权，然后风气可开，名实相副"。从此出发，1897 年春天，梁启超、谭嗣同、康广仁等在上海设立了不缠足会，借以提倡妇女解放，推进维新变法。他们先起草了一个《试办不缠足会简明章程》，规定"凡入会人所生女子，不得缠足""凡入会人所生男子，不得娶缠足之女""凡入会人所生女子，其已经缠足者，须一律放解""入会人员及其子女可以相互通婚""入会人员女子在九岁以上已没法再放足者，报会登记后也可与会中人结婚"。这些规定不但大力提倡放足，而且也为当时的大足女子面临的出嫁困难寻找了一条出路。这一章程在《时务报》刊登后，引起了强烈反响。许多人写信给《时务报》给予支持；有的甚至还提出给不缠足的妇女以物质奖励；有的提议广办女子学堂；也有的上奏清廷，要求皇帝明确下达谕旨，禁止缠足。因而，在全国形成了一股反缠足的舆论压力，并逐步付诸实施。湖南马上筹建不缠足会，刊布了《湖南不缠足会嫁娶章程》。福建的陈宝琛成立了戒缠足会，天津有天足会，此外，江苏、湖北、香山、澳门、顺德、龙山、福州都有规模不一的不缠足会。广东潮州饶平县甚至还将设立不缠足会和办女学堂相结合，明确宣传他们的宗旨是："足既不缠，继兴女学，使二万万之妇女，为有用之才，富国家，助夫教子，远追古昔，近驾欧美。"康有为率先从自己的家庭做起，先让自己女儿康同薇带头不缠足，再推及到其他人。他与家乡绅士区谔良早在1882年就设立了中国第一个不缠足会，1895年又在广东成立了粤中不缠足会。湖南的不缠足运动甚至波及到了山村，各地到长沙的考生在考场的器物上还要贴上"不缠足会"的标签。据计，戊戌变法时期参加不缠足会的人达三十多万。这表明梁启超等人倡导的不缠足运动具有广泛的社会基础，同时取得了可喜的成果。

戊戌时期的知识界有着旺盛的生命力，众人和梁启超一样，忧国忧民，企盼中华振兴，办一点具体实事。而知识界能办的事也无怪乎办报刊、设学堂、组学会、创书局等。因而当梁启超等维新派将进步的知识人士鼓动起来之后，全国便立即掀起了一个具有开拓性的新文化运动。据悉，当时新办的学堂一百八十五所，报馆六十四个，书局十余个，学会一百零三个。以此为阵地，知识界竞相抨击时政，倡言变法革新，大力宣传西学，弘扬传统，古老而衰弱的中国浮现出一线生机，易激动的梁启超更加激情满怀，盼望着自己的改革大业变为现实。

在百日维新期间，光绪皇帝颁布的新政令多达一百余件，涉及到政治、经济、文化、教育、军事等许多方面，概括起来，主要是有：

一、改革官制，裁撤通政司、光禄寺、詹事府、太仆寺、大理寺、鸿胪寺等无用衙门，裁掉广东、云南、湖北的巡抚及东河总督，淘汰各衙门冗员，删订各部院具体则例。

二、废除八股，改革科举考试制度，讲求实学。

三、取消各地书院、祠庙，改做学堂，广译西方图书。准许民间创办学会、报馆。

四、准许平民上书言事，官吏不得阻碍。

五、改革财政制度和国家预算。

六、开办邮局，推进通讯事业。

七、鼓励开矿和修铁路。

八、振兴农工商业，中央设农工商局，地方设分局，鼓励私人兴办实业，设立商会、农会等民间团体。

九、仿效西方，训练近代化的军队。

十、取消旗人特权，许其自谋生计。

以上条款，和康有为、梁启超的总体设想差距虽然很大，但毕竟在"祖宗之法不可变"的坚石上打开了一个缺口，在向西方学习的道路上迈进了一步。梁启超每读一道上谕，都喜出望外。但是，即使这稍微的一点改革，守旧派仍旧是无法容忍的。"百日维新"的过程变成了新旧斗争的过程。梁启超尽管涉足不多，但依然耳闻目睹，感慨颇深。

任何一个改革，归根到底，是一场无法调和的新旧之争。毋庸置疑维新派胜利，意味着改革的成功；反之，就标志着变法的失败。戊戌时期的清廷内部，存在三股政治势力。一个是以慈禧太后为首的守旧派，他们把康、梁维新派看作大逆不道，反对改革，妄图在保持旧秩序的基础上保护手中的权力。这一派势力最大，朝中的许多大员和各省的众多督抚大都在其中。光绪帝"诏定国是"宣布变法之后，他们有的袖手旁观，敷衍搪塞，推托了事，不去认真执行；有的公开反对，抵制变法；有的静观时局，以求一逞。这批人都手握大权，像荣禄掌有军权，慈禧太后更是不可一世。慈禧之所以在变法初用克制和容忍的态度，是因为《马关条约》之后民族危机过于严重，民众不满清廷的情绪太大，她试图让光绪折腾一阵子，缓解全国民众情绪，同时也想等光绪闹出"乱子"以后，找借口把他赶下台去。一些守旧官僚是知道慈禧这种野心的。于是便对光绪皇帝千方百计应付了事。并且，守旧派还基本上握有用人大权，许多官吏的任免，光绪皇帝是无能为力的。正如梁启超所言："督抚皆西后所用，皇上无用舍之权，故督抚皆藐视之，而不奉维新之令也。"在这种情况下，守旧派从实力上占据了绝对优势。

第二种政治势力是洋务派官僚，又可称为中间派。康梁的不少变法主张和洋务派达成共识，光绪皇帝的变法诏旨中有许多是洋务派多年来主张，因而洋务派官僚对变法并不全持反对态度，也不全持支持的态度。李鸿章对康有为的不被重用曾表示不满，甚至自己还想加入强学会，只因签订《马关条约》名声太臭才被拒之门外。袁世凯和强学会也有一定关系，曾一度博得维新派的好感。张之洞对康梁的这一活动给予了有限的支持，扶植过强学会，亦为湖南的变法充过气，使不少维新分子对他产生了不符实际的幻想。但洋务派的改革要求是十分有限的，他们对康梁的许多主张都持否定态度。从整体上看来，只能算是维新派的同情者，而不是志同道合者。尤其是这批富有政治经验的圆滑官僚在权衡政治力量的变化与窥测慈禧太后的走向之后，就逐渐滑向了守旧派一边，变成了维新变法的反对者。张之洞还曾著有《劝学篇》，想从思想上迷惑世人，阻挡维新思想的传播，他还在行动上为维新派设置了重重障碍，梁启超、谭嗣同等人对他尤为痛恨。军机大臣王文韶则对变法上谕"敷衍而行之"。刘坤一则说："时事之变幻，议论之新奇，恍兮惚兮，是耶非耶，年老懵乱，不知其然"，对新政上谕，"可办办之，否则静候参处！"总体而言，洋务派官僚实际上对光绪皇帝的新政采取有

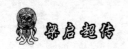

针对性的对抗态度，对自己有利的则支持，不利的则坚决不同意。这实际上是和守旧派混在了一起。在这场政治斗争中，中间派的走向起着非常关键的作用。洋务派后来纷纷倒向守旧派，无疑加速了维新派的垮台。

第三种政治势力是以光绪皇帝为代表的帝党，基本可以看作康梁维新派的同路人。这一派人数最少，势力相对弱小。在朝廷上，官位较高的只有翁同龢等少数几个人，多数是地位不高但思想较开明的小官或文职官员。地方官员中除湖南巡抚陈宝箴支持变法外，很难再找出第二个。因此，支持康梁的官僚尽管想变法改革，但却无能为力，常处于劣势地位。光绪也只能极有限地行使自己的权力，常常是看慈禧太后的眼色行事，"百日维新"期间，他曾先后十二次往颐和园向慈禧请安和听取"训导"。康梁等人原先并不相信光绪的傀儡地位，但经过一段观察后，事实确凿，只得相信。这样，和维新派暂时结合的帝党就很难在和守旧派的斗争中获胜。随着变法的进一步深入，其厄运也就随之降临。

早在维新之前，顽固守旧势力就曾对康、梁组织的保国会进行了猛烈的攻击，必欲除之，后终于迫使保国会停止活动，名存实亡。百日维新开始之后，日益严重的瓜分危机和全国不断高涨地要求变法图强的呼声，促使封建顽固派一时有所收敛，但随着维新变法运动的深入，顽固派也逐渐加紧了他们的阴谋活动。4月23日，光绪皇帝颁布"诏定国是"上谕，决心变法改革，召见康有为，调集维新人士，积极筹划新政，同时，顽固派亦开始密谋彻底打败维新派。四天以后，慈禧太后便逼迫光绪皇帝把翁同龢除职。翁同龢是帝党的首领，任军机大臣、户部尚书，是光绪皇帝最得力的助手。翁同龢在清朝政府和地方官吏中有着广泛的联系和影响，同时，他还是帝党与维新派联系的纽带。顽固派这一举动，目的是孤立光绪皇帝，削弱帝党的力量，也是给维新派敲一警钟。同日，慈禧太后又宣布凡二品以上大臣授予新职，都要到皇太后那儿谢恩，各省将军、都统、督抚、提督等官也一体具折奏谢。这样，慈禧太后就从光绪皇帝那里抢去了高级官吏的任免大权，以此来阻止光绪皇帝对维新派人士的任命。仍是这一天，慈禧太后内调直隶总督王文韶，派亲信荣禄暂时署理督篆。然后，便实授荣禄直隶总督兼北洋通商大臣，领导董福祥、聂士成和袁世凯所分别率领的甘军、武毅军和新建军这三支北洋军最重要的武装力量。顽固派准备用武力镇压维新变法。荣禄还派御史李盛铎奏请光绪皇帝侍奉慈禧太后到天津"阅兵"。慈禧太后和荣禄谋划在光绪秋天去天津"阅兵"时，把维新变法废除掉。

以慈禧太后为首的顽固派的这种做法，尽管没能吓退光绪皇帝和维新派，但阻碍了变法运动的发展。梁启超在写给夏曾佑的信中讲：

　　而常熟去国，最为大关键。此间极知其故，然不能形诸笔墨，俟见
时详之。南海不能大用，菊生无下文，仆之久不察看，率皆由此而生
也。……初时极欲大办，今如此局面，无望矣。

　　维新派尽管认识到"西王母主持于上，他事不能有望也"，"新旧水火，大权
在后，决无成功"，但又很感激光绪帝知遇之恩，"不忍言去，但大变法，一面为
新国之基，一面令人念圣主，以为后图。"就在维新派慷慨悲歌"用大力鼓铸全
局，而其事变每出人意外"时，顽固派正在霍霍磨刀。4 月 28 日，慈禧太后命
令刑部尚书崇礼署步军统领。5 月 6 日，再任命怀塔布管理圆明园八旗、包衣、
三旗官兵和鸟枪营事务，任命刚毅管理健锐营事务。同时，还撤换了一批八旗都
统，把京师和颐和园的卫戍部队完全掌握在自己亲信手里。随着新政的进一步推
行，变法诏书的不断颁布，维新派与顽固派之间的矛盾也越来越尖锐了。废除八
股取士制度，使大批八股士子没有了进身机会；淫祠及书院停废，又使无数土豪
劣绅和奸僧恶巫失去了生活的来源；裁撤冗官，京官失业的多达千人。他们对变
法维新个个咬牙切齿，大肆诽谤诬蔑，摇旗呐喊，想消灭新政。

　　7 月中旬，顽固派与慈禧太后阴谋借天津"阅兵"进行废立的消息传出，光
绪皇帝大为恼火，维新派与顽固派之间的斗争空前激化。光绪皇帝革除掉礼部六
堂官的官职，又特别提拔杨锐、林旭、刘光第、谭嗣同为四品军机章京，参与新
政。康有为、谭嗣同再次建议光绪皇帝召见袁世凯，"结袁以备不测。"同时顽固
派发动政变的阴谋亦在加紧进行。7 月 28 日，光绪皇帝前往颐和园，请求慈禧
太后允许开懋勤殿。慈禧太后当场拒绝，并把光绪痛斥了一顿。光绪皇帝知道大
祸不久将来到，当天就降密诏给康有为、谭嗣同等五人，委托杨锐带出。密诏这
样写道："朕惟时局艰难，非变法不能救中国，非去守旧衰谬之大臣而用通达英
勇之士不能变法，而皇太后不以为然。朕屡次几谏，太后更怒。今朕位几不保，
汝康有为、杨锐、林旭、谭嗣同、刘光第等可妥速密筹，设法相救。朕十分焦
灼，不胜企盼之至。特谕。"杨锐看到密诏后，被吓得惊惶失措，竟把密诏搁置
了五天，方才交给林旭。

　　8 月 1 日，光绪皇帝亲自召见袁世凯，提拔任命他为兵部侍郎，专办练兵之
事。第二天，光绪皇帝再次召见袁世凯。光绪皇帝和维持派希望以皇帝的眷隆来
换得袁世凯的忠心，利用他掌管的武力对付顽固派的进攻。顽固派自然早就察觉
了这一点，袁世凯入京后，荣禄急调聂士成军去天津，董福祥军驻长辛店，又电
催袁世凯立刻回防。狡诈的袁世凯一边遍访刚毅、荣禄等人，一边假意敷衍光绪
皇帝。8 月 2 日，光绪皇帝感到大祸临头，遂让林旭带给康有为密诏，令他迅速

出京，不得延迟。8月3日，康有为才看到林旭送来的两道密诏。他马上召集梁启超、谭嗣同、康广仁等商议怎样把光绪皇帝从危难之中解救出来。最后决定劝说袁世凯起兵勤王。8月3日晚上，谭嗣同独自去法华寺密见袁世凯，梁启超去金顶庙容闳寓所探听消息。是夜，董福祥的甘军从北门进入北京，顽固派已经扬起手中的屠刀。

谭嗣同夜访袁世凯时，袁已"探知朝局将变"。谭嗣同以密诏相示，请求他举兵相救。袁世凯一边假装慷慨激昂地表示"诛荣禄如杀一狗耳"，一边又托词，"须急归营，更选将官，而设法备贮弹药，则可也"。

8月4日早晨，康有为、梁启超和谭嗣同等在金顶庙容闳寓所秘密商议，他们知道袁世凯不会举兵相助，便决定分头去游说英、日等国驻华公使出力相助。他们无论如何也不曾想到，袁世凯出卖了他们。8月5日深夜，慈禧太后从颐和园匆忙还宫，将光绪皇帝囚禁起来。8月6日，慈禧太后宣布垂帘听政，下令大肆捕杀维新党人，百日维新在封建顽固派挥起的屠刀下惨遭失败。

关于杨锐从光绪皇帝那儿带出的两道"密沼"的时间与内容，有不同说法，但其中心内容无非是光绪帝皇位难保，请康梁图谋相救。梁启超等人本一介书生，又极其缺少政治斗争经验，只是依靠光绪帝才立住脚跟。光绪帝皇位不保，他们也必遭不测。想到维新事业就此了事，自己生命也危在旦夕，二十五岁的梁启超放声大哭。此后，他们仍想作最后的努力。他们请谭嗣同和湖南的唐才常、毕永年等人联络，动员会党和绿林好汉入京，刺杀慈禧太后；并想方设法和袁世凯取得联系，请他保护光绪帝，支持变法。唐才常是谭嗣同的好友，向来主张革新，兼有反清思想；毕永年也具有开明思想，富有民族主义倾向，和会党关系亲近，求他们帮忙去刺杀慈禧是顺理成章的。但是康梁等人为什么还要找袁世凯出力相救呢？表面上着实令人不解，但实际上是有原因的。

袁世凯，字慰亭，河南项城人，地主官僚出身。先是吴长庆手下的幕僚，后来拜张謇为师，出使过朝鲜，对外国亦有所了解。甲午战争以后，便在天津小站编练新军，聚集了如段祺瑞、冯国璋、徐世昌、王士珍这样的一批军阀头目，编成新建陆军二千人。因此自己拥有了政治资本，为朝野人士另眼看待。戊戌维新运动兴起后，他出于政治投机目的，加入强学会，伪装成赞同变法。康有为、梁启超等对他印象极好，赞扬他"讲变法"，通外情，是难得的"将才"。当维新运动真的出现危机的时候，康梁觉得必须调集军队来支持变法，当然就想到了袁世凯。康有为派自己的亲信门徒徐仁禄到小站去试探袁世凯，尽管没有见到，但从徐世昌那里得知，袁世凯仍吹捧了康有为，并表示效忠光绪帝。于是，康有为、梁启超向光绪皇帝密荐起用袁世凯，用以对付顽固派，

"制止反动派对于维新的一切障碍"。光绪帝采纳了康梁的意见，9月16日即召见了袁世凯，仔细询问了一些情况，夸赞袁世凯忠心可嘉，随赏以侍郎衔，专办练兵事宜。当晚八时左右，梁启超和康有为诸人正在吃饭，忽然听到光绪发布上谕重用袁世凯，不禁大喜，拍案叫绝，认定"天子真圣明，较我所献之计尤觉隆重，袁必更喜而图报矣"。17日，光绪皇帝再次召见了袁世凯，要他和荣禄不要相互阻挠各办各的事，并授意一旦有"意外之变"，即带兵进驻京城。这明显是让袁世凯不去买荣禄的账，而支持光绪。袁世凯深知他业已陷入了政治斗争的漩涡，稍有不慎，就会丢官丢命。因而他在被召见后假装在北京遍访达官贵人，打探风声，测试内情。富有政治经验的袁世凯这时已经肯定光绪帝的力量远远不如慈禧，与其效忠光绪送死，不如投靠后党升官。他征求幕僚们的意见，都认为："光绪脆弱，廷臣将帅均为慈禧心腹，成败之数，可以预知。与其助光绪而致祸，莫若附慈禧而取功名。"于是袁世凯拜见了刚毅、王文韶、荣禄等慈禧的许多亲信，借机表明他绝不会倒向光绪帝。然而，在公开场合下，袁世凯不露声色，既看不出他和光绪帝为敌，亦绝无投靠慈禧、荣禄一伙的迹象。天真的光绪帝和康梁等人还误认为袁世凯是他们身边的一员，特别是在无计可施的情况下，更是把全部希望都押在袁世凯这位拥有军事实力的人物上。于是就出现了谭嗣同出访袁世凯的感人场面。这中间的详细情况，梁启超在他的《谭嗣同传》里有传神逼真的介绍：

9月18日深夜，谭嗣同急冲冲来到北京西郊法华寺袁世凯的住所，开口便道：

"君谓皇上何如人也?"

"旷代之圣主也。"袁随口回答，知道谭嗣同来者不善。

"天津阅兵之阴谋，君知之乎?"

"然，固有所闻。"

谭嗣同一边拿出光绪帝给他们的密诏请袁世凯看，一边说："今日可以救我圣主者，惟足下，足下欲救则救之。"到此，谭嗣同用手砍了一下脖子，以示杀头之意，接着说道："假如不想救，请至颐和园首仆而杀仆，可以得富贵也。"

话音刚落，袁世凯便十分严肃地答道：

"君以袁某为何如人哉?圣主乃我辈共事之主，仆与足下同受非常之遇，救护之责，非独足下，若有所教，仆固愿闻也。"

谭嗣同一本正经地说：

"荣禄密谋，全在天津阅兵之举，足下及董、聂三军，皆受荣禄所节制，将挟兵力以行大事。虽然，董、聂不足道也，天下健者，惟有足下。若变起，足下

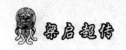

以一军敌彼二军，保护圣主，恢复大权，清君侧，肃宫廷，指挥若定，是不世之业也。"

袁世凯见谭嗣同"衣襟高起，似有凶器，知其必不空回"。只好言不由衷地答道：

"若皇上于阅兵时疾驰入仆营，传号令以除奸贼，以从君子之后，竭死力以捕救。"

"荣禄遇足下素厚，足下何以待之。"谭嗣同反问道。

袁世凯极力表白他和荣禄并非同党，断言：

"若皇上在仆营，则诛荣禄如杀一狗耳！"

至此，谭嗣同完完全全地相信了袁世凯的谎言。他和袁世凯仔细商定了救光绪的办法，一直到凌晨三点钟，才离开了法华寺。梁启超听了谭嗣同的叙述后，也十分兴奋，以为光绪有救了。

袁世凯尽管已决定不帮光绪皇帝的忙，但毕竟事关重大，牵扯到他的前程，因而谭嗣同走后"反复筹思"，彻夜不眠。最后还是决定告密，用谭嗣同等人的生命，谋求自己的高升。9月20日，他返回天津，便把和谭嗣同的谈话情况汇报了荣禄。荣禄当夜进京，报告了慈禧太后。

早在谭嗣同游说袁世凯，劝其兴兵勤王时，维新派中一些人便认识到这无疑为与虎谋皮，林旭为此曾写了一首诗：

> 伏蒲泣血知何用，慷慨何曾报主恩？
> 愿为君歌千里草，本初健者莫轻言。

在诗中，林旭将袁世凯比作三国时的董卓，力劝谭嗣同不要学袁绍那样，为清除阉宦向大将军何进建议召四方英雄之士，率兵来京，终引起汉末董卓之乱。事实也是如此，袁世凯用维新志士的鲜血染红了自己的官帽。

八月初六日，慈禧太后下达命令"以结党营私，莠言乱政"罪，逮捕康有为。中午，步军统领崇礼亲率缇骑三百围住了米市胡同的南海会馆，康有为早在前一天就秘密离京了，康广仁被捕。一时间，九门戒严，缇骑四出，风声鹤唳，到处捕杀维新志士。当时，梁启超正在谭嗣同的屋中，两个人"对坐在榻上，有所擘画，而抄捕南海馆之报忽至，旋闻垂帘之谕。"刚才还在策划如何营救光绪皇帝的梁启超和谭嗣同又赶紧策划如何营救康有为。谭嗣同建议梁启超到日本公使馆，"请致电上海领事而救先生"，但他自己却"昔欲救皇上，既无可救，今欲救先生，亦无可救，吾已无事可办，惟待死期耳……竟日不出门，以待捕者。"

梁启超、谭嗣同还计划派容闳去见美国公使，请李提摩太去到英国公使那儿求助。

梁启超告别谭嗣同后，马上给上海的好友麦孺博发了一封电报，告其政变的消息，请上海的维新派友人设法搭救康有为，并通知康有为和自己家人马上出走避祸。

下午二时，梁启超赶到日本公使馆求见代理公使林权助。驻华代理公使林权助曾著过一本《我的七十年》，其中讲到了当时情况：

"梁启超跑到公使馆来，说一定要会见我，这时正是午后二时，我和伊藤公吃完饭正在谈话，无论怎样，让梁到另室会面。一见，他的颜色苍白，飘浮着悲壮之气，不能不看出事态之非常。梁直截地说：请给我纸，并马上写出下面的文字：

"'仆三日内即须赴市曹就死，愿有两事奉托。若君犹念兄弟之国，不忘旧交，许其一言。……'

"我决断地说：'可以，君说的二事，我的确承担。'我又说：'你为什么要去死呢？试好好想一想，如果心意改变，什么时候都好到我的地方来。我救你啊！'

"梁听了我的话，暗暗落泪，同时仓皇而去，……到了夜晚，公使馆门口骚闹着。我正在奇怪的一刹那，梁飞快地跑了进来，那么这个问题便搁在我们身上了。我无论如何，把梁放在一个屋子里。"

梁启超进出日本使馆引起了追捕者的注意，公使馆"门前不安。好像是追捕者觉着康或是谁逃进公使馆似的。"林权助马上让恰在北京的日本驻天津领事郑永昌帮助梁启超化装逃离北京，在天津乘日本军舰前去日本横滨，开始了他亡命东瀛的生涯。

8月8日，御史杨深秀因为上书清慈禧太后撤帝归政于光绪皇帝，因此，被捕入狱。9日，慈禧太后下令缉拿维新党人。杨锐、林旭、刘光第、谭嗣同等相继被捕。不久，又命令两广总督谭锺麟捉拿康有为和梁启超的家人，并抄没家产。梁氏聚居于茶坑村，一乡人逃跑避难。梁氏宗亲中恰有一孕妇，竟被惊吓坠孕而死。梁启超的家人逃亡到澳门才得以幸免。

8月13日，慈禧太后下令把康广仁、杨深秀、杨锐、林旭、刘光第、谭嗣同六人处以极刑。张荫桓、李端棻等被遣戍新疆；徐致靖、陈宝箴、张元济、江标、宋伯鲁等支持维新变法的一些官员被革职查办，并悬赏擒拿康有为和梁启超等人。

梁启超后来写的《去国行》一书，十分生动地描述了他在变法失败后，被迫逃亡时的心情。他说："呜呼，济艰乏才兮，儒冠容容，佞头不斩兮，侠剑无功，

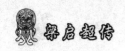

君恩友仇两未报，死于贼手毋乃非英雄，割慈忍泪出国门，掉头不顾吾其东"。

百日维新从一开始就险象丛生，危机四伏。顽固派势力的如此强大，光绪皇帝手中毫无实权等等，都是维新变法失败的重要原因。频繁的上书和下诏尽管形成巨大声势，但并不能扭转当时的政局。在这之前几年当中，维新运动到处受阻，常常受挫，已有深刻教训。百日维新期间，康有为等维新志士直接卷入权力斗争，其所推行的改革极大地威胁了大批官僚和士人的既得利益。这一切都招致顽固派更猛烈的反对。此外，康有为变法心切，计划过于庞大，无所不包，又妄图在短期内实行，这也是维新运动难以取胜的重要原因。

百日维新虽然没有成功，但持续数年的、轰轰烈烈的维新运动是成功的，其意义是难以估算的。

（一）推进全方位的现代化

从鸦片战争以来，呼唤变革的声音就不绝于耳，变革的运动也由此兴起。洋务运动即是维新运动之前的一场革新运动。然而，戊戌维新与从前的运动大有不同之处，因为它是新型知识分子领导下的一场运动。戊戌运动中的知识分子是从士大夫过渡而来的中国首批新型知识分子，他们是受民族危机逼迫和西方文化熏陶而产生的。运动的性质和特点取决于这批新型知识分子的性质。

洋务运动出自于上层，它首先开了技术革新的先河，但是洋务派官僚目光短浅，只是一味捡取西方表皮上的一些东西。而知识分子比其他任何人都更关心国家的前途命运，更了解世界政治和西方新知识。他们从西方的经验得出一条结论：必须全盘西化改变中国，从人到制度，社会的方方面面都需要彻头彻尾的改变。梁启超指出："夫变法不变本原而变枝叶，不变全体而变一端，非徒无效，只增弊耳。"他在《戊戌政变记》中以不可辩驳的事实抨击洋务派。他说，洋务派以为西人的长处只不过是在船坚炮利、机器精奇，因而就只学西方的一些使用技术，这恰巧是中国失败的原因。甲午战争中，中国装备精良的海军的悲惨下场，充分说明洋务派的"变革"因没抓住问题的实质而失败。新型知识分子照搬外国的经验，想要全盘改变固有的制度，这就表明了戊戌维新运动的性质是一场全方位的现代化运动。

洋务派官僚的自强运动之所以从表面而不是从实质上变革，除了目光短浅外，最重要的一点是既得利益支配行动。因为政治制度是官僚们安身立命的根本，官僚绝对不可能主动从政治制度上着手改革。

但维新运动是新型知识分子领导的，其目的和措施不为某个特定的阶级利益所支配，也不为个人利益所支配。以往共同的观点认为知识分子必须依靠于某个阶级，或者代表某个阶级。但新型知识分子确实是一个独立的阶层。他们是时代的潮头、社会的良质，是人民的代言人。他们代表中国民族的利益，而不是哪一个阶级的利益，甚至也不顾及自己的利益。他们不顾一切，以九死一生的勇气投身于全面的改革。他们不惜反对能使自己金榜题名的科举制度，毅然离开读书做官之路，就是最具代表性的表现。只有新型知识分子才能提出彻底革新的方案。

（二）开救国运动之先河

戊戌运动是中国近代史上第一次救国运动。维新人士为了救国图存而变法，与一些政府官僚为自身利益暂时变革迥然不同。对他们来说，爱国救国是目的，变法是救国的途径。

当时有人把变革的希望寄托于腐败的清廷及地方官僚身上，梁启超则果断指出，只有忧国、爱国的人才能变法。他说，就像枯树不能开花，雄鸡不能下蛋，守旧顽固派的本性决定了他们是不可能变革的，"故必有忧国之心，然后可以言变法；必知国之危亡，然后可以言变法；必知国之弱由于守旧，然后可以言变法；必深信变法之可以致强，然后可以言变法。今西后之所知者，娱乐耳，荣禄等之所知者，权势耳，岂尝一毫以国事为念哉？"梁启超说，即便中国的土地被列强全部瓜分了，他们也不会从本质上变的。若希望他们变法就像指望法国专制君主路易十四能兴民权，日本的幕府能革新一样，完全是白日做梦。至于各省督抚中确实有一部分人"号称通时务，素主变法"，但他们只是为了赢得"新党"的名誉，并不是出自本意。梁启超揭露他们的用心，说出了他们所倡导的革新的实质是："夫人必真有爱国心，然后可任大事，如某某者，吾非敢谓其不爱国也，然爱国之心究不如其爱名之心，爱名之心又不如其爱爵之心，故苟其事与国与名与爵俱利者，则某某必为之。必不得已而去，于斯三者何先？曰，去国。必不得已而去，于斯二者何先？曰，去名。"

事实也证明了的确如此。湖广总督张之洞就见风使舵，如高墙上的青草，随着风向的变化而变化。他利用大力赞助维新派人士办报，建学会等方式，博得新派的美名，而到了革命的关键时刻则投井下石，排挤、打击维新人士。只有爱国知识分子不图个人名利，坚决主张变法。梁启超的语言说明了变法与救国的关系，指出了维新变法的性质，也真实表达了知识分子的爱国热情。

（三）造就了新型知识分子

戊戌运动从时间上看是新旧世纪交替之际，从时代上看也是新旧时代变换之时。自那时起，新型知识分子便登上历史舞台，扮演着重要的角色。他们开创了

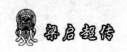

新世纪的新篇章。

维新运动最重要的意义也在于它塑造了一代中国的新型知识分子。康、梁等人是顺应时代发展而自动由士大夫转向新型知识分子的，以后的一代代知识分子则是在他们的影响下转变和成长的。这种影响一方面表现为他们从思想上和行动上对后代的言传身教，例如严复翻译的《天演论》激起了无数爱国青年的竞争意识；康、梁的维新思想和行动启发民众参加爱国救国活动。另一方面是间接影响，即他们的政治和教育改革破坏了封建教育体制，开辟了新知识，让更多知识分子得到新型教育，造就了更多更新的知识分子。

第一代新型知识分子是从传统的士大夫转变而来的。他们为数不多，但具有很高的素质，是社会的精英。康有为、梁启超、严复等人大都取得了功名，有的是进士、有的是举人，有一定的社会地位。他们受传统文化的影响比第二代知识分子更深。正因为具备了这些条件，他们才能在社会上有较强号召力，才能影响其他知识分子。

恪守传统之士固然不会引起人们的关注，但是光有新思想，而没有一定社会地位的人不可能为民众所认可和尊重，没有深厚传统文化功底的人也不可能为士人所信服和崇拜。孙中山就是明显的例证。孙中山因没有受过传统的儒学教育而在士林中名声不高。一些人将他看成绿林式的草莽英雄，甚至是红毛绿眼的异类。士人则明确视其为怪物。吴稚晖曾说："我起初瞧不起孙文，就因为他不是科第中人，不是经生文人，并且疑心他不识字。"所以孙中山在最初很长一段时间里只能在帮会中发展自己的势力。虽然后来有些士人转变了对他的看法，但首先影响知识分子的仍是康、梁。因为康、梁既是科第中人、经生文人，又具有新思想。在转型期，只有像康、梁这样的，兼有传统和现代两种文化修养的知识分子才能在中国知识界开辟新的道路。

中国第一代新型知识分子形成于十九世纪九十年代，第二代形成于二十世纪初的五四运动前后。第二代知识分子的代表也被社会称为精英，后来成了辛亥革命、五四运动的领导人。他们大多也受过相当程度的传统文化教育，例如陈独秀参加县试，中了秀才，并曾参加过省试。鲁迅参加县试，由于特殊情况，中途退考。但总起来说，第二代知识分子受新式教育的占了多数。吴玉章赴法留学，陈独秀、鲁迅留学日本，他们接受的新知识自然而然要比康、梁多。但他们却是受康、梁等维新人士的直接影响而追求新知识的。辛亥革命人士吴玉章说："当我读到康、梁的淋漓尽致的议论以后，我很快变成了他们的信徒，一心要做变法维新的志士，对于习八股、考功名，便没有了兴趣。"

在当时，新思想、新学说大多来自西学。但西学对于多数民众来说不但陌生，甚至被视为有毒之物，要让人接受它并不是简单之事。维新人士拼命宣传西学，开启新风气，从而减少了西学传播的阻碍。五四运动的领袖陈独秀说："吾辈少时，读八股，讲旧学，每疾视士大夫习欧文谈新学者，以为皆洋奴，名教所不容也；前读康先生及其徒梁任公之文章，始恍然于域外之政教学术，粲然可观，茅塞顿开，觉昨非而今是。吾辈今日得稍有世界知识，其源泉乃康、梁二先生之赐。是二先生维新觉世之功，吾国近代文明史所应大书特书者矣。厥后任公先生且学且教，贡献于国人者不少，而康先生则无闻焉。"至于第三代和以后的知识分子就几乎完全是从中外的新式学堂中缔造出来的。那时西学在中国已经普及，人们接受新思想已不像十九世纪末那样困难了。

自新型知识分子诞生后，中国的历史开始发生巨大的变化，一代一代的新知识分子如潮水般涌现。他们发起了一系列现代化运动，从立宪运动、辛亥革命到护国运动、五四运动等等。他们已成为领导时代潮流必不可少的力量，二十世纪上半期的历史若少了知识分子就等于是一片空白。从这一角度来说，维新运动的意义以及康有为、梁启超等人的功劳无论怎样估量也是不过分的。

（四）开创了新文化

知识分子领导的维新运动号召破除封建文化建设新型文化。康、梁等人深受传统文化影响，又大胆吸取西方新文化。从中西文化的对比中，他们深深认识到旧文化的弊端。康有为的奏书三分之一都集中攻击科举取士之弊病。梁启超发动的公车上书要求改科举，废八股。知识分子是新文化的传播者、创造者。他们领导的改科举的行动是文化革命、思想革命，对中国政治和文化造成的影响无法估量，其意义相当于政治革命。康梁等十分重视新文化建设和思想启蒙教育，他们组织学会、兴学堂、办报刊、设图书馆、译书等，发起全面的思想文化运动，而不是单纯的政治改革。知识分子重视宣传鼓动和思想启蒙，从而形成大规模社会运动。以往的洋务运动只是采取一些具体行动、措施，并没有在全国上下真正形成社会运动。知识分子领导的活动容易形成社会运动，这是知识分子的特点决定的。知识分子注重理论建设和舆论宣传，从理论上阐发变革的必然性和合理性，从而掀起中国近代史上首次思想启蒙运动。

维新人士通过报刊、学会等工具宣传进步思想，对国民从事爱国主义教育，开民智，树新德；从而唤起了民众的爱国救国的热情和政治觉悟。维新运动作为第一次全国性的普及政治运动，其影响力是空前的。据吴玉章说，维新运动的中心当时是在湖南、上海、广东。虽然他的家乡四川不是运动中心，但变法维新的思想在他的家乡也极为流行，就连一向最推崇汉学的尊经书院也开

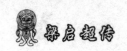
始大讲"新学"。许多爱国青年注重学习新学，热切关注维新运动的进展情况，吴玉章就是其中一员。由于他全身心投入变法的宣传，人们给他起了个绰号，叫"时务大家"。吴玉章说："'戊戌变法'的那些措施，虽然是微不足道的，但在当时却曾经震撼人心……当变法的诏书一道道地传来的时候，我们这些赞成变法的人，真是欢欣若狂。尤其是光绪帝三令五申地斥责守旧派阻挠上书言事，更使我们感到鼓舞，增长了我们的气势，迫使那些反对变法维新的守旧分子哑口无言。"

维新派办报的行为，推动了中国报刊事业的发展，有力地促进了中国文化的现代化。维新报刊以它鲜明的时代性、丰富的知识性和新颖的思想，吸引了各方面的读者，教育了各阶层的人士。报刊成为文化的重要载体和知识的主要来源。越来越多的人开始习惯于从报刊中增加精神营养，新知识、新学说从此势如破竹地迅速传播开来。不仅如此，维新派的政治、文化活动打破了统治中国几千年的封建文化专制，极大地促进了言论和出版自由。

几千年来，封建统治者实行愚民政策和文化专制主义，对于言论和出版的限制和约束极其严格。历朝历代的文字狱屡次出现，使无数文人志士惨遭迫害。清政府严格限制报刊的出版发行，只允许出版朝政的《京报》。在《大清律例》中，规定了"凡造谶纬、妖书妖言及传用惑世者，皆斩"以及"捏造言语，录报各处者，系官革职，军民杖一百，流亡千里"等条款，统治者可随时根据此条文惩罚危及他们利益的人。近代报刊出现后，一些地方官府还规定了禁止私自刊刻新闻纸的命令。也就是说在变法维新之前，民间出版报刊是不合法的行为。因此，早期知识分子自办报刊，不得不依靠外国人。

在维新运动中，维新派高声疾呼言论和出版自由，宣传报刊的重要性，在变法过程中提出设报馆、开民智。他们不仅在著论中提出要求，而且在行动上自办报刊，打破了统治者对办报的禁令，终于逼迫皇帝下诏同意民间办报，使民间自办报刊合法化。后来尽管变法失败，进步报刊被封禁、撤销，维新人士和进步报人都遭到了严酷打击和无情镇压，但被称为"新报"的报刊已为民众所熟悉和接受。一些官僚在变法前后都曾大力支持新报。张之洞曾扶持《时务报》。变法后，当慈禧太后下令封禁报馆时，两江总督刘坤一冒险致函总理衙门，提议对报馆采取缓和措施，并请求对《农学报》等专业报刊免禁。这表明，正是由于维新运动的开展，言论、出版自由在中国已形成无法阻挡的潮流。从此，国人办报的热潮此起彼伏。

维新运动促进了结社自由。戊戌时期民间社团在各地大量涌现。1895 年 8 月在京成立的强学会是第一个全国性学会，它成立的主要目的是要"开风气，开知识，合大群"，强学会同年还在上海成立了分会。据统计，戊戌时期的学会高达七十余个。维新派办学会，致力于全面的新文化建设，尽可能把西方的政治、思想、文化全面地带到中国人面前。

总之，维新运动使中国的思想文化结构发生了巨大变化，也使社会结构发生了改变：思想、文化的更新推动了新知识分子群体的诞生。中国的政治结构从此也有根本性的转变：民间社团的兴起，为政党的产生奠定了基础。参与政治范围的扩大，也打破了官僚垄断政治的局势。

即使是暂时失败的百日维新，也起着积极的意义。正如梁启超说："戊戌维新虽时日极短，现效极少，而实二十世纪新中国史开宗明义第一章也。"他说，"自今以往，中国革新之机，如转巨石于危崖，遏之不可遏，必达其目的地而后已。此事理所必至也。然而戊戌之役，为败乎：为成乎？君子曰成也。"梁启超指出，戊戌维新之可贵在于精神方面，在形式上则有不少缺点。因为当时的人对于西方新思想、新制度了解甚少，对于如何参照西方经验改革中国旧体制没有得当的举措。"若其精神，则纯以国民公利公益为主，务在养一国之才，更一国之政，采一国之意，办一国之事。盖立国之大原，于是乎在。精神既立，则形式随之而进。虽有不备不忧其后之不改良也。此戊戌维新之真相也。"

历史的发展和前进正像梁启超所指出的：中国的革新是必须达到它的目的才罢休。戊戌政变废掉的改革措施，在清末新政中几乎全部得到了实行。这表明，百日维新代表了时代发展的走向。

在维新运动中，梁启超所起的作用是独一无二的。康有为是变法的领袖，梁启超则是维新运动的主将和骨干。康有为的政治作用是不可忽略的，梁启超则除了政治作用外，更多地是起到了思想和文化作用。他在对民众的影响，对人的思想启蒙和教育新知识分子方面所起的作用大大超过了康有为。这一点前面所提过的陈独秀和吴玉章等人之论述中已说明得很清楚。梁启超以报刊为阵地，直接面对社会进行宣传。而且他的思想更新，更激进，文章极富感染力和鼓动性。这使他的影响远远超出政治行动本身的范围，并因此给中国的政治增加了同样的特色。戊戌变法虽然最终失败了，但梁启超等人所宣扬的变革社会的思想却强烈地震撼了民心，由此推动了其后的一系列爱国政治运动。

梁启超在参与政治活动的同时，相继发表了一系列论著，较为明确地阐发了自己的维新变法思想，初步建构了一个较完整的改革框架。这便是讲进化、开民智、变科举、兴民权、设议院。

西方的资产阶级进化论，是在洋务运动时期传到中国的，在十九世纪九十年代被广泛传播，被更多的先进知识分子所接受，成为他们观察世界和改造世界的

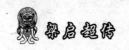

理论武器。梁启超在甲午战争之后渐渐形成了较系统的进化思想，他的诸多言论都是以进化论为出发点，进化论是维新变法的哲学基础。

从变的指导思想出发，梁启超进而提出了大千世界的一切都在运动的理论。他以为声光化电、大小星球、各种生物、水流气体，一切都在运动变化着，动是所有物体所不可违背的规律，"无物无动力"，世上没有不动的物，"动则通，通则仁"。这里的"仁"可能是指他理想中的社会，用这种"运动"的理论去描述当时清廷的社会状况。梁启超以为当时是太"宁静"了，这种"静"是清廷衰败的一大原因，"中国之亡于静也"。他尖锐猛烈地抨击清廷：

> 言学术则曰宁静，言治术则曰安静。处事不计是非，而首禁更张；躁妄喜事之名立，百端由是废弛矣。用人不问贤不肖，而多方遏抑，少年意气之论兴，柄权则皆颓暮矣。陈言者，命之曰希望恩泽；呈功者，命之曰露才扬己。既为糊名而取之，而复隘其途；既为年资以用之，而复严其等。财则惮辟利源，兵则不贵朝气。其朝夕孜孜不已者，不过曰制四万万人之动力，以成一定不移之乡愿格式。悲夫！

梁启超在这里讨论的事实上是如何保持一个民族旺盛的活力的话题。在当时那种时代，一个民族的整体面貌往往由一个或几个人决定，左右亿万人的行动的往往是极少数人。一旦亿万民众的积极性和创造性真正迸发出来，万世长存的皇权就无法生存下去。所以，从某种意义上而言，专制时代是不会允许民族活力高度旺盛的，是制"动"求"静"，把亿万民众的意志纳入皇帝的行为模式之中。如此，"宁静"是保持封建统治的重要条件之一。梁启超从进化的观点出发，看到了这一点，并对清廷的种种"制动"行为发起了猛烈抨击，所以具有较大的理论和现实意义。

既然变是绝对的，进化是不可抗拒的历史潮流，那么人类社会是怎样一步步向前迈进的呢？这是梁启超在宣扬进化观时所必须回答的一个问题。1897年，他在《时务报》发表了一篇《论君政民政相嬗之理》的文章，他运用资产阶级进化论观点，论述了人类社会进化的三个层面，宣传了他从康有为那里接受并有所创新的"张三世"理论。他认为："治天下者有三世，一曰多君为政之世，二曰一君为政之世，三曰民为政之世。多君世之别又有二，一曰酋长之世，二曰封建及世卿之世。一君世之别又有二，一曰有总统之世，二曰无总统之世。多君者，据乱世之政也；一君者，升平世之政也；民者，太平世之政也。"这种"三世六别"的区分，既没有科学性，也显得混乱。他把封建社会的一些党争和地方割据都归之为"多君为政",把资本主义国家君主立宪说成是"一君之世",又把欧美一些国家的总统制分作有总统和无总统两种等等,显然是不确切的。然而,梁启超毕竟看到了社会的进化,并大致地描述了原始社会、封建社会和资本主义社会的发展历程,指明了从乱世到升平世再到太平世的递进趋势。这就从根本上改变了封建时代"天不变道亦不变"的不变理论,宣传了历史进化的积极进取观念,启示着人们必须依照历史前进的步伐选择自己的行动。并且,梁启超认为社会发展是有规律和必须遵守的。梁启超认为,中日甲午战争后的中国正处在由"升平世"向"太平世"的过渡阶段,进行资产阶级的维新变法正适合这种变化规律。这就为康梁维新派的言行找到了理论根据,指出变法顺应了历史潮流,是合理合情的。

梁启超一生最关注开发百姓的智慧。他一直认为人类社会的进化归根结底是民智的进化;各国之间的竞争根本上也是智力的竞争;各民族的优劣也主要取决于智慧的高下;人和人之间社会地位的不同也是智力高下的一种折射。梁启超常常从民智的角度来观察一个国家的盛衰,来论证中国的命运和前途,来强调提高国民素质的重要性。在戊戌变法时期,他虽然没有发表过关于开发民智的系统而精深的作品,但从维新变法的政治需要出发,在一些散见的文论中也阐述了开民智的重大理论和现实意义,提出过具体的措施和方针,反映了青年梁启超"民智"论的早期想法。

要开发民智,首先必须要开风气。风气,是一个特定历史时期多数人的一种共识,即是一种不自觉的行为规范。一种风气一旦形成,不仅会左右人们的思维和行动,甚至将影响国家的政治走向和社会经济文化的变迁。梁启超在多年的变法中,深深体会到风气不开,阻力重重,因此他反复强调开风气为开发民智的基础,开民智为开风气的主要手段。他认为,洋务运动的三十多年,因为练军、购舰、办工厂、修船坞、办洋学堂、派留学生、办外交、出国游历、翻译西书等各个方面的努力,中国人对世界的了解和对本国的认识有了极大的提高。但一是开化的层次依然不高,言及西方政治、思想、文化,知道的人更是稀少,论及世界社会进步潮流,文不对题;二是涉及的人数较少,仅仅是少数知识分子和开明绅士的思想有所开化,多数国民仍停留在原有的认识水平上,不知世界是何状况,不知国家应该向何处去,尤其不理解康梁的维新变法。有鉴于此,梁启超觉得必须扩大国人的见识,开维新之风气。他提出,对于广大国民,"必须广其见识,破其愚谬,但与之反复讲明政法所以然之理;国以何而强,以何而弱;民以何而智,以何而愚;令其恍然于中国种种旧习之必不可以立国。然后授以东西史志各书,使知维新之有功；授以内外公法各书，使明公理之足贵；更折衷于古经古子之精华，略览夫格致各学之流别。"如果这样经过数月或半年，那么国人的风气将会大变。在湖南时务学堂教书的时候，梁启超尤其希望各地学生回乡后能够广泛宣传变法维新。他想倘若湖南六十多个州县"风气同时并开，民智同时开发，人才同时并成，如万毫齐力，万马齐鸣"，则湖南的变法就会成功在望。梁启超的这些想法确有独特之处，亦取得了一定成效，但一种风气的形成是由多种因素交织作用的结果，往往是不以人们的主观意志为转移的。戊戌变法的历史证明，梁启超通过开风气来开民智的想法是正确的，但成功率太低。

为了开民智，还须开绅智。他以湖南作为例子，开列了如下"药方"：

> 先由学会绅董，各举所知品行端方、才识开敏之绅士，每州县各数人，咸集省中入南学会。会中广集书籍、图器，定有讲期，定有功课，长官时时临莅以鼓励之；多延通人，为之会长，发明中国危亡之故，西方强盛之由，考政治之本原，讲办事之条理。或得有电报，奉有部文，非极秘密者，则交与会中，俾学习议事；一切新政，将举办者，悉交会中议其可办与后，次议其办法，次议其筹款之法，次议其用人之法。日日读书，日日治事，一年之后，会中人可任议员者过半矣。此等会友，亦一年后，除酌留为总会议员外，即可分别遣散，归为各州县分会之议员，复另选新班在总会学习。绅智既开，权限亦定，人人既知危亡之故，即人人各思自保之道，合全省人之聪明才力，而处心积虑，千方百计，以求办一省之事，除一省之害，捍一省之难，未有不能济者也。

在开绅智的同时，梁启超进而提出了开官智。他认为这是开民智的核心和关键。因为官吏掌握有一切权力，影响面特别大，其智若开，许多人随之；其智若愚，不仅开明者受压抑，进而很多事情不能办好。"官贪则不能望之爱民，官愚则不能望之以治事。"戊戌变法时期的官吏，除极少部分人思想开明，有知识，能办事，善于开拓之外，多数昏昏然如醉汉一般，或顽固不化。为了扭转这种局面，梁启超提出对原来的官吏进行培训教育，提高他们中外文化知识水平，提高为老百姓办事的能力。但教官特别难。因各级官吏"年齿已老，视茫发苍，习气极深，宦情熏灼，使之执卷伏案，视学究之训顽童，难殆甚焉！"于是，梁启超提出在各省举办一所课吏堂，由巡抚担任校长，司道任副校长，大官带头，小官老老实实就学。堂中要张挂各种地图，陈设丰富的图书，包括"各国史志，及政学、公法、农、工、商、兵、矿、政之书"，让官吏认真研习，特别是要天天读报，议论时政，然后让官吏结合实际，写读书笔记，最后由老师批阅，评定成绩。高级官吏要经常到课吏堂听取意见，确定改革措施和方向。这样的学习班开办几年之后，官吏水平必然会提高，民主空气逐渐就会形成，维新变法自然水到渠成。在此基础之上，再逐步办一些供官吏进修的专门学校，像政治学堂、法律学堂、科技学堂等等，把对官吏的培训经常化，系统化。只要"官智"提高一寸，民智就升高一尺，中国的改革不久就可以实现了。

对于开"女智"，梁启超更为重视。从某种意义上讲，女子文化素质的高低往往决定着一个民族的精神风貌。根据他的逻辑推理，女人是国人的母亲，妇女有教育子女、操持家务的责任，影响着后一代，波及万户千家，女人智力不高，则民族素质低下。因此，开女智比其他事情都更为重要。女智若开，"上可相夫，下可教子，近可宜家，远可善种，妇道既昌，千室良善，岂不然哉，岂不然哉！"梁启超自己认为西方各国强盛的一个重要因素就是国家重视女子教育，肯于提高女人的文化水平，这就使社会活跃并且生机益然，后代自然来到了一个新天地。中国的封建社会把女子列到社会的最底层，还宣扬"女子无才便是德"，限制妇女智慧和心理素质的开发，"令天下女子，不识一字，不读一书"，妇女的聪明才智被埋没了，所生子女自然而然达不到理想的地步。于是梁启超呼吁人们更新观念，改变妇女受奴役的地位，给女子提供受教育的机会。如果占中国人口一半的女子提高了文化水平，那么中国民智自然就开化了。

总的来说，梁启超关于开民智的阐述是比较全面和深刻的，并且个别论述也是颇有见解的，他把开民智当做维新变法的基本的设想也是有道理的。不过，开民智不是一日之功；民智之成效也不是在短期内能表现出来的。为了能够使变法迅速发展，梁启超就将变科举、办学校作为开民智的最主要方法。

梁启超的所有改革思想，主要都是为了兴民权。这在中国，实属首创。

民权和民主都是从西方传过来的，本源于一词，即 democracy。鸦片战争前后的一段时期，个别有见识、有思想的文人已开始议论西方的社会政治思想，但大多都是从民主引申开来，还没使用民权一词。到了洋务运动时期，有些资产阶级改良思想家才开始广泛地介绍和推广西方的民主理论和民主政治，郑观应、王韬、马建忠、胡礼垣等人的文章中，讲西方政治制度的文章占有很大的篇幅，但很少用"民权"理论去论证问题。这时期的思想家常常是把"民主"和"民权"

视为同一。梁启超则不是这样，他非常清楚地提出了兴民权是变法的根本，是强国的保障。在《论湖南应办之事》一文中开篇即称："今日策中国者，必曰兴民权。"此后，他把兴民权列为变法的一项重要内容，而且提出了许多发人深思的具体实施办法，一步步引导人们为夺取民权而竭诚奋斗。虽然"民权"和"民主"在本质上，没有区别，但在中国封建专制集权极其发达的国度里，明确提出兴民权，就带有号召人民与专制者作斗争的意思，比"民主"一词有更强的针对性。后来孙中山先生明确提出了"民权主义"，应该说是和梁启超先前的努力有一定的关系。从近代中国民主理论的发展去看问题，梁启超的"兴民权"有承前启后的作用。

什么是民权？戊戌时期梁启超对此也是模糊的。

他在《时务报》第九期撰文中写道：

> 西方之言曰：人人有自主之权。何谓自主之权？各尽其所当为之事，各得其所应有之利，公莫大焉，如此则天下平矣。……权也者，兼事与利言之也。使以一人能任天下人所当为之事，则即以一人独享天下人所当得之利，君子不以为泰也。……地者积人而成，国者积权而立，故全权之国强，缺权之国殃，无权之国亡。何谓全权？国人各行其固有之权；何谓缺权？国人有有权者，有不能有自有其权者；何谓无权？不知权之所在也。无权恶乎起？曰：始也，欲以一人而夺众人之权，然众权之繁之大，非一人之智与力所能任也，既不能任，则其权将糜散堕落，而终不能以自有。

这段话有三点值得关注：一、权利是大家的，人人都可以享用；二、权利就是办事的能力和应得的酬劳；三、国家的强盛，关键是国人有应享的权利，一人享有全国之权是行不通的，也是不现实的。说来说去，梁启超只是含蓄地讲了天赋人权思想，发泄了对专制集权的不满，提出了要分享皇帝权利的要求，并没有讲清究竟何谓民权，应如何兴民权。而真正赋于民权以较科学的内涵的还是辛亥革命时期的孙中山及其身边的思想政治家。梁启超的功绩主要在于他响亮地向民众提出了兴民权的口号，但并没有完成中国式的民权理论建设。

总而言之，由于客观条件的限制和改良主义指导思想的制约，梁启超的兴民权并没有形成完整科学的理论学说，更没有扎实而有力的进行政治实践。他主要是从维新派的政治要求出发，通过兴民权，一是解决清朝专制制度造成的上下分离的政治堵塞局面；二是在兴民权的过程中，增强社会各阶层的"热力"和集合力，只要国民都热衷于爱国救亡了，维新变法就会有前途了。这表明，戊戌时期梁启超的民权理论具有实用主义思想，基本处于萌芽时期低层次的起步阶段，不应过高估价。他的议会思想也基本维持在同一水平上。

第四章　流亡海外

一、东渡日本

　　梁启超后来逃到日本大使馆后，心情非常紧张。他不会日语，只能和林权助等人用笔进行交流。这时的北京街头，一片狼藉，捕人的叫喊声令人浑身战栗。日本大使馆周围更是嘈杂一片，梁启超心惊肉跳，不知什么时候能逃出虎口。为了能够离开北京这个让人后怕的地方，9月22日晚，梁启超剪掉辫子，换上西装，进行了一番精巧的化装，在日本朋友的帮助下，逃到了日本驻天津领事馆。郑永昌领事立即将梁启超安顿下来。

　　天津是直隶总督兼北洋大臣荣禄的势力范围，戒备森严。据说梁启超刚下火车，就被暗地盯梢的侦探发现。幸亏他们行动及时，才没被敌人抓着。一连数日，日本驻天津领事馆前密布了暗探，梁启超一时无法脱身。9月25日晚九时，乘暗探不注意，梁启超等四人打扮成猎人，偷偷潜出，钻进海河上的一艘日本轮船内，飞快驶向塘沽，准备上商船玄海丸，逃往日本。一小时后，忽然听到岸上马蹄声响，二十多名清廷巡警气势汹汹赶来，禁止该船行进。原来，梁启超的行踪还是被清廷暗探发现，并误认为梁启超是康有为。巡警以船上藏有康有为为名，逼迫该船往回行驶，日本人则拒不听令，双方进行激烈地争吵。这些巡警恐怕惹出中日交涉等麻烦，两小时后，决定派一半回天津向荣禄请示，另一半随船监视日本人的行踪。趁其不备日本人迅速开航，26日早晨七时即抵达塘沽，恰好这里停有一艘日本军舰。日本人挥帽联络，梁启超等人急速逃入军舰。清廷巡警不敢和日军舰发生正面冲突，因为没有接到上面的命令，只能眼看着让梁逃之夭夭。九时三十分，直隶提督聂士成、亲兵营总教习王得胜、天津县知事吕宗祥等三十多人，直奔塘沽车站。当得知逃犯已藏到日本军舰后，聂士成气得暴跳如雷，坚持要上舰抓人。王得胜、吕宗祥二人苦苦相劝，以防造成中日冲突。迫不得已，聂士成方息怒而归。随后，荣禄又派人前往日舰交涉，要求日方放人，被日方一口回绝。26日午后，日本军舰启航，梁启超才放下心来。同逃的还有维新志士王照。

几小时后，军舰驶出大沽口，在浩瀚无际的渤海中行驶。梁启超走出舱外，尽情欣赏大海风姿的同时，不时回头探望，眷念着妻子和父亲、兄弟，惦记着维新志士的安危。回想出逃时的险情，痛定思痛，黯然泪下。为何正义的事业遭涂炭？爱国的志士被屠杀？天理何在？正义何在？思前想后，心乱如麻难以平静。梁启超又回到舱中闷坐。日本友人见他心情不佳，便送给他一本《佳人奇遇》，因不懂日文，梁启超根本没法看。由此他决定到日本以后首先要学好日语，过语言关。

梁启超此时刚刚二十五岁，血气方刚，富有激情。当他又一次步出船舱，面对海上落日的余晖，眼看碧波翻滚的海浪，不禁大发诗性，写下了著名的《去国行》诗篇：

> 呜呼，济艰乏才兮，儒冠容容，倭头不斩兮，侠剑无功，君恩友仇两未报，死于贼手毋乃非英雄，割慈忍泪出国门，掉头不顾吾其东。
>
> 东方古称君子国，种族文教咸我同，尔来封狼逐逐磨齿瞰西北，唇齿患难尤相通，大陆山河若破碎，巢覆完卵难为功，我来欲作秦廷七日哭，大邦犹幸非宋聋。
>
> 却读东史说东故，卅年前事将毋同，城狐社鼠积威福，王室蠢蠢如赘痈，浮云蔽日不可扫，坐令蝼蚁食应龙，可怜志士死社稷，前仆后继形影从。一夫敢射百决拾，水户萨长之间流血成川红。尔来明治新政耀大地，驾欧凌美气葱茏，旁人闻歌岂闻哭，此乃百千志士头颅血泪回苍穹。
>
> 吁嗟乎，男儿三十无奇功，誓把区区七尺还天公。不幸则为僧月照，幸则为南洲翁。不然高山蒲生象山松阴之间占一席，守此松筠涉严冬，坐待春回终当有东风。
>
> 吁嗟乎，古人往矣不可见，山高水深闻古踪，潇潇风雨满天地，飘然一身如转蓬，披发长啸览太空，前路蓬山一万重，掉头不顾吾其东。

这首长诗反映了梁启超当时悲愤、忧虑、奋进的极其复杂心情。"君恩"、友仇没报，含泪外逃，让人于心不忍；国破家亡，虎狼当道，爱国的有罪，卖国的

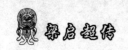

有功，正义得不到伸张，清廷危亡就在眼前，让人担忧；七尺男儿就要献身祖国，即使困难重重，也决不怯步，努力奋斗，披发长啸，一如既往。这种心境促使流亡海外十四年的梁启超不仅没有倒下去，反而在逆境中发奋图强，在中国人心目中的位置一天比一天提高。

梁启超到达日本东京后，住在牛込区马场下町，生活非常方便，加上他出逃时带了足够的钱财，一切都应付得过去。这时，康有为在英国人的帮助下，也从香港逃到日本。师徒相见，泪流满面，难以用语言描述此时的心情。从康有为那里，梁启超知道他的家被清廷查抄，父亲和妻子携家人逃往澳门，还算没出大问题。梁在致妻子的信中，极力安慰贤妻，他说：

> 南海师来，得详闻家中近状，并闻卿慷慨从容，词色不变，绝无怨言，且有壮语。闻之喜慰敬服，斯真不愧为任公闺中良友矣。大人遭此变惊，必增抑郁，惟赖卿善为慰解，代我曲尽子职而已。卿素知大义，此无待余之言，惟望南天叩托而已。令四兄最为可怜，吾与南海师念及之，辄为流涕。此行性命不知何如，受余之累，恩将仇报，真不安也。

患难之情，真金难买。李蕙仙与梁启超政治上的一致与相互支持，加深了彼此的感情。看李蕙仙去日本之前两人往来的一封封书信，封封充满着理解、支持、勉励与奋进。这也是梁没有倒下去的一个因素。

为了自己的安全和行动方便，梁启超取了一个日本名字叫吉田晋，康有为叫夏木森。他们利用一切可能的条件，经历了一场戏剧性的逃难之后，又继续开始为他们的政治目标奋斗。他们广交友人，与犬养毅、高田早苗、柏原文太郎、志贺重昂等频繁接触，希望得到日本政府的大力支持。他们也想方设法从国内获取信息，了解清廷的动向和听取下层社会的呼声。与此同时，他们还同美洲、澳大利亚和南洋华侨互相联系，旨在得到更多的海外华侨和国际友人的帮助。流亡海外的梁启超比戊戌变法时显得更成熟，更富于独立个性了。

经过近半年的时间，梁启超的日文已经基本过关，能够较顺利地阅读报刊、图书。他在《论学日本文之益》一文中充满喜悦地写道：

> 哀时客既旅日本数月，肆日本之文，读日本之书，畴昔所未见之籍，纷触于目，畴昔所未穷之理，腾跃于脑。如幽室见日，枯腹得酒，沾沾自喜，而不敢自私。乃大声疾呼，以告同志曰：我国人之有志新学者，盍亦学日本文哉。日本自维新三十年来，广求智识于寰宇，其所译

所著有用之书，不下数千种，而尤详于政治学、资生学（经济学）、智学（哲学）、群学（社会学）等，皆开民智、强国基之急务也。吾中国之治西学者固微矣。其译出各书，偏重于兵学、艺学，而政治、资生等本原之学，几无一书焉。……使多有政治学等类之书，尽人而能读之，以中国人之聪明才力，其所成就，岂可量哉！

在此一年后，梁启超又写道：

自居东以来，广搜日本书而读之，若行山阴道上，应接不暇，脑质为之改易，思想言论与前者若出两人。

梁启超这位反应敏锐的思想家，在触摸到新资料后，又开始了他新的思考。

戊戌政变后，梁启超在日本人的协助下逃离清政府的虎口，飘浮东海，到达日本，开始了他长达十四年的流亡生活。十四年，在一个人的个人生涯中是一个比较长的时间段。对于年轻的梁启超来说，流亡海外无疑更是一个沉痛的打击，对他来说也是一场严峻的考验。变法失败，壮志未酬，同志有的英勇就义，有的到处流亡，已令人悲愤交加；远离政治中心，被迫不能直接参与国内的政治活动，这无异于压在心中的火发泄不出来；长期寄人篱下、飘泊不定的生活，更让人难以忍受。然而，"祸福相倚"，流亡生涯对于梁启超也有得益的一面。在海外，直接全方位的接触外国的新事物，使他耳目一新，大开眼界，思想发生巨大变化。远离清廷，可以直言抨击恶政治、恶政府，完全自由地表达思想、发表言论。梁启超"舆论界骄子"的地位就是从流亡开始奠定的。另外，与康有为的长期分别，使他相对摆脱老师的束缚。所以，流亡对于他思想的成熟又是一个意外的时机。在日本的几年，也正是梁启超思想最富有创造性的时期。就是在这种特殊的环境中和特殊的情况下，在这种喜忧相伴的矛盾状态下，梁启超度过了他一生中最为重要的一段时期。

梁启超在日本想做的另一件大事是办报。他到日本两个月的时间，《清议报》即发行刊出。其行动和速度之快，令人大为惊叹。《清议报》得以顺利问世，少不了海外华人的大力支持。因梁启超在海外华人中具有较高威望，他们慷慨解囊，资助梁启超办报。梁启超在《清议报》上义正言辞地抨击清廷。他指责清政府是"伪政府"，"以顽固为体，以虚诈为用"，专以压榨人民为事。梁启超在报上大力提倡民主思想，他把倡民权作为《清议报》独一无二的宗旨，"始终抱定此义"，表示："海可枯，石可烂，此义不普及于我国，吾党弗措也。"谭嗣同的

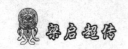

《仁学》通过《清议报》在社会上广为传播，这是梁启超对死去好友的最好纪念。《清议报》共发行一百期，在海内外颇受欢迎。清廷把他视作洪水猛兽，严禁发行，但越禁止反而越受民众的欢迎，在中国国内的销售量一直在报界居首位。梁启超的宣传对启发民智起到十分重要的作用。他后来形容这段经历说："戊戌八月出亡，十月复在横滨开一《清议报》，明目张胆，以攻击政府，彼时最烈矣。"

从《清议报》创刊至年底，在不到两个月的时间，梁启超连续在报上发表了十多篇涉及到戊戌政变的文章。他试图对戊戌变法运动前前后后失败的原因进行深刻的总结和探索。虽然现在看来，这些探索还远远不够，许多方面还没有触及到事物的本质，但它却真实反映了戊戌变法失败后，资产阶级维新派痛苦的思索和追求，仍具有很大的积极意义。这些文章以后便合成《戊戌政变记》一书出版发行。

梁启超的《戊戌政变记》是记录戊戌变法过程的史书，也是深入研究戊戌变法的第一部史著。《戊戌变法》共分《改革实情》《废立始末记》《政变前纪》《政变正纪》和《殉难烈士传》等五部分。梁启超在书中以自己亲身的经历对戊戌变法做了史诗般的描述，为后人研究戊戌变法运动的历史提供了许多珍贵的史料。

在《改革实情》《废立始末记》和《政变正纪》这几部分中，梁启超用大篇幅的文字翔实地记载了康有为的上书和维新派的变法维新主张；十分详细地记录了百日维新中，维新派利用借助上谕的方法所颁布的数十条新政诏书；揭露和批判了封建顽固派反对变法的阴谋以及发动政变把变法运动淹没在鲜血之中。

梁启超在撰写变法运动的历史时，也试图找出变法失败的原因。在《政变前纪》中，他说："政变之总原因有二大端，其一由太后与皇上积不相能，久蓄废立之志也；其二由顽固大臣痛恨改革也。"正是因为以慈禧太后为首的封建顽固派"握持权柄"，所以"改革党人乃欲奋螳臂而与之争，譬犹孤身人重围之中，四面楚歌，所遇皆敌，而欲其无败衄也得乎？"对于有人批评"此次改革""操之过蹙，失之过激"以致失败，梁启超反驳说：中国自同治后，洋务派的所谓变法可称得上是"温和"。然而其所谓改革只是"不变其本，不易其俗，不定其规模，不筹其全局"的"枝枝节节以变之"。这种改革大多只能是"补漏室、结鹑衣，枝枝节节，畏首畏尾，而自以为温和焉，而我国终无振起之时，而我四万万同胞之为奴隶，终莫可救矣。""一旦有事，则亦不过如甲午之役，望风而溃，于国之亡，能稍有救乎？既不能救亡，则与不改革何以异乎？"他说："当积弊疲玩之既久，不有雷霆万钧霹雳手段，何能唤起而振救之？"所以守旧不行，必须变法；

慢变不可，必须速变；小变也不行，必须全变。

　　梁启超还说，变法失败的因素不是操之过急，失之过激，而是太"温和"了。变法当中最关键的部分，如"开制度局以定规模，设十二局以新政，立民政局以地方自治"等，都由于维新派依靠的光绪皇帝无能，慈禧太后的垂帘听政，顽固派的大力阻挠而得不到实施。梁启超只能叹息，"所欲改革者，百分未得其一焉。使不然者，此三月之中，旧弊当已尽革，新政当已尽行，制度局之规模当已大备，十二局之条理当已毕详……端绪略举，而天下肃然向风矣。"他始终没有认识到百日维新中的新旧制度之争，其本质是一场阶级间的较量，封建顽固派是不会心甘情愿地拱手让出政权的。

　　在《戊戌政变记》中，梁启超对以慈禧太后为首的封建顽固派进行了激烈地抨击。在这本书和他以后所著的《光绪圣德记》中，他热情地赞颂了虽身陷囹圄，却是百日维新象征的"贤君英主"光绪皇帝。他为戊戌政变中的六君子著书立传，在他的笔下，康广仁在狱中言笑自若，高歌声出金石，"特恐我等未必死耳，死则中国之强在此矣"；谭嗣同狱壁题诗："望门投宿思张俭，忍死须臾待杜根。我自横刀向天笑，去留肝胆两昆仑"，英勇就义，跃然纸上。

　　《戊戌政变记》发行后，畅销海内外，虽后因清政府下令查封，书店不敢代售，但仅在1899年到1900年间，其在内地转输销售就已多达两千多册，影响极大。

　　梁启超虽然活动能力较强，但其爱好和特长还是在言论方面。在支持自立军起义的时候，他已竭尽全力努力筹办学校，创立报刊，轰轰烈烈开展了颇有成效的教育宣传活动。

　　横滨的大同学校，于1897年冬由华侨邝汝磐和冯镜如创办，当时就邀梁启超出任文士，梁曾提议定名中西学校。后因康有为反对，一定要称大同学校，并反对梁去横滨教学。梁启超逃亡到日本后，大同学校名义上校长是徐勤，实际一切大政方针都出自梁启超之手，梁对此校做出了许多特殊的贡献。与此同时，梁在1899年春，又在神户创建了同文学校，并招收华侨子弟入学，收效甚佳。紧接着，梁启超经过多方筹集资金，又成立了东京大同高等学校，他说明了建校理由：

　　第一、横滨学校开设既已经年，生徒精进，成就者很多。而因地方和教师有限，不能多招班数。所以应当设高等学校，使高才生依次递升，则教师不易太劳，而学者也易获益。

　　第二、神户及南洋、美洲各埠，学校相继踵设，其规模与横滨略同，一二年后卒业生徒，皆尚递进，不可无一校以容之。

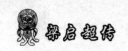

第三、政变以后，内地新设之学校，多就停废，其中生徒志士不少，半途弃置，殊可悼叹。今宜设一总区，选其英才，俾得卒业。

第四、内地俊秀子弟怀奇才抱远志，自备资斧游学海外者，不乏其人，此辈大率皆已通中国学问，必有专门高等学校乃能助其大成。

以上四条建议，核心目的是为留学日本的中国青年和各地华侨子女创造一个进一步接受教育的机会，以培养人才，推进维新事业的发展。这是富有远见且易见成效的设想。1899 年 9 月，东京大同高等学校正式开班，招收学生三十多人，梁启超任校长，日本人柏原文太郎任总干事。授课教师，除梁启超、徐勤等人之外，还有六名日本教师。所设课程，有世界文明史、政治学、化理学、泰西学案、人群发达史、中外哲学、中外时事、日本语言文字学、诸生劄记、日本各学校讲义等，内容新颖。同湖南时务学堂相比，东京大同高等学校比较重视传播西洋文化，什么卢梭、孟德斯鸠、赫胥黎等，都是青年学生研究的热门内容，这与梁启超到日后思想的开阔有十分密切的关系。这些学生中间，有十一人曾是梁启超在湖南时务学堂教过的学生。其条件虽然比国内艰苦许多，但志气非常高昂，梁启超在回忆蔡锷时讲道：

> 戊戌政变，时务学校解散，我亡命到日本。当时那些同学，虽然受社会上极大的压迫，志气一点不消极。……其后我接到他们的来信，凑点盘费，让他们到日本来。但是我在那个时候，正是一个亡命的人，自己一个钱都没有，不过先将他们请来，再想方法。他们来了之后，我在日本小石川久坚町租了三间房子，我们十几个人打地铺，晚上同在地板上睡，早上卷起被窝，每人一张小桌，念书。那时的生活，物质方面虽然很苦，但是我们精神方面异常快乐，觉得比在长沙时还好。

梁启超曾给东京大同高等学校归纳了四大优点：一、不出门可知天下事；二、除乡村之愚昧无知；三、用费少，收效大；四、精选日本和西洋文化之精华。这种方法虽不能说十分准确，但在介绍世界最新知识和启发学生思维方面，东京大同高等学校是有它的特殊功效的。高等学校培养出的学生不少已成为政坛的有名人物，有些则背离改良而转向革命，成了孙中山革命事业的中坚力量。例如秦力山，"日读法儒福禄特尔、卢梭等学说，及法国大革命史，……渐心醉革命真理。"这种"种瓜得豆"的事情在梁启超办报的过程中得到更为突出的体现。

二、联孙失败

除了结交维新派的人士外，梁启超还注重全面联络各方面的爱国志士，为救国事业联合一切可能联合的力量。梁启超说，要举大事，必须网罗天下豪杰。然而如何网罗呢？他说："大约'豁达大度，开诚布公'八字，为不二法门矣。"他极力主张打破门户之见："同门不同门之圈限，必当力破。""今日欲成大事，万不可存一同门不同门之界，办天下之大事，非尽收天下之豪杰不可。"他甚至要同志学习周公握发吐哺、宋江卑礼尽诚求贤若渴的榜样，尽力联络爱国志士。然而，梁启超的这一主张，最为同门之人所不喜，康有为对此也不赞许。梁启超批评此种不良状况说："吾党之手段，每每与此八字（即'豁达大度，开诚布公'）相反。"梁启超和孙中山合作没有成功，主要原因就是由于康有为及他的学生徐勤等人阻挠所致。

在光绪二十一年春，梁启超在上海和陈少白互相交谈时，就获悉了孙中山的一些情况。这年二月在致汪康年的信中又谈到他对孙中山的认识："孙某，非哥中人，度略通西学，愤嫉时变之流，其徒皆粤人之商于南洋、亚美及前之出洋学生，他省甚少。……然弟度其人之无能为也。"孙中山伦敦受难后，梁启超主办的《时务报》不止一次的译载报道孙中山的消息，利用西人言语详尽的介绍了孙中山的生平及政治活动。从他和章太炎的对话中，可以看出梁启超对孙中山的了解更深了一些。

光绪二十三年，孙中山从欧洲到了日本。正值横滨华侨倡议建"中西学校"，孙中山就曾因缺少师资而打算聘请梁启超去日本。当时彼此都视对方为救国之人而毫无芥蒂。有消息说，此前兴中会的谢赞泰已同康有为的弟弟康广仁就两党联合之事有过商榷，但并无结果。维新政变前，资产阶级的两个组织康、梁为代表的维新派和孙中山的兴中会也都把救亡图存、改革政治、振兴民族和国家做为奋斗目标。两派在对于国事的宗旨上也十分接近，革命与改良的界限还不是很清楚。

戊戌变法失败后，康、梁逃至日本。在日本进步党领袖犬养毅等人的撮合下，梁启超和孙中山、陈少白在犬养毅家会面，商谈联合一事。当晚三人"各抒己见"，直达天明，"不外陈说合作之利，彼此宜相助，勿相扼。"这次会谈康有为不便参加，所以以梁启超为全权代表。几日后，孙中山派陈少白、平山周等前去拜访康有为，正巧在康有为家中的梁启超热情接待了陈少白等，并请康有为与之相见。席间，陈少白提出清廷"不可救药"，劝康有为等"改弦易辙"，放弃对皇帝的信任，共谋大计。但康有为表示"无论如何，不能忘记'今上'"。梁启超与顽固的康有为不一样，与孙中山等革命派人士常有往来。正好横滨《清议报》馆与孙中山的住所相连，"孙、梁互相往来，举步可至"。康有为赴美洲后，梁启超成为维新派的主要领导。"己亥夏秋间，梁启超因与中山往还日密，渐赞成革命"，他们"每星期必有二、三日相约聚谈，咸主张革命排满论调，非常激烈"，"高声辩论革命之道"，虽"形同争吵"，却"状至融合"。梁启超还多次函邀孙中山商讨问题。冯自由的《中华民国前革命史》有这年夏天梁启超给孙中山的一封信，自此可见其关系的密切：

> 捧读来示，欣悉一切。弟自问前狭隘之见，不免有之，若盈满则未有也。至于办事宗旨，弟数年来，至今未尝稍变，惟务求国之独立而已。若其方略，则随时变通。但可以救我国民者，则倾心助之，初无成心也。与君虽相见数次，究未能各倾肺腑。今约会晤，甚善甚善。惟弟现寓狭隘，室中前后左右皆学生，不便畅谈。若枉驾，祈于下礼拜三日下午三点钟到上野精养轩小酌叙谭为盼。

这次会晤，梁启超与孙中山畅谈了进行革命的途径及土地国有等方面问题，对孙中山提出土地国有的主张，梁启超也深表赞同。稍后，孙中山又"枉驾报馆"访梁启超但没有遇到，梁启超写信约孙中山"谈近日之事，望足下在寓少待，能并约杨君衢云同谈，尤妙"。

梁启超与孙中山会谈，除了共同商量国事，互相交换意见外，商讨两派联合建党也是一个重要话题。梁启超对两派联合组党之事表现出极大兴趣，一度态度表现的很坚决。经协议，"拟推中山为会长，而梁副之。"对于怎样安排康有为，孙中山说："弟子为会长，为之师者，其地位岂不更尊。"梁启超也表示："惟有请康先生闭门著书，由我们出来做去，他要是不答应，只好听他，我们亦顾不了许多了。"这年秋天，梁启超去香港拜见陈少白，"讨论那合作的事，结果还算圆满。当时徐勤亦在香港"，梁启超就让陈少白、徐勤两人将"合作章程拟好，再等两方面通过之后，好按着进行"。梁启超撮合两党合作之事，徐勤、麦孟华"暗中反对甚力，移书康有为告变。谓卓如渐入行者圈套，非速设法解救不可。时康在新加坡，得书大怒。立派叶觉迈携款赴日，勒令梁即赴檀岛办理保皇会事务"。这年末，梁启超遵照康有为命令离开日本去美国的檀香山，两派联合组党之事不了了之。

梁启超在己亥光绪二十五年间筹议两派共合并不是"善变"的计谋或圈套，而是"思想倾向为之一变"的必然结果。正如他给康有为信中所言："国家败坏至此，非庶政公开，改造共和政体，不能挽救危局。"所以他逐渐倾向革命，高谈破坏。对于"保皇"，他认为："今上贤明，举国共悉，将来革命成功之日，倘民心爱戴，亦可举为总统"。梁启超来到檀香山后，在给孙中山的信中还声称希望能原谅他"所处之境遇，望勿怪之。要知我辈既已订交，他日共天下事必无分歧之理，弟日夜无时不焦念此事，兄但假以时日，弟必有调停之善法也。"

但大家也可以看到，梁启超虽"倡革命排满共和之论"，却又"不慊于当时革命家之所为"，"其保守性与进取性常交战于胸中，随感情而发，所执往往前后相矛盾"。他思想上充满了复杂的矛盾，行动上也表现出摇摆不定，在革命和改良中徘徊不前。

海外流亡，使梁启超变成了世界人。梁启超思想的更新，一方面来自于吸取国外新知识，另一方面与甩掉康有为的束缚有很大的关系。这两者正好是相辅相成的，他获取的国外新知识越多，对康有为就越是疏远。

在维新时期，梁启超的言行摆脱不掉康有为的约束。康有为说怎样他就怎样；康有为倡导保教尊孔，他也讲保教尊孔。赴日后，康有为不久就去了美洲，梁启超不必再处处照康有为的想法办事。他大量吸取外国新知识后，耳目一新，对康有为的观点不再盲目崇拜。他在给康有为的信中竟不留情面地说：

> 大同之说，在中国固由先生精思独辟，而在泰西实已久为陈言。希腊之柏拉图，英国之德麻摩里，法国之仙世门、喀谟德，听言其宗旨条例，皆极精尽，极详密，而驳之者，亦不下数十家，近人著书几无不引之，无不驳之。弟子言此，亦袭前人说耳。当下笔时，若几忘此论在中国之发自先生也者，其瞀其疏固可责，然谓其有意相攻则冤也。

除了大同说以外，康有为的其他观点梁启超认为也已过时。达尔文的进化论远比公羊三世说更具说服性和科学性，培根、笛卡尔、卢梭、孟德斯鸠等更比孔子值得学习。梁启超把自己视为跨时代的英雄，是解放思想的典

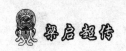

范。在广泛吸收世界新知识之后，梁启超的知识结构发生重大的转变，无论是政治思想还是学术都挣脱了康有为的束缚。

1900年前后，康、梁的分歧主要表现在两方面：一为民主与革命问题，二为保教问题。两方面都涉及到政治、学术的进步和思想解放。

在国内时，梁启超紧跟康有为，采用脱掉旧装换新装的方式宣传维新思想。而到日本后，他完全扔掉了旧装，直接宣传西方民主理论。1900年，康有为对梁启超宣扬自由、民主理论表现出极大不满，写信严厉批评。梁启超则回信给予反驳，师生之间的矛盾逐渐明朗。梁启超在信中说："来示于自由之义，深恶而痛绝之，而弟子始终不欲弃此义。窃以为于天地之公理与中国之时势，皆非发明此义不为功也。"梁启超认为，奴隶性是中国几千年的腐败根源，而自由则是根治这一根源的良药。康有为信中主张"但当言开民智，不当言兴民权"。梁启超质问道："不兴民权则民智乌可得开哉"，民权和自由是不可分的一体，"故今日而知民智之为急，则舍自由无他道矣"。梁启超大肆宣扬：自由"为今日救时之良药，不二之法门"。

康有为不同意梁启超与革命派联合，自然也不会赞同他的革命言论。梁启超后来回忆当时的情景说："启超既日倡革命排满共和之论，而其师康有为深不谓然，屡责备之，继以婉劝，两年间函札数万言。"梁启超这里所说的只是婉转之辞，实际情况并不仅仅是"责备"、"婉劝"。当时，康有为对梁启超采取老师态度施加压力，"'切责'梁启超之函不下数十次，不准'叛我'、'背义'。以'迫吾死地'相威胁，以'断绝'、'决裂'相诋詈"。梁启超对此表现的非常为难。

梁启超一方面极力向师辈说明自己的观点，指出革命、破坏之不可避免。他说："先生惧破坏，弟子亦未始不惧，然以为破坏终不可得免，愈迟则愈惨，毋宁早耳。且我不言，他人亦言之，岂能禁乎？"梁启超实际上是说，革命言论是禁不了的。他还巧妙地反驳康有为的斥责，说自己及同志大倡革命论是受老师长期教导的结果："然皆若此，实则受先生救国救民之教，浸之已久，而迫于今日时势，实不得不然也。"另一方面，他也只好作出让步，表示悔改，以安慰老师。1902年，康有为给梁启超去信，以"大病危在旦夕"相要挟，梁启超惊恐不安，急发两电，一曰"悔改"，二曰"众悔改"。他在给朋友的信中道出实情："实则问诸本心，能大改乎？弟实未弃其主义也，不过迫于救长者之病耳。今每见新闻，辄勃勃欲动，弟深信中国之万不能不革命。"1903年游美洲后，梁启超放弃共和、革命的主张和破坏主义的观点。这并不是因受康有为威胁，而是自己调查美国政治后，改变认识的结果。因为就在他刚到美国时，还坚持革命主义。

1896 年，梁启超因受严复影响，对康有为保教就曾持不同看法。1902 年，梁启超竟公开反对康有为的保教运动。他在以后的文章里写了这段经历："启超自三十以后，已绝口不谈'伪经'，亦不甚谈'改制'，而其师康有为大倡设孔教会、定国教、祀天、配孔诸义，国中附和不乏，启超亦不谓然，屡起而驳之。"是年，梁启超发表《保教非所以尊孔论》的文章。梁启超表示只能保国，而不能保教。他不赞成保教的理由主要是保教束缚了国民思想，与思想自由的原则相违背。"守一先生之言，其有稍在此范围外者，非惟不敢言之，抑亦不敢思之，此二千年来保教党所成就之结果也。"他批评指责有些人拿近代西方的新知识比附孔子，"是所爱者仍在孔子，非在真理也。""动以西学缘附中学者，以其名为开新，实则保守，煽思想界之奴性而滋益之也。"梁启超在文中明确地指出："吾爱孔子，吾尤爱真理。吾爱先辈，吾尤爱国家。吾爱故人，吾尤爱自由。"

梁启超还给康有为写信，提出不同意保教的理由："弟子以为欲救今日之中国，莫急于以新学说变其思想（欧洲之兴全在此），然初时不可不有所破坏。孔学之不适于新世界者多矣，而更提倡保之，是北行南辕也。先生所示自由服从二义，弟子以为行事当兼二者，而思想则惟有自由耳。思想不自由，民智更无进步之望矣。"他在信中指出康有为在国外建孔庙，祭孔祀天一系列活动对本党事业没有任何帮助，"徒为虚文浪费金钱而已"。梁启超批评说新加坡投资二十万建一孔庙，实在是浪费，不如把这笔投资用到办学校，兴办公共事业上。

这从侧面体现了梁启超探求真理、探索人生道路和救国道路的历程。梁启超的一生一直在探索，不断追求新事物，而康有为却停滞不前。所以康有为只能在历史上起到短暂的进步作用。正如一位西方文人所言："从 1898 年的改良运动到 1919 年的五四运动，康有为扮演的角色是渺小的，而梁启超则成为鸦片战争以来理论界的真正领导者。1902—1911 年，即从《新民丛报》发刊到革命爆发这段时期，是梁启超的黄金时代。"

事后因种种误会，孙中山以为梁启超与他协议合作是投机、欺骗，于是和梁启超反目成仇，把他视为比康有为更坏的人，甚至辱骂他为"梁贼"，决心要把他铲除。梁启超一直反对不同党派之间相互攻击、互相谩骂。他说："至云两党之人，互相水火，互相唾骂，互相攻讦云云，此诚最可痛心之事。若鄙人之尚知自重而不肯蹈此恶习，此亦当为一国所共谅者。"孙中山与梁启超反目后，梁启超还曾谋求同革命派联合，并在护国反袁世凯运动中

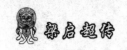

在某种程度上实现了合作。

三、自立军起义

梁启超流亡初期参加的最大的政治活动是策划和赞助国内的自立军起义。1899年7月，康有为在加拿大建立中国保皇会，并且通知在日本的梁启超通知国内的唐才常准备起义，企图武装勤王，拥立光绪皇帝复位。唐才常，湖南浏阳人，曾参与筹办时务学堂，是湖南维新运动的骨干。戊戌政变后，唐才常为救国，决心发动武装起义，力挽败局。

唐才常是谭嗣同的挚友，和谭有着相似的政治主张。对戊戌时期湖南的维新运动，唐才常做出过一定的贡献。政变发生时，他应谭嗣同的邀请，赴京支援，赶到汉口，闻京已变，只好返回湖南，后往上海，转赴香港、新加坡、日本等地，苦苦思索，不得要领。1899年秋，唐才常又一次赴日，通过毕永年，见到了孙中山。孙此时正在准备广东惠州起义的事宜。唐很受启发，试图利用他关系密切的会党，使用武力，来"行大改革"。这一年冬，唐才常在上海建立正气会，它的宗旨一方面讲"非我同类，其心必异"，带有反清色彩；一方面又声称"爱国忠君"。这时的唐才常处在革命和改良的矛盾之中，从动用武装对抗清廷来说，他是革命的；从忠于光绪皇帝，以"救上"为最终目标来说，又是"忠君"和改良的。这反映了维新变法失败后，一批资产阶级知识分子从改良向革命转变时期的特殊的心态，是改良、武装改良再到武装革命的中间环节。因此，唐才常的行为既受到了康、梁的大力支持，也受到了孙中山的赞同。而唐才常为了扩充队伍，一方面对康梁强调"勤王"，另一方面对孙中山则多言"保国保种"。但就其主要倾向来讲，还是偏袒康梁。因此，康有为和梁启超把唐才常看作是他们东山再起的关键人物，千方百计，大力支持。

经过一系列精心策划，康梁确定在澳门设立起义的总指挥机关，由何穗田、韩文举、欧榘甲、王镜如等负责。国内的大部分事务由唐才常负责；唐才常及狄保贤主要在上海和武汉，梁炳光和张学主要在广东和广西活动。日本方面的联络工作由麦孟华、麦仲华、叶湘南、罗普、黄为之牵头。南洋一带命徐勤出面负责。梁启超则一面负责筹款和大政方针的制定，一面还要去美洲方面活动，以扩大影响范围，力争支持者。为了扩大势力，康有为、梁启超、康才常经过精心考虑，把正气会改成自立会，积极发展会员，四处联络会党，并派林圭、秦力山等人去长江中下游各省联络会党头目，演说自立会宗旨，谋划行动方案。他们开设富有山堂，发行富有票，应者云集。康有为、梁启超为表示与会党的真心合作，还加入了三合会，现存的富有山堂的名单仍有记载：康有为任副龙头；梁启超任总堂负责人。

虽然名单中所显示的康梁的地位并不高，但由于他俩名望和学识甚高，这些文化水平极低的会党"哥们儿"实际上受康梁的支配。梁启超被会党称为"智多星"，不少事情由梁出谋划策。当时各路会党虽由富有山堂暂时一块管理，但政见不一，有行动分歧。"有主张民主者，有主拥帝者，有主挟天子令诸侯者，有谓必杀南皮者，亦有谓宜拥南皮以号召者，人言人殊。"另有一批会员，则"仇外"心理太重，呼吁"灭洋"。梁启超针对这些现象，以"心理不可违"，"情理亦不可悖"为基本原则，大力开展统一思想工作。为求得外国人的支持，梁启超极力反对"灭洋"。他在致函狄楚青时道：

> 来函所论甚当，吾辈宗旨既专在救国，会名既已定，改为自立甚好。其票间宗旨下，原只灭洋二字者可易以自立或救国二字；至其四字八字者，则于救国自立等字外，加用作新保种等字，均可请兄等酌定可也。

正是在梁启超的全力坚持下，自立军起义才没有以"灭洋"为旗号，对外实行妥协的方针。可见，梁启超确实在自立军起义中起着"军师"的作用。现存的资料里梁在1900年前后的书信中，关于自立军起义方面的问题占很大的成分。内容涉及到了起义的宗旨、方略、部署、口号、筹款、意义、目的等。在梁启超的心中，"圣主之生死，中国之存亡"，均在此一举。

1900年春，由于帝国主义列强的侵略和清廷的软弱无能，在山东、天津、北京发生了规模宏大的义和团运动。清政府左右为难，剿抚不定，外国列强驻兵霸占大沽口，剑拔弩张。有些地方督抚，像李鸿章、刘坤一、张之洞等人又不完全服从清军的指挥，拥兵自重，我行我素。清廷内部也政见各异，问题重重，相互斥责。内外夹击，危机四伏，清政府正像孙中山所描述的那样是一座朽木支持的危房。面对这种形势，梁启超踌躇满志，信心百倍，相信自立军起义必然能胜利。同时又同康有为联系，争得英国的支持，企图说服就任两广总督的李鸿章脱离清廷，自立政府，建立"自立国"，拥光绪帝复辟。4月12日，梁启超写了一封洋洋洒洒的长信给康有为，希望康去一趟广州，借用外国军队的力量，尽快行动。一旦成功，大权在握，即可向全国扩展。这时的孙中山也私下联络李鸿章，

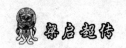

试图使李搞两广独立。为了和孙中山做对，梁启超更加积极地鼓动康有为抢先一步，在广东站稳脚根。此时梁启超对形势的估计过于乐观了。在他看来，自立军在长江中下游举旗起义，康有为在广东占住地盘，南半个中国已经拿在手中，清廷就不攻自破了。可是，事实并非如此。

1900 年 6 月，八国联军发起侵华战争，天津沦陷，北京危在旦夕，国内的阶级矛盾和外国列强之间都发生了各种各样的新变化。英国从自己的在华利益考虑，对康梁和自立军起义渐渐疏远。李鸿章这位具有政治经验的旧官僚，虽然在甲午战争后失宠，对清廷不满；在维新变法中对改良派表示过支持，对孙中山的态度也灵活多变，但绝对不可能背弃清政府。当慈禧太后派他北上议和时，他虽然非自愿，但还是被迫去了。梁启超拥"广东自立"的如意算盘失算了。7 月里，炎热的气候梁启超还可以忍受，事与愿违的形势则使他"忧思如结"，日夜不安。于是康梁不想将筹到的三十多万巨款用在自立军身上，便采用了敷衍了事的拖延措施。

唐才常等人并未察觉梁启超态度的转变，他们联络十多万会党人员，积极策划起事。7 月 26 日，唐才常在上海联络社会名流八十多人，成立中国国会，推选容闳为会长，严复为副会长，唐才常为总干事，负责日常工作。同时向海内外发表政治演说，主张"保全中国自主之权，创造新自立国"；"不认满清政府有统治中国之权"；"请光绪帝复辟"。这全是自立军的政治表现。既否定清政府，又拥护光绪帝，自相矛盾。但是，这毕竟是中国有史以来的第一个国会，虽不完善，然而有那么多名流加入，其意义和社会影响还是十分广泛的。8 月初，自立军要起义的消息已在四处传播。张之洞等清廷官员也已做好了防备。唐才常等原想马上起义，但康梁的筹款一直不到位。7 日，大通的自立军在泄露机密的情况下，仓皇起事，立刻失败。于是，唐才常决定无论怎样，23 日起事。不料，22 日，唐才常等 20 多人被张之洞的探子逮捕，英勇牺牲。自立军起义被血淋淋的镇压了。

此时，梁启超正在檀香山为自立军起义组织筹款，"至庚子六月，方欲入美，而义和团变已大起，内地消息，风声鹤唳，一日百变。已而屡得内地函电，促归国，遂回马首而西。比及日本已闻北京失守之报。七月急归沪，方思有所效。抵沪之翌日，而汉口难作，唐、林、李、蔡、黎、傅诸烈，先后就义"。国家的形势日益紧迫，外患日益加剧，而维新运动又屡遭挫败，这极大地震撼了梁启超的思想。此后，他在强烈抨击清王朝的腐败统治的同时，开始转向新的角度，更深层次的去探求中国落后的病因和救国爱国的出路。年底，梁启超写下了著名的《中国积弱溯源论》一文。

　　《中国积弱溯源论》发表在光绪二十七年三月至五月的《清议报》上。在文章的开始，梁启超就论述撰写此文的原因，他说："呜呼！中国之弱，至今日而极矣。居今日而懵然不知中国之弱者，可谓无脑筋之人也。居今日而恝然不思救中国之弱者，可谓无血性之人也。"要救国，就要明悉中国之所以落后，总是受到列强们的侵略的原因，不然"乃或虽略知之而不察其所以致弱之原，则亦虽欲救之而不得所以为救之道。"他借用讳疾忌医的典故说："中国今日之受病，有以异于此乎，夫病，犹可为也。病而不自知其病，不可为也，不自知其病，犹可为也，有告以病者，且疑而恶之，不可为也。"他大声疾呼："今日始知为病而始谋医之，虽迟乎，然使失今不为，更阅数年，必有欲求如今日而不可复得者。"他以"医国手"的气魄为中国积弱之病驱"按脉而投良药"。

　　文章中，梁启超从传统文化、国民素质、封建统治等多个方面研究了中国积贫积弱的根源，详细介绍了西方的国家学说，民权观念，抨击了中国传统的封建专制制度。他说：中国的文化传统之中，"其善而可全贵者固不少，其误而当改者亦颇多。"其中"爱国之心薄弱，实为积弱之最大根源"，其表现有三：其一，不了解国家与天下的差别；其二，不了解国家与朝廷的界限；其三，不了解国家与国民的关系。

　　不知道国家与天下的差别，视吾国之外无他国，于是产生二种弊端：一是骄傲而不愿与别国联系，二是怯懦而不与别国竞争。梁启超说："从此而处于今日交通自由竞争最烈之世界，安往而不窒碍耶？"不了解国家与朝廷之界限，把国家和朝廷二者混为一谈，以国家为朝廷之私有，是不知"国家者，全国人之公产也，朝廷者一姓之私业也，国家之运祚甚长，而一姓之兴替甚短，国家之面积甚大，而一姓之位置甚微"，"有国家而后有朝廷，国家能变置朝廷，朝廷不能吐纳国家。"不了解国家与国民的关系，梁启超说："国也者，积民而成，国家之主人为谁，即为一国之民是也。""君也官也，国民之公奴仆也"。有一民即有一爱国之人，而中国，国家只是一姓之国家，人民则处于无权奴隶地位，"安所往而不败也。"

　　梁启超认为：以上三种表现，"实为中国弊端之端，病源之源，所有千疮百孔，万秽亿腥，皆其子孙也。今不欲救中国则已耳，苟欲救之，非从此处拔其本塞其源，变数千年之学说，改四百兆之脑质，虽有善者，无能为功。"

　　梁启超还在文章中用浓笔重彩，从国民心理、"人心风俗"等角度探讨中国积弱的原因。他列举了旧国民性的弊端：奴性、愚昧、为我、好伪、怯懦、无动，然后说："以上六者，仅举大端，自余恶风，更仆难尽，递相为因，递相为果，其深根固蒂也。""我国民徒责人，而不知自责，徒望人而不知自勉，则吾恐

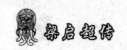

中国之弱，正未有艾也。"梁启超对旧国民性的尖锐批判为他后来新民理论的建设开辟了道路，从开民智到新民德体现了作为一个思想家，对社会、民族的将来的深刻反思。

在文章的结尾，梁启超更激烈地指出，封建专制制度则是中国积弱的总病根。正是由于几千年的封建统治才造成今天国家国民性之弊端。他说："数千年民贼，既以国家为彼一姓之私产，于是凡百经营，凡百措置，皆为保护已之私产而设。"封建统治者的私产是剥削人民的公产"以为己"。为杜绝人民的反抗斗争，采取了"挫其气，窒其智，消其力，散其群，制其动"的一系列方法，推行"愚其民，柔其民，涣其民"的政策，使用"驯之""役之""餂之""监之""之术"。中国国民的败落，到达这种地步，都是这个原因造成的。

梁启超斥责以慈禧太后为首的封建顽固派，"那拉氏垂帘三次，前后凡三十余年，中国之一线生机，芟夷斩伐而靡有孑遗者，皆在此三十年也"，"是四百兆人之罪人也"。

《中国积弱溯源论》一文发表以后，引起了很大的反响，甚至革命派的有些文章中也常会见到梁启超文中的词句。《中国积弱溯源论》的发表，也曾受到一些批评，革命派的章太炎就写了《正仇满论》一文，专门批评梁启超。这也从侧面反映出梁启超的这篇文章在当时所产生的影响力。

流亡初期，梁启超几次离日出游。1899 年 12 月 20 日，梁启超由日本横滨出发乘船去美国檀香山。梁启超这次出游，本是应美洲华侨之邀游历美洲，后因经过檀香山时为防疫受阻，滞留该岛长达半年。他在檀岛奉康有为之命，发展保皇组织，推进革新事业。其意料不到的收获是体会到了世界之大、西方文明之强，这使他的眼界开阔了许多。梁启超说从现在自己成了"世界人"。途中所著的《二十世纪太平洋歌》真切地反映了梁启超的心声："亚洲大陆有一士，自名任公其姓梁。尽瘁国事不得志，断发胡服走扶桑。扶桑之居读书尚友既一载，耳目神气颇发皇。少年悬弧四方志，未敢久恋蓬莱乡。誓将适彼世界共和政体之祖国，问政求学观其光。乃于西历一千八百九十九年腊月晦日之夜半，扁舟横渡太平洋……蓦然忽想今夕何夕地何地，乃是新旧二世纪之界线，东西两半球之中央；不自我先不我后，置身世界第一关键之津梁……"这首诗体现了梁启超的时代感和作为一个世界人的责任感。"新旧二世纪之界线"正是过渡时期。自己生活在这个时代而成为世界人真是历史的巧和。梁启超认为要具有世界人的资格也并非易事。他说法国有名的政治家克列曼梭即便是"起死回生的医国手"和"全世界政治家第一位老前辈"，他却只能是法国人而没有成为世界人。

　　世界人就是对世界有贡献、有责任的人。正如他所言："我们做中国国民，同时做世界公民。所以一面爱国，一面还有超国家的高尚理想。凡属人类有价值的共同事业，我们总要参预。而且确信我们参与之后，一定能够增长他的价值。"梁启超深感作为一个世界人的艰难。但他决心要担当起世界人的责任。从此，他屡次以"世界人"的身份和外国元首、海外人士交往。在他的后来的论著中，论述了中国一些优秀人物逐步从守旧顽梦中苏醒，力求取得"世界人"、"现代人"身份的过程。他认为这就是国民心理所得到的最大的好影响，它从本质上改变了固有的国民性。1900 年 10 月，梁启超应澳洲雪梨（悉尼）保皇会的邀请，出访澳洲。他在澳洲到处访问侨胞，发表演讲，宣传爱国言论，受到侨胞的极大支持。居澳半年，梁启超和侨胞结下了深厚的友情。1903 年，梁启超正式出访美洲。

第五章　新旧论战

一、创办《新民丛报》

摆脱了陈旧思想束缚，广泛吸收新鲜事物的梁启超，这时正以全新的面貌准备独立开创新的事业。

光阴如梭，转眼间梁启超在日本已生活了三年。1902年，是梁启超一生中最值得纪念的一年。这年梁启超正好三十岁。他著了《三十自述》，描述自己前半生的坎坷历程。能在而立之年就写自述的人，在世界上恐怕是为数不多的。梁启超在自述中感叹岁月的无情："风云人世多，日月掷人急，如何一少年，忽忽已三十。"他在文中既显露了自己客居日本，没能实现远大志向的苦闷，也抒发了愿以文字回报祖国的心愿。

1902年，是梁启超思想最活跃、最激进、著述颇多的一年。其文章内容涉及中外政治、学术等多个方面。他向国人介绍了许多外国新知识、新文人：亚里士多德、边沁、孟德斯鸠、达尔文、卢梭等等，展现给国人一个崭新的世界。他大力推崇破坏主义，激烈批判封建专制政体，对中国政治造成了极其深远的影响。

1902年，也是梁启超最富于创造力的一年。他同时号召发起了"史界革命""文界革命""诗界革命"，把文化、学术界搅得天翻地覆。

1902年，梁启超创办了一生中最出色，也是最有影响的报刊——《新民丛报》。他的政治、学术著述，一系列学术革命和文化革命，都是通过《新民丛报》走向社会的。

更有意义的是，在这一年里，梁启超大体形成了独自的思想体系，并据此发起思想启蒙运动。在新创建的《新民丛报》上，他以"中国之新民"为笔名，发表惊世名著《新民说》，提出了培养"新民"的远大目标。

梁启超在《新民丛报》第一期宣布了三条宗旨：一、本报取《大学》新民之义，以为欲维新吾国，当先维新吾民。中国所以不振，由于国民公德缺乏、智慧不开，故本报专对此病而药治之，务采合中西道德以为德育之方针，广罗政学理论，以为智育之原本。二、本报以教育为主脑，以政论为附从，故于政治亦不得不详。惟所论务在养吾人国家思想，故于目前政府一二事之得失，不暇沾沾词费也。三、本报为吾国前途起见，一以国民公利公益为目的。持论务极公平，不偏于一党派，不为谯夫骂坐之语，以败坏中国者，咎非专在一人也。不为危险激烈之言，以导中国进步当以渐也。综观 1902 至 1907 年的《新民丛报》，他也是大体按这三条原则办事的。但此报内容要更加广泛，观点更加尖锐，所谓"不偏于一党派"的学说则未贯彻执行，在和孙中山等革命党人的大论战中，《新民丛报》充当了保皇派的喉舌，立场极坚定。梁启超的灵魂左右了《新民丛报》的走向。

《新民丛报》为半月刊，遇朔望日发行，栏目多达二十五个，有美术、论说、学说、时局、政治、史传、地理、教育、宗教、学术、农工商、兵事、财政、法律、国闻短评、名家谈丛、舆论一斑、杂俎、问答、小说、文苑、绍介新著、中国近事、海外汇报、余录等。这些栏目虽然中间多有变化，但具有新颖、广泛、生动、吸引人等优点，一本在手，获益匪浅。所以《新民丛报》出版后，一时间供不应求。梁启超在致康有为的信中说：该报"销场之旺，真不可思议，每月增加一千，现已近五千矣，似比前此《时务》，尚有过之无不及也。"1903 年《新民丛报》扩印到九千份，再后来又多达一万四千多份，仅国内就有九十七个发行处，遍及四十九个县市，西南、西北、东北等偏远地区，也有人在传阅《新民丛报》。梁启超知道后备受鼓舞，为《新民丛报》撰稿更加不遗余力，有时每天写五千多字。客观地讲，梁启超的声望和学术地位和办《新民丛报》有直接的关系，直至如今，人们一谈论梁启超自然就会想到《新民丛报》。

与《清议报》相比，《新民丛报》一是存在的时间长，二是内容广泛，三是思想新颖，四是政治色彩浓，五是形式多样化。《新民丛报》反映了梁启超在三十岁时思想和学术的日趋成熟，体现了梁启超在独立地创造自己的文化体系。他在该报发表的各种论著，虽说在政治上已逐步站到了革命派的对立面，但在思想文化方面仍闪耀着熠熠光芒，代表着中国传统文化在二十世纪初崭新的方向。

大约和《新民丛报》同时，梁启超又创办了国内首家专门刊登小说的杂志——《新小说报》。梁启超非常重视小说在开启民智中的特殊作用，他在该刊首期就发表文章即明确指出："欲新一国之民，不可不先新一国之小说；欲新道德，必新小说；欲新宗教，必新小说；欲新政治，必新小说。"又称："吾中国人状元宰相之思想何自来乎？小说也。吾中国人佳人才子之思想何自来乎？小说也。吾中国人江湖盗贼之思想何自来乎？小说也。吾中国人妖巫狐兔之思想何自

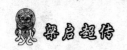

来乎？小说也。"在梁启超看来，小说是支配人们思想意识的特殊武器，是启迪民智开化的重要途径。因此，梁启超在《新小说报》刊发了各类小说作品，就连他自己也亲自写起小说来了。但是，他写的这些作品欣赏性并不高，是地道的政治小说，从中一眼就能发现晚清中国封建社会的影子。然而在二十世纪初年，小说并不流行，人们的文学水平也不高，梁启超刊出的那些小说作品还真吸引了不少的读者。从这个角度上讲，《新小说报》既有开创之功，又有一定的文学欣赏价值。十多年后，梁启超著《清代学术概论》时，提到《新民丛报》和《新小说报》，其得意的心情不觉流露在朴实流畅的文字中间，其云：

> 自是启超复专以宣传为业，为《新民丛报》、《新小说》等诸杂志，畅其旨义，国人竞喜读之，清廷虽严禁不能遏。每一册出，内地翻刻本辄十数。二十年来学子之思想，颇蒙其影响。启超夙不喜桐城派古文，幼年为文，学晚汉、魏、晋，颇尚精炼，至是自解放，务为平易畅达，时杂以俚语韵法及外国语法，纵笔所至不检束，学者竞效之，号新文体。老辈则痛恨，诋为野狐。然其文条理明晰，笔锋常带情感，对于读者，别有一种魔力焉！

这种"魔力"，促使梁启超成为"言论界之骄子"。

新民即是新国民。梁启超常感慨中国只有部民而无国民，中国人不懂得有国家。他认为新民首先必须是国民，以国家为基础，而不是以家族、部族利益为主。新民应具备哪些素质呢？新民首先应该有公德。公德是社会成员关心社会团体，维护社会团体利益的体现。公德和私德相对应。"人人独善其身者谓之私德，人人相善其群者谓之公德。"公德的目的在于有利于民众。国家的强弱全取决于国民有没有公德。梁启超觉得中国人不关心国家政事，就是因为缺少公德。所以梁启超把树立公德作为培养新民的首件大事。他说："知有公德，而新道德出焉矣，而新民出焉矣。"

梁启超这里所提到的公德，不是一般意义的伦理道德，而是具有政治意义、政治思想的内容，它把每个国民与国家利益紧紧联系在一起，所以公德与国家思想关系最为密切。梁启超认为，国家思想是新民应具备的主要观念。"有国家思想，能自布政治者，谓之国民，天下未有无国民而可以成国者也。"国家思想包括四个方面的内容：一、个人与国家的关系，即"对于一身而知有国家"。每个国民要维护国家利益，并且国家思想与公德是一致的，可以说是公德的内容之一。二、政府与国家的关系，即"对于朝廷而知有国家"。梁启超在这里重点宣传主权在民的民主思想。他认为政府只有由国民承认而成立的才能代表国家，反之则是蟊贼。国民要热爱国家，热爱确实能代表国家的政府，而反对只代表一家一姓的专制政府。三、外国与本国的关系，即"对于外族而知有国家"。也就是保护本民族利益，提倡爱国和民族主义。四、未来社会与当今国家的关系，即"对于世界而知有国家。"梁启超认为将来人类有希望实现大同，但现在仍要以国家主义为根本。

除了国家思想以外，新国民还应有权利思想和义务思想。梁启超说，中国人一定要明确，人生的权利思想是上天所赐，不能剥夺，不能侵犯。而权利是争取来的，权利的确立和保障只能依靠法律，"故有权利思想者，必以争立法权为第一要义"。每个人有每个人的权利，一国有一国的权利。作为个人应该向政府争得权利，作为一个国家应该在世界竞争中保护和争取本国权利。一定使中国国民享有与他国同等之国权与民权，中国的前途才能有希望。梁启超还说，权利与义务是相互依存的。"人人生而有应得之权利，即人人生而有应尽之义务。"国民的义务思想是不可或缺的，如纳租税、服兵役等，但是国民对国家的义务应以享受平等的权利为前提。他用西方民主政治中的著名格言"不出代议士不纳税"为号召，主张国民在为国民自己的义务时，一定不能忘却争取应得的权利，"无权利之义务，犹无报偿之劳作也"。

从《新民说》中可以看出，高度政治觉悟、充分自治能力、优秀道德及处理各种事务的能力是新民的基本素质。这些标准对于当时的中国人来讲，是相当高的，要达到这些标准可以说是相当不容易的，因为它们多是以西方民族的标准作为参考而制定的。梁启超在《新民说》和其他著作中都大力宣传西方人，尤其是白种人，以为他们具有中国人所不具有的各种优秀品质。《新民说》中每论述一种新民的优秀品质，几乎都是以西方人为例的。比如像在论及进取冒险精神时说道："欧洲民族所以优强于中国者，原因非一，而其富于进取冒险之精神，殆其尤要者也。"哥伦布发现新大陆、麦哲伦开辟新航线、新教徒的宗教改革等等，都是进取冒险精神的体现。

新民的标准已经确定，但怎样才能提高国民的素质呢？梁启超认为提高国民素质有两条路："一曰，淬厉其所本有而新之；二曰，采补其所本无而新之。""淬厉其所本有"，是要从中华民族传统文化中总结出新思想、新道德、新精神，继承和发扬民族的优良品质，剔除糟粕，吸取精华。"采补其所本无"，是吸取外国先进经验，以补我国不足之处。二者结合，不可或缺。尽管梁启超特别推崇西方民族的种种优点，但他反对盲目、无限度地引进西方东西，同时也不赞同固守中国传统文化。他说："吾所谓新民者，并非如心醉西风者流，蔑弃吾数千年之

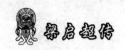

道德、学术、风俗，以求伍于他人；亦非如墨守故纸者流，谓仅抱此数千年之道德、学术、风俗，遂足以立于大地也。"梁启超认为当时的中国人只是重视引进外国政治、学术、技艺等方面的思想，但在学习西方人优良品质方面却远远不够。他指出，政治、学术、技艺固然重要，但这些全部都是人类创造的。国民的素质直接决定其他一切。所以说"民德、民智、民力，实为政治、学术、技艺之大原"。梁启超呼吁中国人要努力学习西方人的优秀品质。

为培养新民，必须改变中国人落后的国民性。为此，梁启超对落后的国民性展开全面、猛烈的批判。这种批判作风影响了鲁迅和五四时期的一大批文人。

何谓国民性呢？梁启超回答说："国民性何物？一国之人，千数百年来受诸祖宗，而因以自觉其卓然别成一合同而化之团体以示异于他国民者是已。"

在梁启超的文章中，国民性有一个同义词，即"国民的品格"，也称"国家的人格"。他说，人有高尚的品格，只有受他人尊敬，才能在社会上生存。没有人格，则会被世人轻视。国家的国格也应该如此。梁启超认为世界上的国家可以分为三等，第一等是受人尊敬的国家，像美国这种国家文明程度最高，国中一切政事都按公理行事，不必炫耀武力即可受到邻国的尊重。第二等是威慑的国家，像俄国，文明程度不太高，全凭武力威慑别国。第三等是不能完全自立的国家，像埃及、印度等，受人轻侮。中国原本是文明的鼻祖，但近百年来，文明日渐落后，从第一、第二等国堕落为第三等国，甚至连埃及都不如，原因就是中国国民的品格太低，不被世界其他国家所尊敬。

1903年，梁启超在访问美洲期间，对美国社会和华人社会进行了详细的调查。通过对比考察，加深了对中国国民性的认识，更觉中国人素质低下。他举例说："若夫今日美洲、澳洲诸地，吾民散民者亦不下数十万。其地之法律，固自由也，平等也。而吾民又与彼之国民同受治于一法律之下者也，集会言论之自由，一无所禁者也。顾何以英人不满四千之上海，百废具举，纯然为一小政府之形，而华人逾三万之旧金山，竟终岁干戈相寻，不能组成一稍有力之团体也？"梁启超认为这是中国人没有政治能力的表现。在考察了美洲华人后，梁启超得出这样一个结论，中国人的不足之处主要表现在以下四点：一、有部民资格而无市民资格；二、有村落思想而无国家思想；三、只能受专制不能享有自由；四、无高尚的目的。此外中国人的缺点还有许多，不论是在政治方面还是在日常生活等其他方面都显示出不如西方人文明。例如在西方人集聚的大众场合，总是安静无声，而中国人在一块聚会，无论其内容性质多么严肃，总有四种声音掺杂在里面，即咳嗽声、哈欠声、喷嚏声和擤鼻涕声。在西方华人居住区都比白人居住区脏和乱。看大街上行走的姿势和形态也能明显区分是西人还是华人，走路总是急急忙忙，一看便知是为事业而忙碌，便是西人；而中国人"雅步雍容，鸣琚佩玉，真乃可厌"。

中国人落后的国民性有很多种，梁启超批评得最多、最猛烈的是奴隶性，也称奴隶根性。他在几乎全部有关的文章中都指出这一恶劣特性。他认为中国人奴隶性严重，难以铲除，为此他深恶痛绝。他认为中国的大患不在于外国列强以我为牛马，而在于同胞自认为是牛马，自以为是奴隶。他认为世界上所有文明国家都赖有自主独立之国民，中国则不是这样，"有国者仅一家之人，其余则皆奴隶也"，"举国之大，竟无一人不被人视为奴隶者，亦无一人不自居奴隶者。"

然而，中国国民性这样恶劣的根源是什么呢？梁启超分析了多种因素：有历史的因素，有地理位置的限制。在《新民说·论进步》中，梁启超指出：一、大一统而竞争绝；二、环蛮族而交通难；三、言文分而人智局；四、专制久而民性漓；五、学说隘而思想窒。梁启超认为国家文明的进步依靠于竞争和吸取先进民族的文化。但中国从古至今周围居住的都是劣等民族，不但不能对中国的进步有任何帮助，反而以践踏中国文化为事，而西方许多民族在竞争中能够互相促进，由此而变得日新月异。

梁启超主张批判落后的国民性，对这一落后的国民性进行改造，把中国人教育成新民，这一思想在当时具有特别的意义，它的根本目的在于促进中国人的现代化。

培养新民这个话题只有在中国的现代化进程中才会出现，由于西方的现代化过程是自然而然形成的。在西方国家里，由于政治和经济的自然发展，人的现代化和社会的现代化同步实现，并不需要专门地培养新民。

培养新民也只有知识分子才会提出，因为它是知识分子将两种文化对照的结果。新型知识分子因为接触了大量的西方先进思想而跑到了社会的最前端，自觉承担起领导实现现代化的重任。他们参照西方社会的人和事物来衡量中国的一切，由此才提出培养新民的问题。新民的新是相对于中国人的贫穷落后、保守固执而言的。没有西方为参照，也就没有新民问题。当然，西方人也研究民族性或国民性，但那是民族心理学研究的对象。民族心理学于十九世纪中期产生于德国，它是一门心理学，尤其是社会心理学发展的产物。西方人对民族性格的研究是学术发展的必然产物，而中国人研究民族性问题主要是因为政治原因。

不管如何评价"新民理论"的意义，不可否定的是梁启超的思想在当时已起到了无法估量的推进作用。正如黄克武所说：《新民说》在问世之后就深受读者欢迎，可以说是中国新知识分子必读的一篇东西，因此此文的内涵在某种程度上反映了当时一些知识分子的价值观念。梁启超是公认的启蒙运动的领袖，是数以

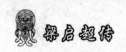

万计青年的启蒙老师。他著的《新民丛报》和《新民说》是当时广大青年的必读物、教科书。梁启超发起的启蒙运动极大地震动了思想界，激发起无数青年的政治觉悟和爱国热情。一代新青年在他的熏陶下茁壮成长，活跃在思想界和政治舞台上。梁启超培养新民运动可以说是见效很快。虽然广大普通群众不可能对《新民说》有所认识，但第一代新民已经诞生，这就是以《新青年》为标志的新知识分子。他们将承担起进一步教育普通国民的重任，使更多的新民从此不断涌现。

《新民说》及梁启超当时的其他作品把一个全新的世界展露在青年面前，这个新世界的一切都和中国现实有很大的不同。这一鲜明对比震撼着青年人的心灵，正如胡适所说的，《新民说》让他了解了中国是一个很大的病人民族，使他认识到在中国之外还有更高等的民族和高等的文化。胡适认为梁启超的这一思想为中国思想史开辟了一个新纪元，从此，追求新文化，改造旧文化就成为众多青年的理想。张君劢读了《新民说》，十分佩服，说《新民说》是"改造国民脑子"的上等良药。陈独秀在他的著作中，大力提倡新事物：新心血、新人格、新国家、新家庭、新民族。他批判中国人天生就有的坏品德"只知道有家，不知道有国""只知道听天命，不知道尽人力"以及批评中国人苟且偷生，甘心为奴等，其想法与梁启超基本相同。毛泽东也十分赞赏梁启超《论国家思想》中对于"国家"与"朝廷"的论述，并在文旁大加赞同的批语。鲁迅在日本留学期间，喜欢读梁启超创办的《清议报》《新民丛报》《新小说》等报刊，还常把这类报刊寄给家里的兄弟。一个民族的觉醒从知识分子开始，一个民族的振兴由知识分子推进。在这一过程中，梁启超的新民理论起了巨大的作用。正如胡绳所说："梁启超在戊戌政变后到1903年是做了富有成效的思想启蒙工作，帮助许多原来只知道四书、五经、孔、孟、老、庄的人们打开了眼界，并且从封建文化和资产阶级文化的对比中，更感到自己民族的落后，更强烈地燃烧起救国和革命的热情。"

在1903年前后，梁启超在中国舆论界是"执牛耳者"。他以其新颖的理论、广博的知识、严紧的推理、扣人心弦的评述、富有情感的文字，让一大批青年佩服的五体投地。生活在二十世纪初期的中国国民，大多接受了梁启超文字的洗礼。可以说梁启超的文章教育了整整一代人，这种说法一点也不夸张。黄遵宪在给梁启超的信中说：

　　《清议报》胜《时务报》远矣，今之《新民丛报》又胜《清议报》百倍矣。惊心动魄，一字千金，人人笔下所无，却为人人意中所有，虽铁石人亦应感动，从古至今文字之力之大，无过于此者矣。罗浮山洞中一猴，一出而逞妖作怪，东游而后，又变为《西游记》之孙行者，七十二变，愈出愈奇。吾辈猪八戒，安所容置喙乎，惟有合掌膜拜而已。

黄遵宪是当时知识界著名的诗人和文学家，他能看上眼的文学才子是不多见的。他这样称誉梁启超，说明梁的确在知识界有着巨大的影响力。黄遵宪在给梁的另一信中，又对他的宣传事业作了肯定的评论，他说：

> 茫茫后路，耿耿寸衷，忍泪吞声，郁郁谁语，而何意公之新民说遂陈于吾前也。罄吾心之所欲言，吾口之所不能言，公尽取而发挥之，公试代仆设身处地，其惊喜为何如也。已布之说，若公德，若自由，若自尊，若自治，若进步，若权利，若合群，既有以入吾民之脑，作吾民之气矣；未布之说，吾尚未知鼓舞奋发之何如也。此半年中中国四五十家之报，无一非助公之舌战，拾公之牙慧者，乃至新译之名词，杜撰之语言，大吏之奏折，试官之题目，亦剿袭而用之。精神吾不知，形式既大变矣；实事吾不知，议论既大变矣。嗟乎，我公努力，本爱国之心，绞爱国之脑，滴爱国之泪，洒爱国之血，掉爱国之舌，举西东文明大国国权民权之说，输入于中国，以为新民倡，以为中国光。此列祖列宗之所阴助，四万万人之所托命也。以公今日之学说，之政论，布之于世，有所向无前之能，有惟我独尊之概，其所以震惊一世，鼓动群伦者，力可谓雄，效可谓速矣。然正以此故，其责任更重，其关系乃更巨，举一国材智之心思耳目，专注于公，举足左右，更分轻重。

黄遵宪这段朴实的话，一是说明了梁启超的思想打动了亿万人的心，勇往直前；二是叮咛梁启超责任重大，要继续努力；是挚友间的肺腑之言。

梁启超为什么会有这样的魅力呢？

一般来讲，一位成功的宣传家必须具备两条：一是有敏锐的思维和洞察一切的能力，找准时代的方向，把握人民群众特别是知识分子阶层跳动的脉搏，说一句能让千百万人热情高呼，发表议论而使全国人赞不绝口；二是具备深厚的文化底蕴和压倒一切的语言表达能力，能够采用大众喜闻乐见容易理解的表现形式吸引民众，成为民众心目中的"上帝"。这两条，梁启超在当时都已具备。

十九世纪和二十世纪交替之际，随着新学堂的建立和科举制的废除，产生了资产阶级、小资产阶级知识分子阶层。这批二十岁上下的年轻人，血气方刚，志向远大，他们为国家的前途和民族的未来所担忧，对清廷的专制统治不满，反对帝国主义列强的入侵，向往西方的资产阶级民主政治，痛惜国家的日渐沉沦，希

望振兴祖国，创建一个独立、民主、富强的新中国。但他们缺乏经验，思想贫乏，对旧的东西不屑一顾，新的知识不知何处去寻，犹豫彷徨，上下求索。谁能满足这些人的需求，谁能抓住这些人的心理，谁就能成为中国的未来，谁就可以成为言论界的领袖。梁启超正是抓住了这一点，既给这批人提供了精神食粮，又通过《新民丛报》等刊物呼喊出他们的心声。

戊戌变法时期的梁启超尽管已名声卓著，为众多知识界人士所敬仰，但他并没有形成自己独立的思想见解，基本上是跟在康有为的屁股后面摇旗呐喊，"无一字不出于南海"。逃命到日本后，梁启超努力吸取来自世界的最新知识，苦苦思考中国的现实问题，开始超出康有为的思想框架，形成自己的思想体系。当时世界风行的政治学、经济学、法学、社会学、文化人类学、文学艺术等，他都全面涉猎，广取博收，并通过自己的文章把它们介绍到国内。梁启超当时的论著始终贯穿了一个"新"字，就是用新的现代意识、现代理论去表达自己的政治见解。他认为："今日之世界，新世界也，思想新，学问新，政体新，法律新，工艺新，军备新，社会新，人物新，凡全世界有形无形之事物，一一皆辟前古所未有，而别立一新天地。美哉，新法！盛哉，新法！人人知之，人人慕之，无俟吾论。"这种新知识、新理论、新人物正是1900年左右的中国先进青年所追求的。梁启超的新追求和青年文人的愿望一旦联系起来，《新民丛报》自然供不应求了。

1901年左右，梁启超的政治观也发生了深刻的变化。他不像康有为，死死抱住旧的观点，一成不变。在《新民丛报》初期的许多著述中，梁启超迎合广大中国人的味口，对清廷及慈禧太后竭尽余力地进行鞭挞，对专制统治制度猛烈地加以抨击，有时还甚至呼吁"大破坏"，赞誉武装革命。康有为斥责他，他也无所谓，反而自称"为国而善变，就是磊磊落落的大丈夫"。他在《拟讨专制政体檄》文中说道：

> 起起起！我同胞诸君！起起起，我新中国之青年！我辈实不可复生息于专制政体之下，我辈实不复生息于专制政体之下！专制政体者，我辈之公敌也，大仇也，有专制则无我辈，有我辈则无专制。我不愿与之共立，我宁愿与之偕亡！使我数千年历史以脓血充塞者谁乎？专制政体也。使我数万里土地为虎狼窟穴者谁乎？专制政体也。使我数百兆人民向地狱过活者谁乎？专制政体也。……专制政体之在今日，有百害于我而无一利！我辈若犹觍然恭然，与之并立于天地，上之无以对我祖宗，中之无以对我自己，下之无以对我子孙。我辈今组织大军，牺牲生命，

誓鬄灭此而后朝食。壮行何畏，师出有名，爰声其罪，布告天下，咸使闻知。

公允地讲，在 1903 年以前，梁启超的思想激进程度不亚于革命派，几乎可以和他们划等号。他讲革命，谈破坏，比当时的革命党人的影响面还要宽广一些。他甚至认为大革命、大破坏是拯救中国的惟一出路。他在东京大同高等学校授课时称："今日之中国，又积数千年之沉疴，合四百兆之痼疾，盘据膏肓，命在旦夕者也。非去其病，则一切调摄、滋补、荣卫之术，皆无所用。故破坏之药，遂成为今日第一要件，遂成为今日第一美德！……破坏主义者，实冲破文明进步之阻力，扫荡魑魅魍魉之巢穴，而救国救种之下手第一著也。"在 1901 年左右那种"国将不国"的时期，梁启超这种言论是非常激进的，也是振奋人心的，因而他在国人心目中的位置自然日益增高。

难能可贵的是，梁启超在引介西方新文化和宣讲自己的政治主张的同时，独创了一种通俗易懂、热情奔放、脍炙人口的"新文体"，十分适合中下层知识分子尤其是新兴的青年学子的口味。这就使梁启超的文章产生了独特的魅力，像一轮初升的太阳，给人们带来勃勃生机。晚清文坛，是一个多变而争霸的时期。桐城派文体曾一度流行过一阵，严复的汉魏风格也有过较大的市场，章太炎古典而儒雅的风度也赢得不少文人的敬佩，但相较而言，他们都比梁启超稍逊色一些。对此，身处其中的吴其昌有一段中肯而富有诗情画意的评论，不可不读：

> 当年一班青年文豪，各家推行着各自的文体改革运动，如寒风凛冽中，红梅、腊梅、苍松、翠竹、山茶、水仙，虽各有各的芬芳冷艳，但在我们今天立于客观地位平心论之，谭嗣同之学，学龚定庵，壮丽顽艳，而难通俗。夏曾佑之文，杂以庄子及佛语，更难问世。章炳麟之文，学王充《论衡》，高古淹雅，亦难通俗。严复之文，学汉魏诸子，精深邃密，而无巨大气魄。林纾之文，宗诸柳州，而恬逸条畅，但只适小品。陈三立、马其昶之文，桃祧桐城，而格局不宏。章士钊之文，后起活泼，忽固执桐城，作茧自缚。至于雷鸣怒吼，恣睢淋漓，叱咤风云，震骇心魄，时或哀感曼鸣，长歌代哭，湘兰汉月，血沸神销，以饱带情感之笔，写流利畅达之文，洋洋万言，雅俗共赏，读时则摄魂忘疲，读竟或怒发冲冠，或热泪湿纸，此非阿谀，惟有梁启超之文如此耳！即以梁氏一人之文论，亦惟有戊戌以前至辛亥以前如此耳。在此十六年间，任公诚为舆论之骄子，天纵之文豪也。革命思潮起，梁氏之政

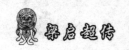

见既受康氏之累而落伍，梁氏有魔力感召的文章，也就急遽的下降了。可是就文体改革的功绩论，经梁氏十六年来的洗涤与扫荡，新文体的体制、风格，乃完全确立。

这段论述，妙就妙在能从晚清的大文学环境中，通过众多文学家的比较，不但说明了梁启超新文体的特点和地位，而且指出了政治上的激进与滞后和实际的社会影响有着十分密切的关系。实际上，梁启超在 1903 年游历新大陆后，随着他政治上的下滑，其舆论界的执牛耳地位也一天天下滑。再好的文体，若没有了反映民众呼声的精神支柱，也都会变得毫无色彩。

二、革命与改良之争

如果说 1903 年前梁启超在改良和革命之间还几度犹豫徘徊，思前想后，举棋不定，那么自 1903 年底游历美洲新大陆归来后，他最后还是把曾迈向革命的脚步收了回来，"义无反顾"地走向了改良。此后，他的宗旨立改，言论骤变，开始了政治立场上的一次重要转变：从赞成革命到反对革命，从向往共和到回归保皇立场。

1903 年 6 月还在游美途中，梁启超就对过去曾与自己关系较密切的革命党人表示出了不满，认为"中国之亡，不亡于顽固，而亡于新党"，声称自己几个月来"惩新党梦乱腐败之状，乃益不敢复倡革义矣。"回到日本后，他接连发表了《敬告我国民》《论俄罗斯虚无党》《新大陆游记》《答和事人》《中国历史上革命之研究》等文章，旁征博引，纵横议论，反复论述了以下思想：首先论证中国的国民素质极低，没有享用民主自由的权力，"只可以受专制不可以享自由"，假若"政府压力顿去"，国民是否能"组织一完备之国家"，仍然是值得疑义的事情。他得出结论：就中国而言，革命是没有必要的，所以"吾辈今勿徒艳羡民权，而必当预备其可以享受民权之资格。"其次政府有能力镇压革命，而革命队伍里有各种困难，因此革命是肯定不会成功的。最后从历史角度讲，中国只有"私人革命而无团体革命"，只有"有野心的革命而无自卫的革命"，只有"上等下等社会革命，而无中等社会革命"，只有"复杂革命"，而没有"单纯革命"，所以，"中国无革命则已，苟其有之，则必百数十之革命军同并起，原野厌肉，川谷阗血，全国糜烂，靡有孑遗"，可怕之至。而且"中国每当革命时代，则外族势力侵入之时代也"。因此可以预见，如果"中国革命，则被革命之祸者全国，而食其利者并不得一方面"，革命的危害性是很大的。到此，梁启超完全忘掉了从前大肆鼓吹的"破坏主义"和"革命排满"主张，完全站到革命的对立面上去了。他声称"自今以往，有以主义相辩难者，苟持之有故，言之成理，吾乐相与赏之析之"，确定无疑地向革命派进行了挑战。这样，持续多年的革命与改良两大派别的论战全面拉开了序幕。论战中，梁启超以改良派领袖的身份自居，把《新民丛报》作为主要舆论阵地，长篇累牍，洋洋洒洒，宣扬政治革命论，鼓吹"开明专制"论，攻击"社会革命"论，全面而系统地阐述了他对抗革命的政治思想。1906 年 11 月，梁启超写给康有为一封长信，将他反对革命的决心表露无疑：

> 革党现在东京占极大之势力，万余学生从之者过半，……近且举国若狂矣。真腹心之大患，万不能轻视者也。……今者我党与政府死战，犹是第二义；与革党死战，乃是第一义。有彼则无我，有我则无彼。

视革命党为他的头号敌手加以反对，其立场之坚定，旗帜之鲜明，态度之坚决，使他完全可以替代康有为变成改良派和革命派斗争的领袖和统帅。

梁启超在改良和革命的抉择中为何会最终地走向改良？对这一点，他本人曾经说："吾之思想退步，不可思议，吾亦不自知其何以锐退如此其疾也。"真的"不可思议"吗？恐怕并不完全是这样。梁启超曾经在北京《晨报副镌》上发表了一篇题为《国产之保护及奖励》的文章，其中有这样一段话：

> 我在国内政治党派分野里头，向来属于渐进派。我对于现状不满足，认为必要改革乃至必要革命。但我无论何时何事，对于那些暴力的无理性的无效率的革命论及革命手段，总是要反对。

这是他成为一个温和的资产阶级改良派的绝佳自白。这段话为我们分析和了解二十世纪初年梁启超的政治立场和政治观点提供了一把钥匙。它告知我们，梁启超在一生的政治活动和思想认识中，都表露出其拘泥于改良之见的不彻底和软弱的一面。他一面热情赞扬革命，一面又对革命怀有戒备之心；一面说革命是救时良药，一面又说革命会损伤国家基础；既热情地申张民权，又不敢全然否定君权；既颂扬自由竞争，又鼓吹强权政治。可以这样说，梁启超从不曾对革命怀有发自内心的信仰，即使在他鼓吹革命最激烈的时候，他的言论和思想也是与革命

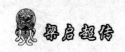

派有所区别的。

　　自由权利是梁启超政治思想中的重要组成部分。在二十世纪开始的几年里，梁启超对自由的涵义、内容、来源、界定、意义等各方面进行了较为详细的阐述，形成了他反对封建专制和蒙昧主义的比较完整的理性认识。但是，自由与平等，是西方资产阶级民主思想的两大支柱，谈自由必然离不开平等。而在他当时的宣传文章中，"自由"二字到处都是，"平等"二字却很少提到。他从单纯否定世袭等级的有限内容理解平等，认为中国早就废除"世卿之制"，消除了"阶级陋习"，不存在民主平等问题。注重自由而忽视平等，使梁启超的思想从开始就与资产阶级革命民主派存在着差异。

　　梁启超知道自己在舆论界的地位举足轻重，一举一动都会引起世人的关注，这次突如其来的转变必定会引起轩然大波，所以他从公开声明自己观点开始，就打算今后与舆论作战。果然，不久就有署名为"和事人"的文章斥责梁启超。梁启超写文辩论道："反抗于舆论之最高潮，其必受多数之唾骂。此真意中事。"他反对互相咒骂、互相攻击，表示："自今以往，有以主义相辨难者，苟持之有故，言之成理，吾乐相与赏之析之。若夫轧轹谩骂之言，吾固断不以加诸人。其有加诸我者，亦直受之而已。"明确表示了自己以后对舆论的态度。

　　梁启超也许早就料想到革命派会对自己有所责难，至少他们不会等闲视之。他虽然反对革命派的主张，但并不想陷入与革命派的论战中，所以他不仅要对公众表态，还要与革命派有所交流。1904 年，梁启超发表《论政治能力》一文，指出立宪与革命是互为辅助，并行不悖的，他说："立宪主义进一步，则革命主义必进一步。""革命主义进一步，则立宪主义必进一步。"梁启超说，天地很大，前途很宽，实有两主义有并行不悖的余地，两派完全可以各自发表观点，各行其事，而不必相互冷嘲热讽，阴谋倾轧。梁启超呼吁两派应携手并肩，共同对敌："今日之中国，宜合全国上下以对列强者也。藉曰未能，则亦宜合全国民以对政府。立宪、革命两者，其所遵之手段虽异，要其反对于现政府则一而已。"梁启超说，面对强大的敌人，两派应"相濡以沫"，而不要相互打击。他感叹中国人自古"以排挤轧轹为天性"，希望今后能避免这种情况。

　　革命派当然知道梁启超在舆论界有呼风唤雨的作用，他们深怕梁启超那支"常带感情"的笔把"保守"思想灌输于国人脑中，由此而破坏革命派的阵营，因此他们不管梁启超怎样宣传调和主义，仍毫不迟疑地主动出战。1905 年 8 月中国同盟会成立，革命派有了自己正式的组织。同年 11 月，同盟会的机关报《民报》在日本东京创刊。革命派以此报为主要阵营，从首期起就连续发表文章，公开向立宪派宣战。张朋园指出：《民报》的创办，其积极目的当然是吹捧革命，但"消极的目的在阻遏任公态度改变后的言论"。梁启超在第二年年初才开始应战。

革命派全面出击，阵容强大，参战者有陈天华、汪精卫、朱执信、胡汉民、汪东、宋教仁、章太炎、刘师培等一大群理论家、学者，而立宪派方面差不多只有梁启超一人孤军单战。论战不及半年，梁启超就因难以抵挡革命派的车轮战而提出停战。他一面请求同党徐佛苏出面调停，一面写文章，再次着重提出立宪和革命应是相辅相成的，提议两派不要互相攻击。但革命派毫不退却，不将梁启超挫败决不停战。论战持续一年零三个月之久，据估计，文章写了不低于百余万字。其规模和声势之大，前所未见。

双方主要围绕：种族革命、政治革命、社会革命三大问题展开辩论，包括民族、政治、经济三方面的问题，这实际上就是孙中山所提出的三民主义，即民族、民权、民生的内容。由于论战由革命派引起，并且革命派占据主动地位，所以论题随革命派主张而定，这是必然的。

革命派主张三大革命同时推进，并以种族革命，即反满、排满为首要任务与前提。立宪派认为满汉一家，反对排满。他们认为重要的是在政治革命，因此反对种族革命。立宪派并不反对社会主义，只是认为当时不适合马上实行社会革命，而应全力发展民族经济，来抵抗外国资本。在对政治革命的认识方面，两派的意见也不统一。革命派主张用暴力革命推翻清王朝，立宪派主张用和平变革的方法，利用一段时期的"开明专制"进而达到君主立宪。

一、关于立宪主义，光绪三十二年，在维新派和革命派的互相论战中，梁启超发表了《开明专制论》一文，提出"与其共和，不如君主立宪，与其君主立宪，又不如开明专制"的主张。

该文开始在《新民丛报》连载，梁启超在作者自序中介绍说："本篇都凡十章，为释者三，为述者二，为论者五，皆用严正的论证法，不敢有语恣任臆见"。他在谈到写这篇文章的理由时说："本篇因陈烈士天华遗书有'欲救中国必用开明专制'之语，故畅发其理由，抑亦鄙人近年来所怀抱之意见也"。他提醒读这篇文章的读者，"本篇虽主张开明专制，然与立宪主义不相矛盾"。

梁启超还对"开明专制"的涵义作了解释，他说："制者何？发表其权力可形成以束缚人一部分之自由者也"，"专制者，一国中有制者有被制者，制者完全立于被制者之外，而专断以规定国家机关之行动者也。""由专断而以良的形式发表其权力谓之开明专制"。所谓开明专制，不是以立制者的一己私利，而是以"所专制之客体的利益为标准"。梁启超所言客体一是"国家"，二是"人民"。

接着，梁启超引经据典，从中国历史和世界历史的发展过程中，论述了开明专制是"历史潮流""世界大势"，也是中国政治变革的惟一趋势。他总结了六方面原因，用来证明"中国今日万不能行共和立宪制"：一是中国人民智未开，没有实行共和之能力；二是革命后所建立的军政府必然专权，而决不会将权力让于议会；三是革命必然引起大乱，刘邦、项羽之辈层出不穷，争夺不休，混战不已；四是"土地国有论"的理想根本不能实现；五是主权分立的议会政治，不是造成议会专制，就是造成行政首脑的专制；六是共和立宪，必然引起新的革命。其后果是革命连革命，永无休止，流血又流血，国家绝无安宁之日。

因此，梁启超认为就中国目前的国情来说，共和立宪根本没法实行。不但共和立宪不能实行，就是君主立宪现在也"尚未能行"。其原因是，"人民程度未及格"，"施政机关未整备"。他的结论是：与其共和，不如君主立宪，与其君主立宪，不如开明专制。

梁启超的《开明专制论》发表时，正值清政府假立宪开锣之时，梁启超和维新派立刻投身立宪的宣传和立宪运动的推动中去。《开明专制论》恰恰反映了梁启超从宣传保皇革命、倡言破坏主义到投身立宪运动的思想变化；反映了维新派惧怕革命流血，仍寄望于封建顽固势力主动下台，通过循序渐进的变革达到建立资产阶级政权的目的。这就表现为反对革命派通过革命武装斗争推翻清政府的封建统治；表现为片面夸张诬蔑国民程度低下，民智未开，并由此断定共和制度不适用于中国。

应该看到梁启超的"开明专制"思想有其合理的成分。"开明专制"能缓解新与旧、内与外的矛盾冲突，使变革能变得更容易进行一些。梁启超说："由开明专制以移于立宪，拾级而升，又不至助长此冲突，而骤高其程度，其所以处之者，既稍易矣。"他认为帝国主义决不会让中国通过革命成立资产阶级共和国，中国应该利用帝国主义坚持平衡主义的时候，"合全国人民之力，从多种方面，用多种手段，以监督改良此政府，实平平坦坦之一大路，循之而未有不能至者也。"

"开明专制"重视开发民智，认为民智是民主的根基，是民主化的内在因素。梁启超说："立宪政治者，必民智稍开而后能行之"。"一日不行开明专制，一日不行政治革命，则教育一日不普及，而人民一日不能得共和程度。"

"开明专制"还注重民权外部条件的建立。民权的一个重要标志是选举权。国民有效地使用民权，还依赖于各种外部条件，如法律的健全，选举区的划定，户口统计，地方自治，警察制度，铁路的修筑等。这也是宪政不能实现的原因之一，而创造这些条件，安定之时也非要用十至十五年不可。所以，他提出由封建专制到君主立宪之间一定要有十到十五年的开明专制期限。

　　梁启超的"开明专制"思想是要在开明君主的治理下，运用政治力量自上而下地推行资本主义性质的政治、经济、文化教育等方方面面的变革，将封建专制变为资产阶级的立宪政治。但梁启超在论证"开明专制"时，过份夸大民智未开与宪政不立因果关系，在当时就受到了革命派的批判。民智的低下与宪政不得实行确是因果，但辩证地看，革命政权的建立又可以利用政权的力量大大地推进民智提高的程度。所以，维新派夸大民智未开与革命派忽视民智的提高都是较为片面的认识。《开明专制论》发表后，立即引发轩然大波，维新派与革命派对此展开了激烈论战。

　　二、种族革命问题，革命派大力宣传种族革命，他们第一目标是反满。兴中会的誓词和同盟会的纲领，都是把"驱除鞑虏，恢复中华"作为纲领的首要内容。孙中山认为满族是外族，汉人实际早已是亡国之民。同盟会的纲领也是这样说的。孙中山早就以"扑满兴汉"为职责。"非我族类，其心必异"，这是大多数革命派的认识。黄兴主张以排满为主旨。章太炎、徐锡麟把光复汉族、消灭满族当作头等大事。革命派甚至把反满提到复仇的高度，认为复仇是最重要的，去暴政才是其次，即种族革命第一，政治革命第二。他们认为满族五百万人统治汉族四亿人，是汉族人的耻辱，此仇不报，此耻不雪，决不罢休。

　　革命派不仅把满人当作仇敌，而且把满族看成是劣等民族，表现出极端的大汉族主义。章太炎称满族是"满洲贱族"，朱执信也称满族是"贱种"，胡汉民说，恶劣之政府是由于恶劣之民族篡据我政府造成的，"其为恶也，根据于种性，无可剪除，无可增饰，且不指一二端之弊政而云然"。他又说，以我人数众多且优美的民族受制于少数恶劣满族之下，是理不合，势不久的。这种宣传完全是鼓动，并没有进步的思想意义。然而正是这种民族情绪的煽动最能挑动人心。正如一位外国学者指出的："排满思潮沸沸扬扬，掩盖了其他问题。……这样喧嚣的种族主义喊声可能主要只是一个宣传策略口号，而不是意识形态的原则，但是它制造了一种辱骂和仇恨的气氛，使得讲道理的讨论受到干扰。因此可笑的是，当知识分子在革命中越来越起重要的作用时，理性反而被感情所压倒。"

　　康有为是一直反对排满的，而梁启超在排满这个问题上却屡次反复。在戊戌变法时期，康有为上书提议君民合治，满汉一家。梁启超在《变法通议》中提出取消满汉界限是自强的第一台阶，但他在时务学堂又极力反满，以《嘉定三屠》《扬州十日记》等记录满人屠杀汉人的书传授学生。1901 年，梁启超又介绍宣传康有为的主张："近年联汉扑满之议颇行，先生以为骤生此界，是使中国分裂，而授外国以渔人之利也。苟便能去专制之秕政，进入民之公益，则汉人自居国民之大多数，两利俱存，何必仇满。"显然又有赞同康有为的意思。1903 年后，他

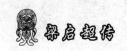

在扔掉革命论的同时也公开扔掉了反满的主张。

在两派论战中，梁启超全力反对革命派的狭隘民族主义，指出，满族并不是异族，而是与汉族属同一民族。二百年来，满族已同化于汉族，在语言、血统、风俗、宗教、生活方式、精神风貌各方面与汉族大同小异，因此就没有什么理由反满、排满。更主要的是，如果反满，势必造成民族分裂，东北也将不保。满人被逼得无路可走时，必将寻求外援帮助。这对中国将是很大的威胁。除此以外，满族被排斥，其他少数民族如蒙古、西藏也可能因为受到影响而搞分裂，提出独立，那么中国还像个国家吗？他高呼放弃"狭隘的复仇主义"，提出复仇要向帝国主义复仇，呼吁真正爱国者"节制感情，共向一最高之目的以进行也。"

为了取得外国的支持，革命派不愿公开、直接地攻击帝国主义。梁启超却始终号召全民族一致反对外国列强对我国的侵略，在1899年的《变法通议》一文中，他提出"平满汉之界"，就强调国内众民族团结协作，一致抗敌，指出："善为战者，知非合种不能与他种敌。故专务沟而通之。诗所谓兄弟阋于墙，外御其侮也。不善战者，不知大异种之可畏，而惟小异种之相仇，传所谓鹬蚌相持，渔人获其利也。"在两派论战中，梁启超提倡"大民族主义"，反对"小民族主义"，他的"大民族主义"也就是"合国内本部属部之诸族以对于国外之诸族是也。"

梁启超指出种族革命并不能完成政治革命的任务。他强调政治腐败不在于种族。祸国殃民的并非是大多数满人，而是包括满汉两族的少数统治者以及许多无耻地取媚独裁者的汉人。无论统治者是满人还是汉人，都无一例外。梁启超质问道，排满者是因为他是满人而排，还是由于作为恶政府而排呢？如果反对恶政府，那就不该分满汉。如果因他是满人而排，那么是否汉人当政腐败就是神圣的呢？梁启超主张"今日当以集全国之锋刃向于恶政府为第一义"。梁启超要求全民族一心，对内推翻满汉合一的专政、独裁的"恶政府"，对外抵抗帝国主义侵略。

三、政治革命论，1906年，梁启超连续发表了《开明专制论》《申论种族革命与政治革命之得失》《答某报第四号对于本报之驳论》《暴动与外国干涉》等多篇论战文章，全面系统地阐述了他近几年来所形成的"政治革命"思想。

什么是"政治革命"？梁启超明确说明："政治革命者，革专制而成立宪之谓也，无论为君主立宪，为共和立宪，皆谓之政治革命。"而在当今中国，共和一定要先革命，革命一定会导致专制，因此"政治革命"实际上就是指"革君主专制而为君主立宪"，政治革命思想也就是君主立宪主张。

"政治革命"的目的是什么？梁启超以为，"政治革命"实际上是救国的惟一手段，他进而推断道，"凡可以达救国之目的者吾辈所当以为手段者也"，而"政治革命实可以达救国之目的"，因此"政治革命吾辈所当以为手段者也"，而"非政治革命更无道焉可以达救国之目的"，因此"舍政治革命以外吾辈无可以为手段者也。"不是非如此绝对不可，只有这样才可以，"政治革命"实际上是救国的必要条件。"盖政治革命之一观念，与救国之一观念，即连属于为一体而不可分也。"

"政治革命"怎样进行？换句话说，即采取什么样的手段和方法对待"政治革命"，以怎样的态度对待它？这是梁启超"政治革命"思想中用力最多之处。我们可以观察到，梁启超关于"政治革命"的一个中心思想就是："欲为政治革命者，宜以要求而勿以暴动"。这一思想事实上包含着以下三层意思：

第一，"政治革命"的惟一方法是"要求"，这是"立宪之最高原因也"。在梁启超而言，把专制变为立宪，而不用触动最高统治者的利益，只要全力追求这一政治理想就足够了。用他的话来说，就是："如欲为政治革命也，则暂勿问今之高踞中央者为谁何，翼其左右者为谁何，吾友也不加亲，吾仇也不加怒，吾惟悬一政治之鹄焉，得此则止，不得勿休。"既然"政治革命"不必触犯最高统治者的利益，那么立宪为什么仍不能实现呢？梁启超认为"君主之所以不肯立宪者，大率由误解焉，以为立宪大不利于己也"，如若有人"为之委婉陈说，使知立宪于彼不惟无害，而且有大利，则彼必将欣然焉，以积极的观念而欲立宪，于是立宪之几动。"在这种情形下，再依靠"国外种种势力之压迫""国内种种势力之膨胀""人民有所挟而求焉，使知不立宪不惟无所利，而且有大害，则彼必将悚然焉，以消极的观念而不得不立宪，于是乎立宪之局成。"由此可知，"立宪之原因，则君主之肯与不肯，固占一部分，然其肯与不肯，仍在人民之求不求，故人民之求立宪，实能立宪之最高原因也。"

那么，"求立宪"要采取何种手段呢？梁启超的论断是：一、国民大多数要"相率以要求立宪"，这是立宪惟一正确的方法；二、"其所要求者，必须提出条件，苟无条件，微论彼不知所以应，即应矣，仍恐其不正确也"；三、"其提出之条件，必须为彼所能行，若为彼所必不能行，则是宣战而非要求，以云要求，则等诸无效也。"

第二，既然立宪的根本在于民众，那么向民众大力宣传"政治革命主义"，提高民众"政治革命"的素质与能力，就显得极其必要。梁启超曾自称，"夫吾之言立宪，非犹夫流俗人之言立宪也。流俗人之言立宪，则欲其动机发自君主而国民为受动者；吾之言立宪，则欲其动机发自国民，而君主为受动者。"既然民众是立宪的根本动力，那么是否能够立宪至"中国之能救与否"，也就只有"视人民之能为要求、肯为要求与否以为断"了。这样，"使一国中大多数人知立宪，

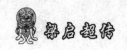

梁启超传

希望立宪，且相率以要求立宪"就显得至关重要。正因为如此，必须全力提高民众的"政治革命"素质以及能力。关于此问题的重大意义，梁启超曾说了以下一段话：

> ……夫彼毫无政治智识毫无政治能力者，不知要求为何物，不知当要求者为何事，固无冀焉矣。若有稍有政治智识者，又不务自养其政治能力，且间接以养成一般国民之政治能力，而惟醉梦于必不可致之事业，奔驰于有损无益之感情，语及正当之要求，反避之若浼焉，夫是以能要求肯要求者，举国中竟无其人也。夫彼绝无智识绝无能力者，不足责焉；若夫稍有智识者，且可以有能力者，而亦如是，则亡国之恶因，非此辈造之谁造也？

把"政治革命"素质、能力的培养和运用视为实行"政治革命"、救亡图存的最重要的前提，这也是梁启超一贯的指导思想。那么，现在应该如何去做呢？他的主意是："夫使今日中国之多数人皆知政治革命主义，而循吾所谓正当手段者以进行也，其现今在政界地位已高者，陈利害于君主；其次高者，陈利害于上宪及其僚；即其未入宦途者，或其弟兄，或其朋友，苟有可以为陈利害者悉陈之，以浸润移其迷见，其效既可以极速。"

第三，"政治革命"虽然不排除有暗杀这个"最后之武器"，但是绝对不能采取暴动或者革命的手段。梁启超在大肆宣扬"要求"立宪的同时也注意到，假使最高统治者"冥顽不灵"，拒绝立宪，又当如何？梁启超提出的办法是："或彼终冥顽不灵，则吾所以待之者，尚有最后之相当的刑罚在，则虚无党之前例是也。"他进一步分析说："夫彼之为梗者，上焉者为权力，下焉者为富贵耳，然若无生命，则一切权力富贵皆无所丽，故此最后之手段实足以寒作梗者之胆而有余也。"此处，他重点说明的是，如俄国虚无党那样搞暗杀活动，只不过是一种"济变之手段，最后之武器也"，但绝对"不可滥用"，即便用也要"必在要求而不见应之后，且所施者限于反抗此要求之人，不然，即使彼迷惑，而有罪者反不自知其罪也。"

大多数革命派也赞同立宪，但是他们认为立宪和政治革命并非一回事。他们认为革命是立宪的前提条件，立宪只是政治革命的结果而已。在立宪的方法和形式方面，双方的理解也大不一样。革命派认为不可用和平方法，不经流血革命决不能立宪，革命派坚决不同意在中国实行什么君主立宪，而是提倡民主立宪。

以前人们多数认为革命派是反对君主立宪的，并要彻底改变旧世界，是革命彻底性的体现。而改良派由于自身的软弱性，不敢革君主的命，幻想依靠上层进行某些局部的变革，事实上并不完全这样的。以章太炎为代表的一些人以为君主立宪等于专制，甚至比专制更坏，他们反对君主立宪完全是出于对宪政的不了解。章太炎在《代议然否论》中竟然认为代议政体是封建制的变种，把原来"四民平等"的社会变为有等级的社会。他还说代议政体，不能够伸张民权，反而压制了民权。因为政府和人民不过是两个阶级，而代议制"横置议士于其间，即分为三，政府固多一牵掣者，齐民亦多一抑制者"，因此，"以中国行立宪代议之政，其蠹民尤剧于专制。"他不知道立宪制可以通过限制君主权力，伸张民权。

有的革命派并不反对君主立宪。比如汪精卫就赞扬英国是"民权发达之国。"并说英国虽然是君主立宪国，法国虽然是民主立宪，但是英国国民程度高于法国国民程度，它的政党组织也要比共和制的美国发达许多。他还认为政治革命不但可以产生民主立宪，而且可以产生君主立宪，因为两者都是民权大进的产物。他曾如是说："盖政治革命一言以蔽之曰："君权与民权之消长而已。民权锐进，君权消灭者，则成民主立宪；民权锐进，君权让步于是相安者，则成君主立宪。"这说明，汪精卫认为两种立宪并没有什么本质区别。另外，还有一些革命派承认君主立宪要比君主专制优越许多。既然如此，那么他们为什么不赞成中国实行立宪呢？这是由于革命派的政治革命论是受种族革命论指导的。因为中国的君主是"异族"，在中国实行君主立宪就等于是服从他族人的统治，这是革命派所不能容忍的。

黄兴曾说革命派以排满为主旨，请立宪就是背叛党纲，成为君主的奴隶。吴樾说，满族皇帝没有立宪的资格，立宪决不利于汉人。朱执信也指出，能立宪者惟我汉人，汉人要想立宪，则必须革命。田桐也如是说："中国者，汉人之中国也，非满人之中国也。万不可以戴满洲政府而为君主立宪"。汪精卫曾讲："中国今日满汉不并立，故非种族革命必不能立宪"。他还说："立宪者当望之国民不当望之君主，当望之本族，不当望之异族。他这些主张其实是一码事，由于君主就是异族"。他更明了指出："各国革命，有至君主立宪而止者，而我国今日为异族专制，故绝不能君主立宪。"说到底，君主立宪在外国可以实行，只是绝不能在中国实行。这表明，革命派并非是对共和有所偏爱，或把它当作崇高的理想追求，他们只不过是以推翻满族统治为首要任务。还有人甚至说，如今国仇、家仇都尚未报，怎么能谈得上立宪。

革命派还把对满人的敌视、仇恨情绪发泄到立宪派身上。章太炎曾讽刺康有为奉光绪为圣主是愚蠢的。吴樾斥责"立宪主义徒堕落我皇汉民族之人格，侮辱我皇汉民族之思想"，他"深恨我民族中无耻之辈，死心踏地为满族奴，益鼓吹其君民一体，满汉一家之邪说"。由此看来，革命派的政治革命言论大多是从种族利益出发，以挑动民族情绪为目的，并非是进行理性的说服。

革命派斥责梁启超说国民缺乏共和觉悟是"侮视我国民"，"力诋国民"，贬低国民的能力，甚至说梁启超倡导开明专制就意味着满人能力好，汉人能力差，由于专制君主是满人，而大多数人民则是汉人。由此可见，这也是片面之辞：被统治者并不是都是汉人。实际上，革命派对国民能力的看法并非从实际出发，大半是凭空想象。他们或者说政治不依靠于国民能力，或者毫无根据地判定中国人是有政治能力的，即使没有也可以在短期内提高。汪精卫就这样说，人类之所以优于动物，是因为人类有模仿性。过去中国由于闭关锁国，几千年没有改变过，如今和外国接触多了，定能学到外国许多优秀的东西。他还曾说，自由、平等、博爱是人类的共通性，每个国家都有，只是程度不同而已，难道我国国民能为例外吗？"论者虽武断，敢谓我国民自有历史以来，绝无自由、平等、博爱之思想乎？"

革命派还以大力吹捧汉族优秀论来证实中国国民程度较高。汪精卫曾说汉人能力强于满人，一定能够排除异族，完成政治革命任务。胡汉民也说，惟有我汉族民族思想、民权思想发达，因此能够排满，能够立国，因此也能够建设共和政体。梁启超进行反驳说，把自由、平等、博爱精神当作共和国民资格，是模棱两可之言。人类的天性并不能解决复杂的政治问题。法国是自由、平等、博爱论的大本营，革命派奉承我国民富于自由、平等、博爱精神，难道中国人能够超过法国人吗？但是法国人实际上并不具备共和国民资格，法国大革命以后的共和实质怎样，结果又怎样，就足以说明这一问题了。梁启超明确指出："有能行议院政治之能力者，斯可以为共和国民之资格。此吾所命之标准也。"

和革命派凭空想象不一样，梁启超的论断是出自对政治学和法学的系统研究，因为当时他毕竟是宪政和法制理论方面的绝对权威。民主制的实行不是依靠追求民主的精神，而是有相当复杂的操作程序，当然也需要国民有一定的政治能力。清末设立谘议局，是我国首次试用西方的民权政治。据张明园叙述当时的选举情况："到了投票的时候，各省的反映大多显得极为冷淡。原因不仅是选民对选举没有认识；全国上下，除了极少数知识分子，通不知何谓选举。清廷在光绪三十四年六月二十四日谕令各省地方官切实筹备设立谘议局，但各省督抚因不知从什么方面下手，便爽快来个相应不理"，所以议员"名为民选，实为官派"。这个事例充分表明梁启超的论断是正确的。

四、反"社会革命"论，在大力鼓吹"开明专制"论以及"政治革命"论的同时，梁启超用激烈而尖锐的言辞对革命派所主张的社会革命论进行了驳斥和攻击，宣称“虽以匕首揕吾胸，吾犹必大声疾呼曰：敢有言以社会革命与他种革命同时并行者，其人即黄帝之逆子，中国之罪人，虽与四万万人共诛之可也！”

梁启超何以对“社会革命”有如此大火气？革命派的“社会革命论”究竟主张的是何物呢？

概言之，以孙中山为代表的资产阶级革命民主派认为，社会革命就是民生主义，民生主义的核心内容是“平均地权”或者“土地国有”。具体方法是“改良社会经济组织，核定天下地价。其现有之地价，仍属原主。所有革命后社会改良进步之增价，则归于国家，为国民所共享。”此处实际内涵是，通过“核定地价”和“照价纳税”，而使地主丧失地租收入，从而在事实上废除了地主土地所有制，直接生产者农民将获得土地使用权进行生产。土地国有也就是地租国有，平均地权绝不是把土地平分。从主观上来说，通过“平均地权”和“土地国有”，解决了中国社会当时的土地问题，避免当时封建社会给人民带来的许多灾难，从而杜绝再次发生革命，这是当时革命党人比较一致的认识。但是，土地国有化政策在客观上只能为资本主义的发展开辟道路却是热衷于此的革命党人包括孙中山在内所料想不到的。

显然梁启超错误地理解了“平均地权”和“土地国有”的意义。他认为所谓民生主义就是“土地国有”，就是“摭拾布鲁东、仙士门、麦喀等架空理想之唾余，欲夺富人所有以均诸贫民”，这只不过是“利用此以博一般下等社会之同情，冀赌徒、光棍、大盗、小偷、乞丐、流氓、狱囚之悉为我用”，然后用暴力的行动“杀四万万人之半，夺其田而有之”。他论断这种社会策略只会引起“下等社会”的骚乱，“荼毒一方”。很显然，梁启超是把“平均地权”看成“平分土地”，把孙中山在民主主义革命时期发展了的民生主义内容理解成为现时主张的政策，并且把这种政策与他最为痛恨的下层民众的暴力革命联结起。这同孙中山对劳苦大众一贯同情的态度形成鲜明的对比。

在自己对革命派社会革命论的理解的基础上，梁启超充分论证了社会革命“不必行”“不可行”和“不能行”的理由。

梁启超基本上是赞同社会主义的。游历美洲时，他看到西方社会贫富悬殊的社会现象，就已深切感到实行社会主义的必要。在论战当中，梁启超也肯定社会主义存在的意义，只是他把“社会主义”和“社会革命”严格区分开来。在他看来，社会主义就是解决社会问题，消除社会矛盾的主张和办法，社会革命则是掠夺富人财产或者抑制富人势力的行为。社会革命侵犯了个人财产权力，并有可能产生暴力行为。他说：“吾认社会主义为高尚纯洁之主义。且主张开明专制中及政治革命后之立法事业，当参以国家社会主义的精神，以预消将来社会革命之祸。若夫社会主义之极端的土地国有主义，吾所不取。今日以社会革命提倡国民，吾认为不必要。野心家欲以极端的社会主义与政治革命、种族革命同时并行，吾认其为煽动乞丐流氓之具。盖辨理的社会主义与感情的社会革命决非同物，非必由人民暴动举行社会革命乃可以达社会主义之目的。"

梁启超反对革命派所倡导的社会革命，他的目的是要发展私人经济，保护私人财产所有权，同时还要借发展民族经济来抵制外国资本的侵入。梁启超特别强调私有制的合法性和必要性，主张保护个人私有财产权。特别是在当时的中国，官僚政治和官僚资本压制、损害私人经济，保护私人财产所有权就显得特别重要。梁启超曾指出："就历史上观察人类之普通性质，以研究现经济社会进化之动机，则私有制度虽谓为现社会一切文明之源泉可也。"他认为，土地所有权也是所有权的一种，应当给予合法保护。

梁启超说，一些田主或田主的先辈，过去也是普通小农，他们经过自己勤俭贮蓄，终于获得土地所有权，常常在辛苦多年后才能成为田主，国家剥夺他们土地所有权，是"夺其勤劳之结果"。梁启超指责革命派平均地权、土地国有政策是"欲以野蛮之力杀四万万人之半，夺其田而有之。则靡特人道不应有此豺性，即社会主义之先辈亦不闻有此学说。麦喀谓田主及资本家皆盗也。今以此手段取之，则国家其无乃先盗矣乎。"在他看来，土地国有政策不合于国情，假如实行弊害必定无穷，社会上的游荡无赖之徒也可能乘机夺取富人财产，天下必定会大乱。他还说，大多数的自耕其地的中小地主是国家的"石民"，中国想要建立健全的政治，必须尽全力保护他们的利益，假如剥夺他们的所有权，使他们失去独立地位，不仅经济上蒙受重大损失，政治上的危险也将会随之而来。

梁启超并非完全反对土地国有，他认为当时实行这一政策是"乌托邦"，因为文明程度还没有达到实现的条件。梁启超主张此时只适宜讲求自由竞争，如果杜绝自由竞争，社会就无法进化，天下大同的理想也就不能实现。关于土地国有，还有许多如地税收入的价值和应收土地的种类，以及地价问题等等具体的细节问题，双方都有不同的看法。

梁启超认为较私人经营而言，国家经营更显拙劣，特别是中国官僚腐败极其严重，国家经济比重愈大，官吏的权力就愈大，贪污营私舞弊现象必然会愈来愈严重，社会弊病也就日益增多。如果以国家为大地主、大资本家，垄断全国经济，对政治、经济都会造成重大危害。梁启超主张国家只适合选择几种大端事业，而不能侵犯私人经济的正当经营范围。

梁启超更关注资本问题，认为解决社会问题当以解决资本问题为第一要旨，以解决土地问题为第二要旨。因为资本问题直接关系到国家的生死存亡。一方面，发展民族资本，才能抵抗外资侵入；另一方面，土地问题仅仅是社会问题的一部分，它只对农民产生直接影响，对工、商影响并不大。国家的收入不应当只依靠地税，而应大力发展企业，广开财路。

对比中国和西方国家不同程度的经济发展，梁启超认为中国没有欧美那样贫富差距特别悬殊的状况，因而没有实行社会革命的必要。他说，社会革命的目的是压制资本家的专横，谋取劳动者的利益。这在欧美是治愈社会病的良药，但是在中国恐怕不适用。梁启超认为中国最大的弊病是极其严重的外资入侵。因此，中国的首要任务不是节制资本，而是应全力发展民族资本主义，以抵御外国资本主义的经济侵入。他说："策中国今日经济界之前途，当以奖励资本家为第一义，而以保护劳动者为第二义。"国家要保护资本家的利益，让中国经济以同外国对抗，虽然会稍微牺牲一小部分人的利益，但是就国家、民族的利益而言，仍是利大于弊的。假如提倡"与国家全体利害相反之社会革命论，以排斥资本家为务"，使资本家蒙受巨大损失，不再能与外国资本竞争，坐等外国资本势力吞食我国市场，"全国人民，乃不得不帖服于异族鞭棰之下以糊其口，则今之持社会革命论者，其亡国之罪，真上通于天矣"。

梁启超强调他的经济政策是"以奖励保护资本家并力外竞为主，而其余为辅"。他还进一步指出，中国当务之急在于解决生产，而非分配问题。生产问题是关系国际竞争问题，而分配问题是国内竞争问题。生产问题是关系到国家生死存亡的头等大事，生产问题不解决，分配问题也就无法解决，这是治本还是治标的差别。梁启超把发展民族经济当作救国的根本方针，并把反对这一主张的人称为"国贼"。

梁启超还认为中国吸收欧美的经验和教训，就可以减少经济发展中的弊端，最终避免社会革命。他认为欧美因为瓦特发明蒸汽机，使生产方式突然改变，再加之亚当·斯密的放任学说，助长了自由竞争的风气，使资本家势力迅猛发展，贫富悬殊。中国鉴于外国放任过度的弊病，有所管制和约束，即可既享用瓦特机器之利，又不会遭致蒙斯密学说的祸害，那么，"现在欧美社会阴风惨雨之气象，其亦可以免矣"。

梁启超谴责革命派有些人并不知道什么是社会主义，不知社会主义的由来及性质而胡言乱语，还有些人虽知道是怎么一回事却故意耸人听闻，煽动民众，利用民众制造事端，将民众作黄巾、赤眉之用，以达到自己党派的不纯之目的。梁启超对解决社会问题的看法基于国家和人民的利益，首先要保护和发展民族经济，其次要保护私人财产所有权，国内的社会问题也必须解决。而解决的原则是："对付大资本家而保护小资本家"，在调和资本家与劳动者之间的利害冲突

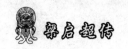

时，要"对于资本家而保护劳动者"。由此我们可以看出，梁启超并非完全不顾及劳动者的利益。

在同革命党展开激烈论战三年以后，1907年8月，改良派的主要舆论阵地《新民丛报》停刊了，这标志着他们"死战革命党"的彻底失败。

早在一年前，梁启超就通过同党友人徐佛苏向革命党人表达了停战求和的意思，他发表声明称"向与《民报》辩驳之事，亦出于不得已。苟可以调和，则愿不如是也。……可与民报社相商，以后和平发言，不互相攻击可也"。这年，《新民丛报》第十一期发表了徐佛苏的《劝告停止驳论意见书》，把梁启超的调和主张大大阐发了一通。但是，对于保皇党要求和解的信号，革命党人却"皆不以为然"。两派的论战不得不继续进去下去。再到后来，在革命派斗志昂扬、推理周密和言辞激烈的强大攻势下，《新民丛报》只得单方面停战了。

就在双方论战停止之后的同年隆冬，梁启超身处异国他乡，回想自己投荒万里，毫无目标，"死战革命党"又遭到彻底失败，不禁神情黯然，感慨万千。于是写下了这样一首诗：

> 泪眼看云又一年，倚楼何事不凄然。
> 独无兄弟将谁恕，长负君亲只自怜。
> 天远一身成老大，酒醒满目是山川。
> 伤离念远何时已，捧土区区塞逝川。

该诗形象地反映了梁启超于论战失利后那种凄楚苍凉的心情。

"死战革命党"为什么会事与愿违呢？可以说，梁启超在这个阶段里对某些问题的看法并不是完全错误的，对革命派论点中一些不能自圆其说的地方提出的驳斥，常常能切中要害。如革命派在鼓吹反满、提倡建立民族的国家时，常常把满族视为外国，好像只有汉族才能算作中国。对此，梁启超反驳说，按照一个民族同气相类的六大要素，事实上满族现在已同化成汉人而成为中华民族的一个有机组成部分。他还说，国家的定义有三大要素，即国民、领土和统一的主权。而"我中国现在之领土，则黄帝以来继长增高之领土也；其国民则黄帝以来继续吸纳之国民也；其主权则黄帝以来更迭递嬗之主权也"。绝不能把满清入关后的中国视为亡国，"满洲决不可谓之国家"，"爱新觉罗氏亦我固有人民之一分子而已"，"清之代明"，是中国朝代的更替，决不可以一国家蹯一国家也"。从总体上看，梁启超的说法显然是正确的。

再比如，梁启超在谈到欧美各国研究社会问题的流派时曾经如此说："虽然，要其大别，可以二派该之。一曰社会改良主义派，即承认现在之社会组织而加以矫正者也……。二曰社会革命主义派，即不承认现在之社会组织而欲破坏之以再谋建设者也……。两者易于混同，而性质实大相反。"可见他对欧美社会主义学说流派的了解比孙中山等革命党人要更加清楚。他指出《民报》的作者并不懂得真正的社会主义是何物，把社会改良主义等同社会革命主义，而它所提倡的其实只不过是社会改良主义。虽然梁启超并不是在提倡科学社会主义，但他的这个批评，应该说是相当中肯的。

又如，他清楚地意识到，对中华民族而言，只有帝国主义列强才是我们真正的敌人，为了阻碍列强的经济侵略，必须大力发展本国的民族资本，鼓励资本家和外资抗衡，而无须节制他们、"防止"资本发展。在资本问题成为近代中国核心问题之一的情况下，这种主张无疑具有它的现实性和合理性。

但是，二十世纪初期中华民族面对的具体的历史环境是：民族危机过于深重，国家的独立和生存都受到前所未有的威胁。更为严酷的现实是，统治中国二百多年的大清王朝已经穷途末路，不可救药，腐败到了顶点。对这样一个腐败政府，还把希望寄托于它身上，主张继续维护它，指望由它来实现根本性的变革，并幻想在不触及它的统治基础的前提下发展资本主义，这太不现实了。这好似在对牛弹琴、与虎谋皮。梁启超竭尽全力大肆鼓吹和宣传的政治革命论、开明专制论以及反社会革命论，之所以在革命民主派的三大主张面前吃了败仗也正是历史环境所造成的，这一点也不稀奇。对于此，一向富于政治敏感的梁启超也多少感觉到了一点。他在一篇文章中曾如此写道："革命党何以生？生于政治腐败。政治腐败实制造革命党原料之主品也。恶政治不从人民之所欲，不能为人民捍患而开利，则人民于权利上得起而革之，且于义务上不可不起而革之。"他同时还指出"次于政治现象而起者，曰种族问题。满汉之同栖一国而分彼我，实制造革命党原料之从品也。"梁启超还是找到了问题的关键所在。

让梁启超无可奈何的是，在"死战革命党"后，革命派的主张却在广大爱国者，尤其是留日学生中占据了绝对的地位。胡汉民曾经写道：《民报》创刊后，"革命排满，非仇杀报复之事，乃民族根本解决之事，宗旨严在，而根据历史事实，以论其主张者，至为翔确。师出以律，不为叫嚣跳踉之语，异于邹容之《革命军》，遂受学界之大欢迎。""《民报》既刊行一年，革命思想充满学界，且灌输于内地"。有人估算，从甲辰以至丙午，其间之由"恶迁改良出保皇党以人革命党者，不可以千数计"，"向之与《新民丛报》有关系者，莫不倒戈相向而敌国之。"

当时正在国内求学的青年学生高一涵曾经回忆说："我从前总喜欢看梁启超

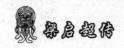
主办的《新民丛报》和《中国魂》之类的刊物的。看到《民报》后，才认识到国家不强大是'政府恶劣'，而不是'国民恶劣'，应该建立共和，不应该维持专制，种族革命与政治革命必须同时进行，种族革命绝不会妨害政治革命。"当时正留学日本的吴玉章对当时学界的状况曾作过生动描写："当《民报》和《新民丛报》笔战方酣的时候，在日本的中国学生几乎都卷入了这场论战。记得 1906 年的冬天，一群四川留日学生在宿舍里开展了争论。绝大多数的人都赞成革命，惟独周先登拥护立宪。""刘回子（庆恩）一怒之下，用火钵向他击去，登时满屋尘土飞扬，真像战场一般，周先登吓得抱头鼠窜而去。""刘的痛击周先登，曾经在留日学生中博得一致的好评，从这件小事情上也反映了改良派在政治上的破产。"

这种情况的确是梁启超未曾想到的。

第六章 立宪运动

就在梁启超为论战失利而黯然伤神之时，立宪运动也悄悄兴起。梁启超以为，历史的转折点来到了。

梁启超不倦追求的是君主立宪制，国内立宪运动的蓬勃兴起令他振奋，使他大受鼓舞，他又怎能袖手旁观？久违的英雄终于又有了发挥才能的时机；多年来苦苦探索总结出的理论又可以付诸实施；长期以来向往的美好政体终于有了希望。梁启超为之欢呼，为之雀跃，要大显身手。他全身心地投入到立宪运动中。尽管和祖国远隔千里，但他用他那支充满感情的笔锋指导着立宪运动的方向，并通过他的组织与志同道合的人在国内积极活动，对运动起到巨大的推动作用。

立宪运动事实上是戊戌维新运动的再发展。两次运动总的目标一致，都是知识分子救亡图存的爱国运动。立宪派也是由以前的维新人士转化而来的。所不同的是，维新运动是以知识分子为核心，无论公车上书还是康有为的个人上书，都是知识分子的作为。而立宪运动却是知识分子领导，社会各阶层人士参与，共同进行的全国、全社会性的大规模运动，涉及范围更广，影响更大。二者在追求的具体目标上也有许多差别。戊戌变法计划尤为庞大，内容杂乱无序。立宪派吸取教训，把目标集中到建立国会制度上，立宪派数次发动请愿活动，敦促清廷马上召开国会。

戊戌时期，康有为提出君主立宪的主张，他的变法计划中就有设立议院一项。只是，康有为对立宪缺乏系统的理论阐释，而梁启超大力提倡立宪，研究、阐述立宪的主张和理论，使立宪运动从萌芽而茁壮发展。1899年，梁启超在《清议报》发表了《各国宪法异同论》，就立宪君主国与共和国加以分析讨论，提倡立宪之意初见端倪。1901年，他又发表《立宪法议》，正式提出了君主立宪的主张，指出："君主立宪，政体之最良者也。"

立宪运动由康梁发起而逐渐普及于全国。1902年后，朝野上下立宪舆论大盛。1904年，立宪问题已成为舆论的核心，报刊、书籍、奏章中讨论立宪的内容与日俱增。之后，梁启超又不断发表许多涉及立宪的论文，明确指出君主立宪的要旨是在建立国会以及设置责任内阁，立宪的目标逐渐具体化，明朗化。上至朝廷，下至全社会，影响力日增。立宪的呼声，几乎成为当时谈论政治言论的口头禅。1905 年，同盟会的成立，标志着革命派有了正式组织。不久，立宪派也因立宪理论的广泛传播而形成正式的政治派系。

立宪运动的迅速发展也让清统治集团内部出现了两极分化，一些汉族官僚为了消除革命，并从清政府中争夺权力，也随着叫喊起立宪来。光绪三十一年，清政府驻法国的公使孙宝琦首先奏请变革政体，紧接着署两江总督周馥，湖广总督张之洞，署两广总督岑春煊，北洋大臣、直隶总督袁世凯等也纷纷奏请立宪。这些掌握地方军政大权的封疆大吏的拥附，使立宪运动声势更加宏大，也使清政府感到倘若再迟疑拖延，则苟延残喘的封建统治将无法维持了。于是，清政府被迫宣布"预备立宪"。

同年 6 月，清政府发表上谕，宣布命载泽、戴鸿慈、徐世昌、端方出国考察宪政。派大臣出国考察宪政的消息一经传出，革命党人吴樾就怀抱炸弹，走进北京火车站，要和五大臣一拼到底。因火车上人多拥挤，炸弹爆炸，吴樾当场牺牲，出国大臣里也有两人受伤。革命党人炸弹的巨响并没能炸掉清政府既定的计划。9 月底，行程推迟多时的出洋考察计划终于成行了。出洋考察宪政的五位大臣是：载泽、戴鸿慈、端方、尚其亨和李盛铎。10 月，又下令督办政务处制定立宪大纲，设立"考察政治馆"。

光绪三十二年六月，出洋考察宪政的五大臣在欧美、日本游历了九个月之后，回到了北京。出洋考察，亲身经验耳闻目睹，并没有使这群头脑顽固守旧、不学无术的封建官僚的宪政知识增加多少。为了欺骗国内民众，迫于舆论，装点门面，他们不得不暗中央求梁启超代拟了一个立宪方案。7 月 9 日，清政府召开御前会议，通过了由梁启超所起草的《考察各国宪政报告》。而极具讽刺意味的是，此时的梁启超仍还是清政府通缉的政治要犯。然而五大臣对宪政的理解却是另外一种样子，载泽在上慈禧太后的密折中，力陈实行宪政的三大好处，一是"皇位永固"，二是"外患渐轻"，三是"内乱可弭"。他们的建议深得慈禧太后的赞赏，连续七次召见出洋大臣。

7 月 13 日，清廷下诏宣告预备立宪"。现将"预备仿行宪政"的谕旨摘录如下：

> 我朝自开国以来，列圣相承，谟烈昭垂，无不因时损益，著为宪典。现在各国交通政治法度，皆有彼此相因之势，而我国政令积久相仍，日处阽危，受患迫切，……时处今日，惟有及时详晰甄核，仿行宪政，大权统于朝廷，庶政公诸舆论，以立国家万年有道受之基。但目前规制未备、民智未开，若操切从事，徒饰空文，何以对国民，而昭大

信。故廓清积弊，明定责成，必从官制入手，亟应先将官制分别议定，次第更张，并将各项法律，详慎厘订，而又广兴教育，清理财政，整顿武备，普设巡警，使绅民明悉国政，以预备立宪基础。……候数年后，规模粗具，查看情形，参用各国成法，妥议立宪实行期限，再行宣布天下。视进步之迟速，定期限之远近。

从这道上谕中，可以清楚地看出清政府的预备立宪实际上是它巩固皇权和反对革命的应急手段，这同康、梁的立宪是背道而驰的。清政府虽然满口答应"庶政公诸舆论"，但是又找借口"规制未备、民智未开"，而用无限期的"预备"将它变为一纸空文。预备立宪是清政府自"新政"以后，面对日益高涨的民主革命潮流和声势浩大的立宪运动，为维护其反动统治亮出的又一块挡箭牌。

一、筹办政闻社

清廷下诏预备立宪的消息让远在日本的梁启超兴奋异常。他一改从前和革命党论战中宣扬的开明专制和预备宪政思想，主张清政府迅速立宪，马上实施君主立宪制度。在给朋友蒋智由的一封信中，梁启超如此写道："今夕见号外，知立宪明诏已颁，从此政治革命问题可告一段落。此后所当研究者，即在此过渡时代之条理如何。"梁启超等人认为，从此中国将会进入一个崭新的历史阶段。在这个时代里，不可以再从事热烈的"叫号""扫荡""破坏"，也不必实践"开明专制"那样的预备宪政，而只允许以"静实的"平和态度，从事"学理"的深入研究，来监督并参与政府的有秩序的政治改革。

为了更有效地监督和参与立宪工作，梁启超提出了组织政党的主张，联合杨度、熊希龄等人从事组党活动。他们计划组成"宪政会"，并初步决定在北京创办一种报刊，以作为"宪政会"的喉舌。对于组织"宪政会"，康、梁是颇费心机的。首先，统一立宪派的力量，成立一全国性政党，借以"监督政府，且赞助当道之改革"，推动清政府实施宪政。其次，使本派势力成为立宪党人的核心，使宪政活动能以他们的意志为转移。最后，张党结势，与革命党争夺国内领地。梁启超在谈到"宪政会"的任务时这样说："今日局面，革命党鸱张蔓延，殆遍全国，我今日必须竭全力与之争，大举以谋进取；不然，将无吾党立足之地。故拟在上海开设本部后，即派员到各省州县演说开会，占得一县，即有一县之势

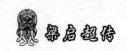

力，占得一府，即有一府之势力；不然者，我先荆天棘地矣。"

梁启超在写给康有为的信里，详实地介绍了"三日夜熟商"的内容。在谈及为什么要改组保皇会时，他说："保皇会之名太狭而窄，且内之为政府所嫉，外之为革命党所指目，难以扩充"。"我旧会除会长二人外，无一人能披挂上马者。谨限于草堂旧有之人才，虽则能保守，而万不能扩张，必败而已。"旧的保皇会组织已经不能适应新形势的需要了，但是发展了的新形势又为筹建新的组织创造了十分有利的条件。他接着说："我国之宜发生政党久矣，前此未有其机，及预备立宪之诏下，其机乃大动。弟子即欲设法倡之于内，……"。关于改变后的保皇会的名称，康有为提出应称之为"国民宪政会"，梁启超和熊希龄经过商量认为"谓宜用帝国宪政会之名"。

保皇会更名为帝国宪政会以后，"海外存此旧会而海内别设新会"。关于新旧二会的关系，梁启超如是说："新旧两会名分而实合，始分而终合。"海外的会名是帝国立宪会，国内的会名则拟定为宪政会。草议中的宪政会发起人是梁启超，而康有为则不出面，"惟暗中主持而已"。为方便新组织在国内的活动，梁启超虽然名誉上是发起人，然也不任职务，只用普通会员身份"就近代行会长事"。

他们计划在东京"行结党礼"。公开宣布成立之后，"即设本部于上海，以干事长主之"。在未来干事长的人选问题上，梁启超向康有为举荐了杨度，并且说："舍晳子殆无他人"。梁启超向康有为推荐杨度说："'其人国学极深，研究佛理，而近世政法之学，亦能确有心得，前为留学生会馆总干事，留学生有学识者莫不归之'、'依弟子所见，此人谭复生之流也'"。但他没想到，这个才子，并未能为其所用。

梁启超在给康有为的信里，说新筹建的政党会章还没有拟定，只是其纲领有：第一、尊崇皇室，扩张民权。第二、巩固国防，奖励民业。第三、要求善良之宪法，建设有责任之政府。为了让新成立的组织得到合法活动的地位，他们又把目光转向了清朝统治集团内部的达官贵族，准备推举醇亲王、军机大臣载沣为总裁，镇国公、度支大臣载泽作副总裁。载沣、载泽都是光绪皇帝的弟弟，立宪派幻想利用他们的支持突破专制统治的阻挠与破坏，这无疑是他们自己在为自己挖掘坟墓，不可能成为现实。从后来"皇族内阁"的出台，我们也可以看到这一点。他们附合立宪的目的只是为了使皇权永继，统治不断，触动封建统治根本利益的任何变革，他们都是坚决反对的。

梁启超还计划亲自到上海会见国内立宪派的重要人物张謇、郑孝胥、汤寿潜等人，作一个"透底说明"，尽力想把各省的立宪派力量结合起来，形成一个能对立宪运动起到重大影响的势力。梁启超的计划好像是得到了一些成效，因为在后来所记载的发起者中，除了杨度、徐应奎、徐勤、麦孟华、罗普和汤觉顿等外，还有张謇、郑孝胥等。尽管这个联合最终并没能实现，但却为他们以后的合作奠定了一定基础。

戊戌变法失败之后，维新派在国外成立的保皇会在一定程度上成为其筹集资金的重要来源。正是由于众多海外华侨的慷慨解囊，才使得维新派在国外的各项活动能够维持下去。可是即将组建的国内分会却从一开始就明确了自己的纲领，"专以办实事为主，不能借以筹款"，"专以实行监督政府，且赞助当道之改革为主"且"明标党纲，同此主义者乃进焉，否则屏绝"。

梁启超等人组党的一系列活动是资产阶级最早进行的组建政党活动，意义极大。光绪三十二年十二月，国内分会的建立一点头绪都还没有的时候，海外的保皇会正式宣布更名为帝国宪政会。

保皇会名称的变更标志着维新派以海外为根据地进行宣传活动阶段的结束。这以后，他们开始以极大的热情投入到国内立宪运动的具体斗争中去。

但是"宪政会"的招牌最终没有能够挂出来，其中原因恐怕与立宪党人的派系权力争夺有很大关系。1906年12月，张謇等人组建了"预备立宪公会"，赶在其他人前边把国内立宪派都集中到自己的旗帜下。1907年春夏之交，杨度又和康有为、梁启超之间发生对领导权的争夺，双方产生矛盾，发生冲突，致使梁启超非常气愤地说："某君欲以其所支配之一部分人为主体，而吾辈皆为客体而已。吾辈固非不能下人者，苟有一真能救国之党魁，则投集其旗下为一小卒，固所不辞，但某君果为适当之人物否，能以彼之故而碍党势之扩张否，则不可不熟审耳。"最后不得不分道扬镳。尽管如此，他们依然明争暗斗。为了与杨度的"着着进行"相对抗，康、梁决定"速设一机关"。梁启超、蒋智由、徐佛苏等人大致依照"宪政会"的方案，另外组建政闻社。

1907年10月7日，作为政闻社喉舌的《政论》杂志公开发行。在《政论》发刊号上，梁启超发表了由他执笔撰写的《政闻社宣言书》。在这篇洋洋洒洒长达几千字的宣言书中，他开宗明义地指出："今日之中国，殆哉岌岌乎。"怎样才能使如此之中国免于危亡？他以为主要在于"改造政府"。但是改造政府不能指望君主，只有靠国民自身承担起这个责任。而国民要有有效的机关组织，就必须要有团体。这就是政闻社所以成立的原因。接着，梁启超开门见山地提出该社的四条纲领：第一、实行国会制度，建设责任政府；第二、厘订法律，巩固司法权之独立；第三、确立地方自治，正中央地方之权限；第四、慎重外交，保持对等之权利。其核心内容是动员全国民众请愿立即召开国会，改选这腐朽的政府。

在宣言书最后，梁启超还郑重宣告："政闻社所执之方法，常以秩序的行动，

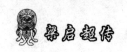

为正当之要求。其对于皇室，绝无干犯尊严之心；其对于国家，绝无扰紊治安之举。"

宣言书的公开发表，把政闻社的宗旨和方针堂而皇之地亮了出来。

在这篇宣言书中，梁启超将改造政府和实现立宪的责任归之于国民自身，很明显，这是梁启超的国民政治思想以及"求立宪"主张的充分显露。他所讲明的政闻社的活动方式，显然是"向主子表明心迹"，同时也是梁启超等立宪党人反对一切破坏、反对一切暴力的一贯政治主张的反映，是他们政治理想以及心声的表现，还可以说是梁启超等人在没有完全搞清清政府预备立宪的情况下，为防止其"厉禁"政闻社而采取的一种引人注意的姿态。这一点也可以从梁启超在宣言书中特别把立宪国家所允许的"集会结社之自由"作为护身符得到明证。此外，梁启超还检讨了自己过去"开明专制论"所抱有的"国民程度不足论"，公开提出要改造"恶政府"、成立责任内阁。这篇宣言书不但是政闻社的纲领性政治文件，同时也起着指导全国立宪运动的非凡作用。

10月17日这天上午，政闻社在东京神田区锦辉馆召开了成立大会。会议先由蒋智由报告该社成立的宗旨和经过；然后由徐佛苏对本社的组织机构作了介绍：社长一人，暂缺；总务员一人，常务员二人，总管社内事务；其下设置庶务、书记、会计、编纂、调查、交际六科。然后由发起人推荐马良为总务员，推选出徐佛苏、麦孟华为常务员。

当天下午，政闻社继续开会，出席者近二千人。梁启超也特地从横滨赶来，在会上他发表了题为《政治上之监督机关》的演讲。他认为，中国今天要想救亡图存，就必须改革政治，建立一个强有力的监督机构。这个机构必须"由选举而成立，非由任命而成立；必当使其权力之渊源在人民，而不在君主。"如果建立了这样一个监督机构，一切问题都能够迎刃而解。

就在梁启超口若悬河，慷慨陈词之际，特意参加这次大会的一些革命党人却听得厌烦了。随着一句高声怒骂，革命党人随即跳上台去，和政闻社员展开一场非同一般的武斗，事实上经革命党人这么一搅和，把这次大会给搅乱了。对于这场激烈冲突，两派都作了侧重点与感情色彩不相同的记述。章太炎在《民报》上发表的《记政闻社社员大会破坏状》中如是写道：

　　阳历10月17日，政闻社员大会于锦辉馆，谋立宪也。社以蒋智由为魁，而拥护梁启超。……革命党员张继、金刚、陶成章等亦往视之。……启超说国会议院等事，且曰：'今朝廷下诏刻期立宪，诸君子亦欢喜踊跃。'语未卒，张继以日本语厉声叱之曰：'马鹿'。起立，又呼曰：

'打'。四百余人奔而前，启超跳，自曲楼旋转而坠，或以草履掷之，中颊。张继驰诣坛上，政闻社员持机格之，金刚自后搋其肩，格者僵，继得上，众拊掌欢呼，声殷天地。政闻社员去赤带徽章以自明，稍稍引去。

政闻社在成立以后，马上派社员回国，分赴各地联络仁人志士，进行国会请愿活动。1908 年，政闻社把本部迁到上海，更直接地参与请愿活动。国内的国会请愿活动是国内立宪派杨度等人在 1907 年倡议发起的，政闻社参加后，声势更加壮大。1908 年初，政闻社和国内两大立宪组织：预备立宪公会、宪政讲习所共同成立了"国会期成会"，宣布其宗旨是要求立即召开国会。立宪派各团体的联合大大推动了运动的向前发展。

到 1908 年夏天，已有十多个省先后派代表携带由本省绅士签名的请愿书来到北京。有些省签名的人数多达上万人，据说山西有两万人签名。有些省虽然没有派代表赴京，但也在本省进行了大规模的签名请愿活动。到 8 月，各省请愿代表云集北京，就连京师、八旗也派出代表相继上书。政闻社成员还积极联络朝廷大员及地方官员，争取到他们中一些人对请愿活动的支持。当山西省代表到达京城时，在京山西籍官员竟整装前往正阳门迎接，声势十分浩大，震动京师。还有一些官员上书支持请愿活动。在请愿运动高涨时，政闻社以该社全体社员名义致电清政府的"宪政编查馆"，明确提出在三年内召开国会的主张。

在国内外立宪运动持续高涨的形势下，清廷也不得不在预备立宪以后，再做些表面花样。7 月，清政府下诏把考察政治馆改为宪政编查馆。8 月，慈禧太后又下谕设立资政院，"以立议院基础"派溥伦、孙家鼐为资政院总裁。到 9 月，清廷又下令，命各省督抚均需在省会筹设咨议局，并筹备各府县议事会。这些变化好像使梁启超和立宪派看到了一丝希望，他们更加全身心地投入到立宪运动中去。

要想在国内进行公开的政治活动，首先要把戊戌政变后颁布的党禁取消。梁启超派人回国同清廷贵族、官僚进行广泛联络，希望通过他们运动、影响清廷取消党禁。这年十一月，清廷资政院总裁博伦前往日本。梁启超以政闻社社员的各义联名向这位贝子大人上了一份"说帖"，由总务员马良、徐应奎等代表政闻社全体成员在横滨呈递给他。在这封长及三十页的《上资政院总裁论资政院权限说帖》中，梁启超企图说服溥伦允许"以国会之组织寓诸资政院"，把这个明年才能设立的咨议机构，偷天换日，使其摇身一变成为资产阶级立宪制度下的决策机构。清政府在颁布"预备仿行宪政"以后，并不真心想推进立宪进程，但是面对日益高涨的立宪运动，不得不用拖延"预备"来对付立宪派请开国会，建立责任政府的主张。梁启超设想倘若能赋予资政院以国会的权力，那么，这样一来，"明年即已见国会之成立，岂非更快之举。"二来又可避免政府"狙公饲狙，朝三暮四"，拖延国会的设立时间。他设想此法倘若行得通，地方议会的建立也可以通过扩大省咨议局权力的办法来达到目的。

梁启超把这称之为"暗度陈仓之计"。他在给长福、麦孟华的信中如是说："弟之此文，自觉得意已极，巧言如簧，易于动听，又多为烘云托月之法，使易堕我玄中，苟联多人上之，可望其能有影响，以视凭空要求国会以为名高者，不犹愈乎。"谁料想公开请愿也好，暗度陈仓也好，清政府的预备立宪自始至终不愿向前挪动半步。梁启超的《上资政院总裁论资政院权限说帖》，也如石沉大海，一去不复返了。

同年底，梁启超与熊希龄等忙忙碌碌地准备把政闻社本部迁往国内。腊月底，他赋诗一首：

> 泪眼看云又一年，倚楼何事不凄然。
> 独无兄弟将谁怼，长负君亲只自怜。
> 天远一身成老大，酒醒满目是山川。
> 伤离念远何时已，捧土区区塞逝川。

光绪三十四年，正月，政闻社本部从日本东京迁移到上海，日常事务由总务员马良、常务员徐应奎等负责。二月，政闻社在上海举行招待会，宴请上海各方人士，汇报政闻社的宗旨和成立过程。本部迁到上海后，政闻社社务日见壮大，与国内各立宪团体的联络日益密切；在清廷王公大臣中也有了很大发展；南北各省中都有政闻社组织的扩张，成为国内立宪运动的中坚力量和实际上的领导者。

当时在国内活动的政闻社骨干，有马良、徐应奎、麦孟华，除此之外，还有雷奋、范治焕、侯延爽、黄可权、邓孝可、熊崇煦等。留在日本主持东京社务工作的有罗普、陈介、向瑞琨、张嘉森、彭渊恂、陈高第、陈官桃等。

政闻社是中国近代史上较早出现的具有政党性质的资产阶级政治团体。

就在政闻社生机勃勃地活跃在国内政治舞台上的时候，厄运来临了。7月25日，清廷下令把政闻社社员、法部主事陈景仁革职查办，交地方官严加管制约束。之所以如此，是因为陈景仁曾经电奏清政府，"请定三年内开国会，革于式枚谢天下"。于式枚是清政府考察宪政大臣、吏部侍郎，曾上书痛斥欧美各国立宪，反对召开国会。这当然立刻引起立宪党人的极大愤怒。但清廷认为，"于式枚为卿贰大员"，"岂该主事等所得擅行请革"？而且立宪的预备期限，"朝廷自须详慎斟酌，权衡至当"，"该主事等何得臆度率请？"只能给以颜色，"以示薄惩"。

陈景仁是政闻社中一位并不十分重要的成员，他的上奏也纯属个人自发的行为，清政府抓紧这个小小题目大作文章，显然系借题发挥，杀鸡儆猴，向政闻社敲一下警钟。果然，在8月13日，清廷便下命令查封政闻社，所用罪名是"内多悖逆要犯，广敛资财，纠结党类，托名研究时务，阴图煽乱，扰害治安"。令全国各地"严密查访，认真禁止。遇有此项社伙，即行严拿惩办，勿稍疏纵，致酿巨患。"

政闻社成立后不到一年时间便很快夭折了，其主要原因就在于立宪派的极度活跃引起了统治者的强烈不安，反映出立宪派对宪政运动的满腔热情和清政府对预备立宪的缺少诚意是一对无法调和的矛盾。而清政府这时单单在众多立宪团体中"相中"政闻社，这也就说明康、梁和封建顽固派在戊戌变法中结下的宿怨非但没有解决，而且随着梁启超在海外对清廷的讽骂批判而逐渐升级。除此之外，还有两点原因也是值得注意的。

第一个原因是，康、梁等人和袁世凯之间的矛盾。大家知道，戊戌变法的失败导致康、梁一派和袁世凯之间结下仇怨。在此后的数年里，袁世凯坚持戊戌政变时的立场，使康、梁认识到，"彼等当国，断无开禁之理"。要实现自己的政治抱负，不能不"以倒劻为先"。因此，当政闻社迁到国内之后，便开始了倒袁活动。他们策划联系受袁世凯和奕劻等排挤的肃亲王善耆，通过善耆游说载沣、载泽、世续、铁良等王公贵族，联合起来反对袁世凯。利用满族权贵对袁世凯的警惕心，用挑拨离间计和"布谣于内监"的策略，进一步加深慈禧对袁世凯的猜疑。康有为还"私电某当道，请劾奕劻植党揽权"，想要除去袁世凯在满族王公中的靠山。对于这些，袁世凯早就有所察觉，自然要进行反击。于是，他一方面面奏慈禧，声称政闻社实际上是康、梁等发起，另一方面"力促张之洞奏请清后举发康、梁乱政秘谋"。如此一来，本来"见陈电初不甚怒"的慈禧终于大发雷霆，便借要警告各省请愿代表的时机把政闻社取缔了。

另一个原因是康有为鼓动的海外侨民联名请愿引起清政府的恼恨。与政闻社在国内鼓动国会请愿相配合，1908年夏天，康有为曾经以"海外亚美欧非澳五洲200埠中华宪政会侨民公上请愿书"的名义，上书请愿，提出了较国内立宪派更加广泛的要求，比如"立开国会以实行立宪"，"尽裁阉宦"，"尽除满汉之名籍而定名曰中华"，"营新都于江南"，"裁去元、明督抚之制"等。这件事立刻引起清政府的恼怒。惩办远在海外的康有为当然不现实，而取缔国内的政闻社却易如反掌。《申报》曾经记载：清廷大臣以为，"中华帝国宪政会远在海外，难于解

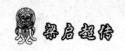

散，惟沿海各省分设政闻社与梁启超有关系"，于是下令"先查政闻社为下手之地"。

二、国会请愿

虽然政闻社被取缔了，但梁启超并没有因此而沮丧消沉。他韬光养晦，审时度势，以极大的热情继续关注和遥控着国内运动的进一步发展。运动的发展表明，梁启超俨然已经成为这一运动不可替代的人物。他一面仍用言论动员号召，创造条件再次请愿；另一方面他和国内各省立宪派人士建立广泛联络，重点是争取谘议局议员，取得更大的成绩。

清政府查禁政闻社以后，为应付立宪派的立宪要求，缓解国内外舆论的压力，也只好作出一些样子。6月底，资政院起草院章，公布谘议局议员选举章程。7月，又宣布了召开国会办法，制定立宪准备议案。8月1日，宪政编查馆资政王大臣奕劻、溥伦等又进呈宪法大纲和议院选举纲要，以及议院未开以前逐年应进行明确筹备事宜，并提出以九年为立宪之期。在公布的《钦定宪法大纲》里，关于"君上大权"就在全部二十三条中占据了十四条，明确规定皇帝有颁行法律、黜陟百司、设官制禄、宣战议和、解散议院、统帅陆海两军、总揽司法权等无上的权力。清政府的立宪实质上和封建的专制统治没有什么两样。因此，《宪法大纲》一出台，立刻招致全国上下一片反对声。梁启超对清政府的立宪骗局非常气愤，痛责这是"涂饰耳目，敷衍门面"，实是自欺欺人之举。清政府的九年立宪时间，非但没有缓和立宪党人的立即召开国会的要求，反而激发了立宪运动的又一次高涨。

1909年，各省按其规定如期进行谘议局选举。因为梁启超的不断鼓动和宣传，"不出代议士，不纳租税"的思想，在清末士绅中已不陌生。富有者争取议员席位，意在监督政府不得滥课捐税，以维护其财产的权益。各省谘议局议员绝大多数是立宪派。谘议局成立后，立宪派拥有了合法组织，他们标榜是民间的代表，是广大民众的代言人，想要以此身份，监督政府，实现宪政，遂与政府处于对等地位，谘议局实际上成为立宪派的政党相关。在这以前，清廷可以随时关闭民间任何一个立宪团体。谘议局成立后，立宪派借此聚集，公开活动，清廷不得出面干涉。1910年，资政院成立，又成为立宪派的护身符，立宪派成为一个独立的合法的政治势力，从此更加以公开合法的形式进行政治活动。

鉴于当时人们缺乏宪政知识——即便是议员也不例外，为此，梁启超陆续发表数篇文章：《中国国会制度私议》《宪政浅说》《谘议局权限职务十条》和《评资政院》，评估谘议局和资政院的意义，解释它的权限、作用，并对议会政治作有系统的介绍。

1909—1910 年，梁启超在上海主持创办《国风报》。他又委托好友徐佛苏在北京创办《国民公报》，与《国风报》遥相呼应。徐佛苏曾说，《国民公报》创办之始，先生"每三、四日平均寄文一篇，畅论国民应急谋政治革命之理由，言论精透，胜于《新民丛报》。"康、梁所主持的《国民公报》成为立宪运动的大本营。报社作为各省谘议员及请愿团体的活动场所，报纸成为立宪运动的喉舌。

梁启超通过发表政论，既宣扬了立宪思想，又树立了自己的威信，借此与国内立宪人士沟通思想，建立了密切关系。徐佛苏曾如是说："梁先生自就立宪政治发表数文之后，各省优秀人士，群谋与先生订交论政，信仰倍增于平昔。先生尤乐对人平等博爱，往返通简无虚日。新交渐多，先生并常募款补助报业。在此庚戌、辛亥年余之间，系先生与国内人士通函论政最多之时，亦即先生于戊戌变法后，最为欣慰之时，亦即余爱戴先生最笃之时。"梁启超在报刊上时常揭发清廷敷衍百姓、欺骗百姓的阴谋，抨击他们的恶政，对立宪运动起到不可替代的作用。

梁启超除去用书函与国内互通声气外，还派人在国内到处活动。他在国内的首席代表是徐佛苏。徐佛苏原来是政闻社的骨干，与上海立宪派人士有密切交往。自谘议局成立后，就竭尽全力和各省谘议局议员联络。徐佛苏经常得梁启超暗中指导，行动颇为得力，在国内立宪派中声望大噪。他曾回忆说："当时梁先生常寄函上海，嘱余注意联络资政院、谘议局之各议员，使其一面努力建议发言，一面运动缩短立宪年限。余遵先生之计议，当时向京外素有交谊之议员，条议促进宪政之函牍，日夕发邮，不下数十百通。各省议员对于鄙议，辗转传观，至为信仰，并有多友力劝余赴京主持言论，齐一同志之思想步骤，余即于清宣统元年冬间赴京，启发朝野，共谋立宪救亡。梁先生闻余北上，欣慰无极，指导余进行之手札，约计三日必有一通。"

1909 年，徐佛苏来到北京，与各省谘议局议员商议，联合全国谘议局及各界民众，上书清廷要求其马上召开国会。此时立宪派因有谘议局为阵地，势力大涨，各地还纷纷成立具有民间性质的立宪团体。立宪派创办的报刊也不断涌现，国内掀起高潮不断的国会请愿运动。

1909 年 12 月，十六省谘议局代表在上海集结，准备组织赴京请愿代表团。1910 年 1 月，由直隶议员孙洪伊带领的三十三人代表团抵京。孙洪伊是国内立

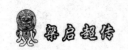

宪派激进人士。梁启超与孙洪伊的关系较为亲密，与温和派张謇的关系较疏远。徐佛苏一直参与此次活动，与孙洪伊保持密切关系。孙洪伊等向都察院递交请速开国会的请愿书，但清廷竟然拒绝了代表们的请求。后来梁启超写信给徐佛苏及孙洪伊等人，认为这次请愿太温和，不但没能引起朝廷重视，而且愧对国民及各省代表，也没有颜面面对激烈党人。梁启超鼓励他们："今后仍当作第二次、第三次之激进请愿，不达到即开国会之目的不止。"徐佛苏说："余等闻先生之主张，至愧至悚，孙洪伊先生更有血忱义愤，百折不挠，乃复领袖法团继续请愿。"

在首次请愿团成立的同时，徐佛苏、孙洪伊还组成了立宪团体宪友会，总部设在北京，于全国各地设立分会，分会会长由各省谘议局议长来担任，梁启超在背后操作该会事务。宪友会积极组织和发动了第二次请愿活动。1910 年初，立宪派成立"请愿即开国会同志会"，分别电告各省各界人士，发起第二次请愿运动。1910 年 6 月，请愿代表一百五十多人，携带有三十万人签字的请愿书再次上书请愿。这次请愿活动除谘议局联合会外，民间团体如教育会、商会及政治团体、地方绅士、海外华侨都选派代表参加。请愿书强烈反对清廷九年预备的计划，要求迅速召开国会。清廷再次拒绝了代表们的请求。

第二次请开失败之后，梁启超撰文再次激烈抨击清廷，大力陈述请愿的正当理由，把立宪说成是国家生死存亡的大事。他指出国民之所以再三请愿，就是由于政府太腐败，如果现在政治制度不改变，不到三年，国家一定会大乱，甚至于亡国。

1910 年 8 月，第三次请愿活动又掀起，到 10 月份达到高潮。10 月 3 日，资政院正式召开会议，7 日和 9 日两天，孙洪伊率领请愿国会代表团把请愿书分别递呈监国府和资政院。10 月 22 日，资政院全体通过速开国会案，立宪派议员激动地高呼："中国万岁！国民万岁！立宪政体万岁！"欢呼声、鼓掌声长久不息。此次请愿声势浩大，天津、河南、四川、福建等地都举行了二千至四千人不等的群众大会，要求督抚代奏请愿书。河南绅民还宣称，如果请愿失败，将采取学生罢课、商人罢市、工人罢工等一系列行动，不达目的绝不罢休。在民众的压力下，各省督抚纷纷致电提议立即召开国会。据统计，参与此次行动的督抚多达百分之七十四。第三次请愿，上有行政官员、资政院、谘议局议员帮助，下有社会各界人士及普通民众参加，规模空前，震动全国。清廷在各方面压力下，不得不宣布减少预备年限为六年，即于宣统五年召开国会，但同时又下令各省代表立刻离开北京，回到地方去，严重警告今后不准再有此类"扰害治安"的活动发生，妄图以暂时的让步彻底封杀民众的正义活动。

清政府的让步一方面是迫于请愿运动的巨大压力，另一方面也受到资政院议员对抗政府活动的影响。梁启超立宪活动的目标之一是国会,目标之二是责任内阁。他认为国会最直接的作用是监督政府。但政府之是否接受监督,又决定于一个对国会负责的责任内阁。在预备立宪案中,有九年后召集国会的规定,但对责任内阁则一字没有提及。清廷或许以为传统的内阁就是议会政治所说的责任内阁。梁启超对九年预备期已经不满意,对误解责任内阁更难忍受,多次撰文驳斥。他指出内阁是对国会负责,而不是依附于君主一人,"有国会则有责任内阁,无国会则无责任内阁","责任内阁与国会相依为命"。

在梁启超理论的影响下,议员们对责任内阁的意义有了比较明确的认识。1910 年资政院开院以后,民选议员借口政府的种种不法,一致要求政府对之负责,议员们差不多全以责任内阁为议题,与清廷形成对立的局势。议员们纷纷抨击政府,弹劾军机大臣,要军机处对资政院负责。请愿和弹劾军机大臣的活动给清政府形成极大的压力,所以清廷在宣布缩短预备立宪期的同时,也宣布厘定内阁官制。

对于清廷的这些让步,立宪派有迥然不同的反映。以张謇为首的温和派以为请愿取得了很大胜利,江浙两省谘议局组织了大规模的庆典活动,张灯结彩,非常热闹。北京、四川等地也有众大欢庆活动。但激进派认为并没有达到从速召开国会的目的,尤其是当请愿代表听说清廷勒令他们离京的消息后,十分愤慨,他们决心誓死相争。梁启超在海外读到清廷颁发的关于宣统五年召开国会的上谕后,马上发表了《读十月初三日上谕感言》一文,指斥当局搪塞、敷衍民众的热血请愿。他批评道:"舍国会而先取内阁,国会既不愿即开,又不敢太缓开,则调停于明年与九年之间,而取五年。诚不知宣统五年可以召集国会者,宣统三年不能召集之故果安在。诚不知国会未开以前,所谓责任内阁者果何所附丽。"梁启超强烈要求清政府迅速召开国会,并且成立责任内阁。

民国初年梁启超曾回忆他那时的言论说:"犹记当举国请愿国会运动最烈之时,而政府犹日思延宕,以宣统八年、宣统五年等相搪塞。鄙人愤闷至极,则在报中大声疾呼,谓政治现象若仍此不变,则将来世界字典上决无复以'宣统五年'四字连属成一名词者",表现了他对清廷的绝望和恼怒。

光绪三十四年七月,由于政闻社被查禁,机关报《政论》也不得不停刊。政闻社解散后,梁启超曾一度关门潜心著述,稍稍有些疏远政治,但不久,由于新皇帝的登基,他又活动起来,并开始筹办一份新的报纸,用以作为指导立宪运动的舆论阵地。

宣统元年正月,《国风报》正式创办于上海。《国风报》为旬刊,每月出报三期,编辑兼发行者是何国桢。梁启超是总撰稿人。《国风报》是继《新民丛报》

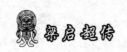

以后，在国内影响最大的刊物，同时也是立宪派最主要的舆论阵地。在 2 月 20 日出版的第一期《国风报》里，梁启超撰写了《叙例》一文，讲述《国风报》的体例以及宗旨。

《国风报》所包含内容总计十四个门类：谕旨、论说、时评、著译、调查、记事、法令、文牍、谈丛、文苑、小说、答问、图画、政学浅说等。"每十日一卷，卷八万言，年为三十五卷，三百余万言。"

在《叙例》当中，梁启超谈到创办《国风报》的宗旨，是为了运用"舆论"的力量，来推动立宪运动的向前发展。他如是说：只有实行立宪之政，才可以"远慰"光绪皇帝的"在天之灵"，"近纾"当今皇帝的"宵旰之忧"。实施君主立宪是"举国百僚士庶之责也"，全国上下都要迅速行动起来共同推进立宪运动的完成。

梁启超在《叙例》当中，对立宪政治作了尤为详细的说明。他说："夫立宪政治者，质言之则舆论政治而已。""盖地方自治诸机关以及谘议局、资政院、乃至将来完全独立之国会，凡其所讨论设施，无一非舆论之返照。"他说舆论之所以重于天下，并不是因其名为舆论而贵也，而是以"其健全之为可贵。健全之舆论，无论何种政体皆不可缺"。立宪政体更是需要健全的舆论。那么怎样才能把《国风报》办好，使之也造成如此健全的舆论呢？他进而提出了"五本"、"八德"的宗旨。"五本"针对舆论而言，"八德"则专对报馆而言。

"五本"：一曰常识，普通学识人人所必当知者也。二曰真诚，故虚伪之舆论，未有能存在者也。三曰直道，不侮鳏寡，不畏强御之精神。四曰公心，故必无辞于其所好恶，然后天下之真是非乃可见。五曰节制，导之以真理，勿拨之以感情，而故作偏至之论。他说："以上五者，实为健全舆论所不可缺之要素，故命之曰本。""五本"针对舆论而言，"八德"则专对报馆而言。

"八德"：一曰忠告。无论政府或国民，苟其举动有不轨于正道，不适于时势者，皆当竭吾才以规正之，而不可有所瞻徇容默，不可有所袒庇假借，而又非嬉笑怒骂之谓也。二曰向导。掖而进之，先觉之责也，所谓向导也。三曰浸润。浸润与煽动相反，其收效缓，但其所得却每为浸润之人始愿不及。四曰强聒。所贵乎立言者，反复以谏，再三以渎，若良师之诱童蒙，久之而熟于其耳。五曰见大。今之政俗，其殃国病民者，比比然也，故君子多其大者、远者，先后主从有别矣。六曰主一。择术至慎，持久至坚，一以贯之，彻于终始。七曰旁通。即别择种种资料，以广人们所知。八曰下逮。下逮者，即报馆所称道学识不可不加时流一等，不能流俗，而又不可太与之相远。吾超距而前，则彼将仆于后矣。

出于愤怒，梁启超不遗余力地攻击清政府，指出中国的衰弱完全是由"恶政府"造成的，"我国民不并力以图推翻此恶政府而改造一良政府，则无论建何政策立何法制，徒以益其敝而自取荼毒。诚能并力以推翻此恶政府而改造一良政府，则一切迎刃而解。"梁启超的言论再一次转为激进，并同情革命行动。他揭露清政府的种种恶行，使全国人民的心理趋向革命，他说，恶政府不顾民众利益，倒行逆施，"其不至驱全国人尽化为革命党焉而不止"。他还指出革命派中的一些志士仁人为推翻清政府而捐躯是为国献身，称赞他们是"爱国热诚磊落英多之士"。他号召全国各界、各派求同存异，互通声气，共同推翻清政府。梁启超的激进言论又一次引起康有为的不满。

三、保路运动

在立宪运动达到高潮之时，国内又发动了"保路运动"。1911 年 5 月，清政府收回已交归民办的川汉、粤汉铁路，随即又把铁路修筑权贩卖给英、法、德、美四国银行团，这一行为激起湘、鄂、川、粤等省人民的激烈反对，由此发展成为"保路运动"。领导保路运动的大多是立宪派士绅，他们以谘议局为主要阵地。保路运动事实上是立宪运动的继续。立宪派用争路权维护自己的经济利益，进而争取政治权利，他们把立宪主张灌输在保路运动当中，宣传爱国、民主、法制，主张"和平争路"、"文明争路"。

梁启超此时虽身在国外，但他的心始终积极参与保路运动，和保路运动保持密切联系。他曾在立宪派的报刊《时报》上及时揭露了清廷的卖国行为，引起国人警戒。"争回粤汉铁路一案，全赖《时报》之力，则系由任公向杨晢子度觅得全案电稿，一一加以按语，寄由《时报》发表，以促国人之注意，故卒能达其收回自办之目的也。"梁启超与保路运动的头面人物有密切来往，他们中的许多人都是梁启超的跟随者，梁启超为他们出谋划策，尽心尽力，支持他们的行动。

梁启超按照他一贯的作风，用舆论来推动保路运动向前发展。他接连发表《论政府违法借债之罪》《为川汉铁路事敬告全蜀父老》《收回干线铁路问题》等一系列文章。立宪派大多数是士绅商人，路权直接关连到他们的经济利益，所以他们用争路权来争取自身利益，梁启超则完全是为全民向政府争权利和利益，为国家和民族向外国帝国主义争权利和利益。梁启超揭露帝国主义侵略的新方式为"灭国新法"，也就是经济侵略，侵夺铁路权就是其中手段之一。他指出国权和路权密切相关、不可分离，号召国人力争路权，以捍卫民族独立。梁启超抨击政府

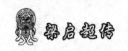

出卖国家利益，并尖锐指出铁路国有必会助长官僚贪污腐败，他说国有铁路政策无论在政治、财政和国计民生等方面都是弊大于利。

梁启超在文章中主要宣传立宪，强调法律程序和人民的权利。他指出即便这些政策是有益的，也必须通过法律程序，经人民表决同意，而不应由政府直接决定。梁启超还指出，任意一种权利的变更，直接蒙受经济损失的人不知有多少，间接蒙受损失的更不知有多少。"故国家慎之，凡规定一权利或变更一权利，必以法律。而法律也者，不能由执行机关漫然发布之而已，必经立法机关之决议然后成立。"梁启超说，现今国会虽然没有召开，资政院应起到决定法律的重要作用，政府不经资政院同意如果随意作出决定，是视法律于不顾，严重侵犯了民众的权利。

保路运动声势浩大，它和立宪运动一起，对清廷形成极大的威胁。

宣统二年和宣统三年，这两年是立宪运动发展的高潮阶段，以健全舆论自诩的梁启超在这段时间写出了大量论述有关国家财政和国计民生问题的文章。另外，梁启超在这时所著的大量政论文章中，也有许多涉猎此问题的论述。梁启超对财政经济理论方面的探讨和著文，不能简单认为是为了讨好清政府，希望能得到清政府的赏识和重用。梁启超撰写这些文章的目的与作用，应该是为宣传"立宪之政"，以及更有力地推进立宪运动的发展。

还在戊戌政变后流亡日本时，梁启超就已开始频繁地接触由欧美传播到日本的许多新知新学，比如哲学、社会学和经济学等。哲学当时称为智学，社会学称为群学，而经济学被称作理财学或政治资生学。在当时的中国，对于这些"政治资生等本原之学，几无一书"，因此梁启超广泛搜求并大量阅读。"脑质为之改易，思想言论与前者若出两人。"此后，梁启超大量的文章里，许多新思想的威力不断地显露出来，人们为之折服。但是，他对财政经济理论做详细系统的研究是在立宪运动兴起之后。特别是宣统二年前后，他先后写下三十多篇文章，涉及国家财政金融和国计民生的详细方面，其中的许多论述都展现出他的真知灼见，时至今日仍有着十分重要的意义。

清朝自鸦片战以后，社会经济快速地衰退下去，尤其是二十世纪初期，财政出现了严重的危机。巨额庚子赔款，日益增多的外债，庞大的军政支出，统治阶级的极度穷奢极欲，贪污腐化，再加之币制的极大混乱，都使得国家财政危机日重一日。清政府的财政危机不仅动摇了其统治基础，而且也极大地阻碍了中国资本主义的向前发展。立宪运动中，对有关财政经济和国计民生诸问题的探讨，反映了资产阶级立宪派不但要在政治上实现君主立宪制度，而且在经济上也要按照资本主义的方式进行改造。

这时期，梁启超财政经济理论的研究主要集中在币制、外债和设计财政方案等诸多方面。梁启超关于财政经济理论的探讨首先是从币制开始的，这主要是因为币制混乱问题已经成为当时的首要问题，成为引起社会动荡，妨碍经济向前发展的重要因素。

义和团运动失败之后，帝国主义列强对中国的侵略，致使中国的财政金融落入外国人之手。二十世纪初，列强在中国开设了二十一家银行和一百零一个分行，利用特权在中国滥发纸币，导致形形色色的外国钞票充斥中国城乡市场。与此同时，外国货币也大量倾入中国，泛滥成灾。清政府虽然早就开始开厂铸币，但外国银行的纸币和外国货币仍然侵占了中国金融市场。币制的极端混乱，使政府的财政收入受到严重影响；刚刚发展起来的民族资产阶级所开办的工矿企业不得不仰仗外国人，否则就会受到多重的阻力而使发展非常困难。梁启超撰写了十几篇文章来探讨币制改革问题，他在《格里森货币原则说略》中详细地介绍了西方资产阶级的货币理论。他于《论币制颁定之迅速系国家存亡》里论述了币制混乱和政治混乱之间的密切关系，认为币制的混乱是造成政治混乱的根由。他在《币制条议》中对改革币制提出了设想和主张。

在梁启超的财政理论研究中，他尤其关注清政府的外债问题。清政府自从光绪十二年借外债开始到光绪三十三年，总计外债额高达一万五千八百多万镑，其中《辛丑和约》后所借的政治经济款项就高达一万零二百多万镑，辛亥革命前，外债又骤增至二亿之多。梁启超在《外债平议》等一系列的文章中指明，清政府如今是靠外债过日，这无异于饮鸩止渴、剜肉饲虎、火上浇油、抱薪救火。"木槿之棠，不可终朝；石火之光，只能俄顷。"梁启超认为借取外债，利用外资，有健全的方法和非健全的方法。他列举资本主义各国引进外资加快本国工商业发展的事实，提出应该有计划、有目的地举借外债。"借外债，则可以苏资本涸竭之病，此实现今号称识时务之俊杰所最休道也"，可以加快资本主义在中国的发展；把所引入的外资投放到与国计民生密切相关的企事业上，利用在国内发放公债的方法，变外债为内债、以内债所得的利息偿还外债，民赋不增加而国用足矣。他指出：这种健全之外债的使用，"大抵在政治修明，教育发达之国，其于国民生计上一切直接间接之机关略已具备，国民企业能力略已充实，其所缺者仅在资本一端，于此而灌溉以外债，常能以收奇效，而不然者，则外债惟益其害，不睹其利也"。他警示说：如果外债，"徒以供少数人之消费，而直接间接以酿成一国奢侈之风"，只能使国家更加陷于贫困之地。

由此，梁启超得出结论，如果想"健全"地使用外债，首要条件就是要建立起立宪政体，要建立责任内阁。如此这般，才能充分利用外债为国民服务。随后，他从经济的角度论证了要发展民族资本主义就必须要变封建专制为资产阶级的立宪政体的理论。梁启超十分重视外债和国债问题的研究，两年时间里他写了许多关于这方面的文章。梁启超的外债研究虽然还带有时代局限性，但对我们今天的经济活动无疑具有积极的意义。

在财政方面，梁启超提出"开源"和"节流"两个主张。他主张通过改革税收征收方法、发行国内公债、改革币制等一系列措施来广开财路；通过节省费用等措施来减少财政上的赤字，解决入不敷出的局面。总之，这一时期，梁启超在财政经济理论方面的探索可算是"用力极深"。他编写了一部百余万字的《财政原论》，后来"撷其要节，先刊布之"，这是梁启超在此时期财政经济思想的总结性著作。

对于这场历时几年，规模浩大的政治运动，史学界以往的评价不高。有些人认为立宪运动没有什么积极意义，立宪派是保守的，他们惧怕群众反抗，仇视革命，并认为请愿是请求君主的恩赐等等。如今人们能够公正地评价立宪运动，给予其正确的评价和地位。

如此连绵不断，又有全国各阶层广泛参与的政治运动在中国是空前的，它是全国民众的爱国运动，也是中国历史上前所未见的有理性、有组织地探索民主的运动。

立宪运动和维新运动、五四运动一样，是由知识分子发起和领导的爱国运动。梁启超曾明确指出："我国民主张速开国会之理由，图治尚其第二义，而救亡乃其第一义。"请愿民众和代表们的高度热情，特别是东北学生的壮烈之举充分体现了爱国的含义，与立宪运动相关联的保路运动更是以爱国、保护民族利益为目的。对于梁启超来说，爱国的意义更深入一层，立宪运动并非一般意义的救亡图存，而是要使国家民族达到长治久安。梁启超在《国风报叙例》中就指出，创办该报的目的是要造就一国健全的舆论，促进立宪政治，使国家得以长治久安，对外抵御外国侵略。

立宪运动是有理论、有组织、有目的、有理性的全民化政治运动。各阶层人士奋不顾身的请愿运动让中国政治发展的趋势发生了重大改变。民众要求民主、参与政权和监督政府，以争取合法的政治权利为目的的理性群众运动第一次代替了几千年来不断重演的起义、暴动这种盲目的暴力行为。正因为它具有合理性，所以才产生了重大的作用。清政府作出的让步尽管很有限，但毕竟打破了延续几千年的政治体制，这是全体民众不懈努力的结果。正如徐佛苏所言："此为吾国历史上以平民姓名呈请君主颁行大法之创举，亦即清廷发布明谕承认平民干涉朝政之创举也。"

　　立宪运动最大的成就之一就是谘议局、资政院的建立，这是议会政治在中国的第一次尝试。尽管它和西方的议会政治相差甚远，但毕竟迈出了宝贵的一步，起到了不可忽视的作用。至此以后，各阶层人士的政治参与意识明显加强。

　　立宪运动推进了集会结社自由，为民众政治运动提供了十分有利的条件。专制政体下民众没有集会结社自由，立宪政体下，集会结社自由是人民的基本权利之一。1908 年清政府颁布的《钦定宪法大纲》关于"臣民权利义务"中明确规定：臣民有言论、著作、出版及集会、结社自由。这是立宪派努力奋斗的结果，同时也是社会进步的体现。甲午战争以后，维新派组织了众多团体，守旧派诬称他们为"朋党"。政变以后，这些团体被解散，维新人士仍旧以结团体为要义。立宪运动中，大量团体涌现出来，对政治发生很大的影响。与此同时，由于民主政治推进的程序是选举，实施选举的组织是政党。立宪派一开始就对西方的选举和政党活动特意大力宣传，并试图组织具有政党意义的立宪团体，这对于政治、社会所产生的影响力是相当深远的。预备立宪的诏令颁布以后，各种民间政治团体大量出现。据不完全统计，当时公开性的结社，不少于六百余个。

　　立宪运动是中国宪政思想启蒙运动。社会各阶层在立宪派领袖，尤其是梁启超的大力宣传鼓动下和请愿的实践中极大增强了法制观念，人民对宪法、国会等以往陌生的西方政治机制有了初步认识。立宪运动也加强了官僚们的法制意识，比如在请开党禁的活动中，御史赵熙上奏说，立宪国家没有什么党禁，现在朝廷既经确定立宪政体，即革命党也在赦免之列，何况戊戌党人？这充分说明立宪运动对民主政治起到了极大的促进作用。

　　立宪运动在客观上促成了辛亥革命。请愿的屡次失败，使立宪派对清廷大失所望、极度不满，促使他们日益激进，并转向革命。梁启超猛烈攻击清政府腐败无能，败坏了清廷的威信和声誉，间接促进了革命的历史进程。革命爆发后，各省谘议局内立宪派的态度举足轻重，他们控制各省政局，革命形势差不多为之操纵，正如辛亥老人吴玉章在《辛亥革命》一书中所言，立宪派成了主人，革命派成了客人。因为武昌起义是武汉新军仓促举行的，一时找不到领头的人，只得推举立宪派出面统领全局。

　　即便有革命派领导，单纯的武装起义也未必能一定成功。孙中山先后领导了十次起义，其他例如光复会及一些民间秘密团体也多次发动起义，武昌起义爆发前的暴动不少于二十次，但都以失败而告终。只这次没有领袖的武昌起义却使革命取得成功，这其中重要的原因就是立宪派起了重要的作用。因为在当时只有立宪派有能力控制局面，立宪派不但有社会地位、有声望、有号召力，而且在当时正在进行的立宪运动中形成了整体组织，有着协调行动的能力和惯性。尤为重

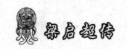

要的是，立宪派有谘议局这一有体系的政治组织。谘议局的诞生打破了中国几千年集权的一元化政治结构，形成了与政府对立的二元化政治组织，立宪派在革命前就曾充分利用谘议局来影响政局，引导社会，并在各省间建立起密切的联系。

武昌起义之后，立宪派充分利用谘议局作为战斗阵地，一边控制本省政局，一边和其他各省相互声援。在起义之后，湖北谘议局议长汤化龙督促黎元洪接受新军请求，出任都督，然后通电各省，痛数清廷腐败，呼吁各省独立，把革命形势迅速推展到全国。湖南谘议局议长谭延闿被推选为湖南都督后，一边安定地方，反对杀戮，一边支援湖北革命军，电告全国，号召各省独立。辛亥武昌起义，只一个月，全国就有十四省积极响应，宣布独立，这归结于各省谘议局所起的重大作用。

立宪派主张和平移交政权，避免了大流血事件的发生，对稳定当时政局，安定社会起到极积作用，因而减弱了暴力革命的破坏力，增强了理性的成分。徐佛苏曾这样说："辛亥革命之一举成功，无甚流血之惨祸者，实大半由于各省议员根据议政机关，始能号召大义，抵抗清廷也，又大半由于各省谘议局之间有互助合作之预备与其目标也。而各省议员之能决心合作，实大半由于议局之领袖曾受清廷驱逐请愿代表之耻辱，及经宪友会秘谋地方革命之激动也。而昔年设立各省谘议局，畀人民以议政之权力者，实大半由于梁先生能以精神及著作领导余等之奋斗也。此可知民国之成立，梁先生实有间接之大力。"梁启超执着追求的立宪运动虽被迫停止，但它的精神却贯穿于整个辛亥革命，并对此后的中国政治起到深远的影响。

四、政变流产

资产阶级立宪派所领导的三次请愿活动，尽管规模一次比一次宏大，声势一次比一次浩大，但都无法让清政府有所缓和，答应他们的条件，召开国会，建责任内阁。正相反，面对越来越高涨的请愿活动，清政府却采取高压措施，把东三省的请愿代表押解回乡，把天津学界请愿会的负责人发配新疆，并严令禁止京城内外各地再举行请愿活动。清政府的倒行逆施使立宪派大感不满，许多人由此思想再次激烈起来，"欲再倡革命"。梁启超的思想再一次开始激烈起来。宣统三年四月，清政府又耍弄假立宪的花招，裁员撤消军机处等机构，宣布了新的内阁官制。新内阁中的十三名国务大臣，汉族官僚仅占四人，蒙古旗人一人，满旗八人，而八名满族中，皇族又占了五人，形成了"皇族内阁"。"皇族内阁"出台后，清政府假立宪的招牌彻底被暴露了。梁启超在气愤之余，改变了自己以往和平请愿的主张，密谋策动武装政变。

梁启超的武装立宪计划早已有所酝酿，而且进行得非常缜密。早在光绪三十四年春天，梁启超就派遣汤睿去北京，活动于"倾向维新"的肃亲王善耆和良弼之间。宣统初年，梁启超等人由于立宪请愿运动和开放党禁的要求累次遭到当政的顽固派的压制，就设定了一个武装立宪的计划。在梁启超给徐勤的信里，我们可以清楚地看到这个计划的大体情况。梁启超说："两年以来，朝中与吾党共事者有军咨府大臣载涛与海军大臣载洵，而载涛与度支大臣载泽地位相当、明争暗斗愈演愈烈。去年的解禁之议，载涛、载洵争执不下十次，而梗之者载泽也"。载泽又暗中和庄亲王奕劻勾结，"使泽势大张。泽逼布私人，如张謇、郑孝胥之流，皆为之鹰犬，而外之复与袁结，务欲置涛于绝地。"梁启超利用他们之间的矛盾，和载涛密谋"以全力抚循禁卫军，使成为心腹，然后一举而廓清之""故数月以来，惟务多布吾党人禁卫军，而外之复抚第六镇之统制吴禄贞为我用，一切布置皆略备矣。""去年之款，全耗于此。""吾两月前致吾兄书，谓九、十月间将有非常可喜之事，盖即指此。兄屡函求吾明言，吾以议事机密，不欲道尔。"

1911年10月10日，辛亥革命的风浪迅速席卷了整个武昌城。

这次资产阶级革命党人利用清政府督办粤汉、川汉铁路大臣端方率领湖北新军前往四川镇压保路风潮，湖北防务极端空虚的机会，毅然发动了武装起义。经过一夜鏖战，革命党人攻占了总督衙门，占领了武昌城。次日，攻克汉阳；12日，又占领汉口，武汉三镇全部解放。

武昌起义迅速波及到全国各地，各省区纷纷举起了响应革命的旗帜。到1911年底，湖北、湖南、陕西、江西、山西、云南、安徽、江苏、上海、广东、四川等十七省相继宣布独立。同时，各地群众自发的反抗斗争也风起云涌。在中原地区，大批农民军占领了主要城镇，声势浩大；于西北地区，黄会、哥老会等组织农民一千多人进行了反清武装起义；东北地区，一支农民军自己建立了中华民国军政分府，立起民主共和的大旗；内蒙古地区，蒙汉各族人民在革命党人的带领下，也进行了多次暴动……就连地处京师附近的京津一带，也连续不断爆发出起义的枪声。波澜壮阔的反帝反封建的资产阶级民主革命的洪流，猛烈冲击着腐朽无能的清政府。这年年末，资产阶级革命民主派领袖孙中山从国外回来，被齐集在南京的十七省代表推举为临时大总统。同时，他们组建了临时政府，在1912年元旦向全世界宣告中华民国的成立。

辛亥革命的爆发，是近代民族矛盾和阶级矛盾激化及全国民主革命运动高涨的成果。它推翻了统治中国二百六十余年的清王朝，结束了二千多年的封建专制制度，把中国具有绝对权威的皇帝从神圣的宝座上拉下来，在中国成立了资产阶级共和国，沉重打击了帝国主义侵华势力，为民族资本的发展创造了较为有利的条件。同时，它也是一次伟大的思想解放运动，让民主自由之花在古老的中国大地上开放了。

武昌起义的枪声在宣告清政府的彻底灭亡的同时，也使立宪运动被迫停止。

历史好像是要有意刁难梁启超，在他一心向往共和的时候，命运却把他送到了美国，无情地敲醒了他的共和之梦；当他全力以赴为君主立宪奔走相告，并有望取得成功之时，革命却来临了。革命的爆发，不仅说明了他事业的失败，并且给他今后的政治前途安置了很大障碍。但革命既是他长期宣传民主、攻击"恶政府"的言论促成的，也是他多年来从事立宪运动的结果。这真可算"有心栽花花不开，无心插柳柳成荫"。

此时，梁启超面临着两难的选择。一方面是对革命后国家政体的态度：是继续奉行君主立宪，还是拥护革命党人主张共和。另一方面同谁合作：是革命派还是袁世凯。这两个重大选择关系到他今后的去留和政治前途。

武昌起义之后，梁启超依然坚持君主立宪制。他企图赶在清廷退位和国体确定之前，为实行君主立宪而采取激烈的行动，甚至不惜打破自己的政治原则而使用武力。梁启超计划发动与之有密切关系的清廷权贵载涛、善耆利用禁卫军发动宫廷政变，同时发动北方新军首领张绍曾、蓝天蔚、吴禄贞等举行兵变，内外夹击，推翻奕劻，拥立载涛为内阁总理，并召开国会，以资政院、谘议局议员为国会议员，凭此一举实现君主立宪，并统一全国，安定大局。此时此刻梁启超要孤注一掷了，因为他确实不愿坐视多年的梦想在转眼间消失。梁启超把此举动视为"中国存亡最后之一着"，并且说到，此事如果不成，"中国遂真从此已矣，吾侪亦无为偷活于人世矣"。

"滦州兵谏"是梁启超武装策划立宪的后果。韩锋曾在《武昌起义后在京党人的活动》一文中说，"滦州兵谏"是在梁启超的直接谋划下举行的，张绍曾等是"遵照任公的计划去做"的。"滦州兵谏"前后，梁启超与各方面书信、电传往来十分频繁，就在"兵谏"发生的那一天，他还给徐勤发过一个急电，授之方略："用北军倒政府，立开国会，挟以抚革党，国可救，否必亡"。他并且表示时机已经成熟，准备亲自回国"乘此而建奇功"。

梁启超在准备回国前，还派了潘若海先行归国联系驻扎在保定的北洋军第六镇统制吴禄贞。吴禄贞与革命派、立宪派关系都很密切，他约合滦州与独立的山西晋军组成"燕晋联军"，准备率部北上，进逼北京，企图武装迫使清政府立即召开国会，实行立宪。

梁启超除去策划北方的武装立宪外，还曾派人前往南方"运动各督抚暂倡自立，以杀革党之势，声称不接济北军军饷，如是则革党引以为友，无所用其煽动，而北京益危，自不得不俯从吾策，此则最近所分途布置也。"

滦州起义前，梁启超就分派党内人士到国内各地活动，"旬日中，各重要人已先后入北"，就连他自己"亦束装待发矣"。按照以往的计划，他准备利用禁卫军和第六镇新军武力掌控京师局面，驱逐奕劻和载泽，拥护载涛为内阁总理，杀掉盛宣怀以快天下人心，然后立刻开国会，"完全宪政从此成立"。为达到这一目的，他要求徐勤立即筹集数万元资金，以用来博取禁卫军及第六镇心腹军士之欢心。他如是说："今日筹款之艰，不问而知，苟不得已，则押数处会所，似亦当办"。对此事，他期望其必成，同时也做了最坏的打算，把家事托付给徐勤。他说："弟日内必行矣，弟气固甚壮，期于必成，然天下事安可逆睹，若其无成，而以身殉之，亦意中事。若万一有他变，则全家二十余口，尽以托诸吾兄。……顷此间最亲爱之人，皆已入京，若事成，则同建大业；不成，则同及于难，此皆意中事，无所容其忌讳也"。

正当梁启超准备回国之时，"滦州兵谏"霹雳一声响起。"滦州兵谏"的第二天，清政府不得已下罪己诏书，同时下令改组内阁，起草宪法，大赦党人。飞速发展的国内形势让梁启超决定马上回国，收拾局面，建立奇功，建立伟业。他在回国前三天给徐勤的信中谈及这次回国的使命、希望和整个方案：

> 电款已收。仆明日行矣。禁已解，此行掉臂而前，更无险象。前所布画，今收功将半（亦有不能行者。此次政治革命之成功，颇出意外也。惟拨乱反治之大业；终未能责诸旦夕，非躬赴前敌，难奏全功。幸资政院已握一国之实权，而议员大半皆同志，仆此行必当有所借手也。和袁、慰革、逼满、服汉，大方针不外此八字，望以告各同志）。

9月16日，梁启超从日本乘天草丸号轮船归国，19日，到达大连，乘船航行两天，消息不通，原准备"即乘车往奉，小住半月。先到滦州一宿，乃入京"，到达大连后，才知时局发生很大变化，没有办法继续实行了。得到梁启超归国到达大连的消息，国内立宪派和先期回国的同志都前来迎接。熊希龄派李彬先行赶到大连，汤觉顿和罗瘿公也从北京途经奉天来到大连。从他们口里，梁启超才得知在他漂泊海上的时候，9月16日，二十镇统制张绍曾已经被清廷解除了兵权，9月17日，第六镇统制吴禄贞也被袁世凯派人暗中杀害。吴禄贞的死和张绍曾

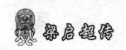

被解职虽然让梁启超大失所望，但他并没有因此而灰心，仍在 9 月 20 日，乘汽车匆忙抵达奉天郊外，暂住在日本租界内，准备随时入京。当时袁世凯"观望不进"，尚未入京，"新内阁未成立"，"亲贵互相斗"，北京呈现一片混乱局面。梁启超认为"无论如何险难，必入都"，"北军中可用者约一镇半，若能用之以维持京城秩序，则大局可定。"他甚至十分乐观地说："入都后若冢骨尚有人心，当与共戡大难，否则取而代之，取否惟我所欲耳。"

梁启超虽然感到形势变化之快，使得"在东时之理想及治途所策画，大半不能行"，但因为担心清廷内部发生不利于他们的变化，特别是害怕革命党人乘虚而入占领北京，仍想冒险进入北京。他去见日本关东都督，"请其电驻京日使，提议由使团设法维持京城治安"。由于"滦州兵谏"的要求和康有为、梁启超的主张较为一致，又听到张绍曾、蓝天蔚两人"确是可靠人"，梁启超于是决定"此行终以见张、蓝为主"，用张绍曾、蓝天蔚的力量恢复京城秩序，此后再"与外交团交涉，徐图进取"。他还和当时担任奉天督练公所总参议的蒋方震"见面数次，似有运动军队之接洽"。蒋方震对梁启超"终身敬之如师"，又和张绍曾、蓝天蔚等过往甚密。因此有人判断，梁启超有可能通过蒋方震沟通张绍曾、蓝天蔚二人，使之和康有为、梁启超合作，或是请蒋方震设法提供部分兵源，随同梁启超一起入京。由于之前有用北军倒政府不成即"募壮士数百为之"的想法，梁启超启程也有"或挟百数十军士往"的打算。梁启超正怀着一丝希望准备离开奉天，这时在北京活动的汤觉顿、罗惇曧匆忙赶来，报告说"蓝天蔚等将不利于梁"的坏消息，催促梁启超"即回日本"。原来，袁世凯在派人刺杀吴禄贞以后，便把张绍曾解职，并把滦州新军中其他倾向于革命的将领有的撤职，有的调离，解除了他们手里的兵权。11 月 14 日，蓝天蔚也接受了清政府官僚赵尔巽的免职，被迫前往江南进行所谓考察。到此，震撼一时的"滦州兵谏"宣布告败。这时，熊希龄在大连也继续不断发电报、打电话给梁启超，督促他赶紧离开，"半日不许逗留"。事已至此，梁启超只好取消入京计划，"黯然返棹东还"。

初返国土的行动仅仅十天就宣告失败了。

五、"虚君共和"

对共和的抉择已让梁启超非常为难，更令他尴尬的是，为了延长今后的政治生命，他不得不和昔日不共戴天的仇敌袁世凯握手言和。革命开始，国内的局势形成三足鼎立态势：革命派、前立宪派和袁世凯为首的实力派。革命派因革命成功并暂时握有政权而稍占优势，立宪派人士仍然为社会上一股强大政治势力。虽然辛亥革命的成功是立宪、革命两派共同努力的结果，但并非是真诚合作的结果，所以两派的敌对并没有因革命成功而烟消云散，反而日益加深。革命派自始至终和立宪派为敌，在革命胜利以后，尤其是趾高气扬，视立宪派为手下败将。梁启超深知，革命派掌权，绝不能在政权中为立宪派设置一席之地，尤其是他要继续推行君主立宪，更不能指望革命派，惟一可以依靠和利用的只有袁世凯。此时不但梁启超要依靠袁世凯，革命派也不得不向袁世凯妥协。因为只有袁世凯此时握有兵权，并且是中外各方所公认的惟一能统领大局的人物。同样是为救国的两派不能合作，而必须都求助于强权政治的代表袁世凯，而强权政治却又都是他们所反对的，尤其是梁启超最厌恶的，历史原本就是如此残酷无情！

袁世凯不但是强权政治的代表，而且是康、梁一派的死敌，他们之间有着不可调和的恩怨。戊戌政变据说是因为袁世凯的出卖造成的，立宪运动时清廷查禁政闻社，也是由于袁世凯的奏请。康、梁一派视袁世凯为仇敌，他们几次策动清廷中与他们接近的王公大臣倒袁。1908 年 11 月光绪皇帝和慈禧太后先后死去，康、梁更积极进行倒袁活动，袁世凯也想方设法中伤康梁。由于清廷对手握重兵的袁世凯颇有戒惧之心，袁世凯终被贬回老家"养疴"。袁离去后，梁启超致书肃亲王善耆，建议宣布袁世凯的罪状，以图彻底堵塞袁世凯恢复权力的道路。袁世凯对康、梁的仇恨更是不言而喻。

但是，政治中的恩怨有时敌不住政治的需要。开始，梁启超希望利用袁世凯实现君主立宪，共和后，又想借用袁世凯发展党势。在进行滦州兵变时，梁启超就提出"和袁、慰革、逼满、服汉"八字方针。之后，梁启超因武装行动计划的夭折，不得不把实现君主立宪的希望再次寄托在袁世凯身上。当时袁世凯已被穷途末路的清政府起用，出任内阁总理大臣。袁世凯为了与革命派讨价还价，公开宣扬君主立宪，由于袁世凯原先也是君主立宪的吹捧者，梁启超就信以为真了。

不但梁启超要依靠袁世凯，袁世凯同时也需要梁启超，他们是互为利用的。国内局势的骤变使这位久羁海外的游子成为人们瞩目的焦点。他毕竟是一位影响极大的人物，是一派政治力量的领袖，也是一位能左右舆论的人，他的去留肯定会对中国政局有很大影响。危在旦夕的清政府想用立宪来挽回政局，因此也要拉拢利用梁启超。武昌起义和"滦州兵变"提出的十二条要求迫使清政府于 1911 年 10 月 30 日下"罪己诏"，重新开放党禁，康、梁等维新人士和革命派都被赦免。11 月 3 日，又颁布《宪法信条》十九条，规定皇帝的权力以宪法为准绳，皇族不能担任内阁总理大臣等条款。

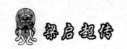

1911 年 11 月 16 日，袁世凯组建内阁，任命梁启超为法律副大臣。梁启超电信袁世凯，称病坚辞不就，同时提议举行国民大会来解决政治问题。袁世凯连续写信，督促他来京就职，并大力恭维梁启超"抱爱国之伟想，具觉世之苦心，每读所著文字，未尝不拊掌神往也"，希望他能北上"商定大计，同扶宗邦"。清政府也先后两次来电，恳请梁启超进京任职。第二次电文如此写道："该副大臣素具热诚，曾受先朝特达之知，际此时局艰危，讵忍意存诿卸！著传语副大臣赶速调治，病体稍痊，即速回国任事，毋再固辞。"

由于袁世凯的主动言和，梁启超于是派门人罗惇曧代为联系。在给罗的一封信中，梁启超表露了他对袁世凯的期望："鄙人既确信共和政体为万不可行于中国，始终抱定君主立宪宗旨；欲求此宗旨之实现，端赖项城，然则，鄙人不助项城，更复助谁？……吾自信，项城若能与我推心握手，天下事大有可为。"梁启超的设想是这样的：袁世凯坐镇于上，理财治兵，而他本人则用言论转移国民心理，使多数人从激进逐步趋于温和，最终达到君主立宪的目的。梁启超对这个计划充满信心，他说自己没有什么特长，但在观察国民心理，发言能抓住问题的关键所在，使人移情于不知不觉间等，这方面能力强于他人。至于他辞官的理由，梁启超如此解释：因革命派最恨的就是他和袁世凯，若他两人公开协作，势必引起革命派的极大反对，从而影响计划的实现，而且要鼓励国民由激进转向缓和，来实现君主立宪，必须与清廷断绝来往，国民才可能接纳他的意见。

梁启超此项计划又一次落空。他哪里能料到，袁世凯宣扬君主立宪是为了和革命派争夺权力制造出的花样。1911 年 12 月，南北双方开始议和。到 1912 年 1 月上旬，双方达成协议，革命派以孙中山让位作代价，由袁世凯逼清廷皇帝退位，实施共和，袁世凯任共和国大总统。梁启超得知这个消息后，再坚持先前的主张已没有丝毫意义，于是不得不表示支持共和。这就产生了他著名的《新中国建设问题》一文。

该文分上下两篇，上篇名曰"单一国体与联邦国体之问题"，下篇名曰"虚君共和政体与民主共和政体之问题"。在上篇的论述当中，梁启超简要阐明了反对联邦制、力主单一国体的理由，最后作出结论："要之，吾国今日所要求者，首在得一强固统一之中央政府"，因而，中国必然会实行单一国体，而联邦制总不能使人"释然"，是不能采纳的。下篇是梁启超论述的重点。在这篇文章中，梁启超首先提出："今后新中国所当采用共和政体，殆已成为多数之舆论"。但同样是共和政体，种类却天差地别。比如美国，是"人民公举大统领而大统领掌行政实权之共和政体"，再如法国，是"国会公举大统领而大统领无责任之共和政体"，除此之外，还有"虚戴君主之共和政体""人民选举终身大统领之共和政体""不置首长之共和政体""虚戴名誉长官之共和政体"等，不一而足。那么，上述六种共和政体有何利弊？中国将"何所适从"？对此梁启超进行了细致的剖析比较：

第一，人民选举终身大统领的共和政体，实际上是共和专制政体。其最终结果，一定会变成君主专制政体，即通常所说的"果复为因，因复生果，必酿第二次革命"，这是"最可厌恶"的。

第二，不置首长的共和政体，"此惟极小国若瑞士者，乃能行之而无弊"，像中国如此一个需要有"极强有力之中央政府"的大国，也是"不足采"的。

第三，像美国这样，人民公举大统领而大统领掌行政实权的共和政体，这也是中国国民"最艳羡"的，也是人们所熟知的。但是，这种政体"可谓诸种共和政体中之最拙劣者，只可以行诸联邦国，而万不能行诸单一国；惟美国人能运用之，而他国人决不能运用"。假如中国敢贸然"效之"，"非惟不能致治，而必致于酿乱"。

第四，像法国这样，国会公举大统领而大统领无责任的共和政体，这一制度优越于美制，因为选举大统领不需要全国来投票，纷争的范围较小，统领没有责任因而也就没有权力，人不乐争之，故纷扰的程度减小。但这一制度也有一大缺点，即政府更换频繁，政见屡屡摇动，这又是不足取的。

第五，像英国这样虚戴君主的共和政体，"虽未敢称为最良之政体，而就现行诸种政体比较之，则圆妙无出其右者"。这一政体"有一世袭君主称尊号于兆民之上，与专制君主国无异也；而政无大小自内阁出，内阁则必得国会多数信任于始成立者也；国会则由人民公举，代表国民总意也。其实际与美法等国之主权在民者，丝毫无异"。因此，君主既然没有任何权力，为什么还要设此"虚君"呢？他认为：最高统治者不需要经常竞选，"可以息内争而定民志"。

最后梁启超得出的结论是：这种"圆妙无出其右"的"虚君共和"政体与中国最相适应。

可以看出，梁启超这长篇大论的核心要旨，就是在纵谈世界和中国走势，详细比较分析了各种共和政体优劣、利弊、得失的过程当中，充分论证"虚君共和"体制的众多好处。他的显著用意是：贬低民主共和，宣扬"虚君共和"。然而所谓"虚君共和"，就其理论意义而言，虽然与民主共和无太大区别，但在梁启超这里却是君主立宪的同义词；"虚君共和"主张和先前的"政治革命"论从根本上说是没有本质区别的。

为了实现他的虚君共和这一主张，梁启超派许多人奔赴国内各地，与各方面联系。当时，蓝公武、罗惇曧到北京联络袁世凯，盛先觉到南方联络革命党人，张汉章和谭奎昌前往山东游说地方实力派，麦孟华则回到广东，游说龙济光和岑春煊。10月2日，罗惇曧在北京向袁世凯转达了梁启超虚君共和的意思。袁世凯不置可否，惟"额之而已"。当时，袁世凯和革命党人之间的"南北和议"才刚刚开始，梁启超通过梁士诒致电北方代表唐绍仪把虚君共和的主张"私向彼党密商"，结果也不了了之。盛先觉游说革命党的活动也非常不顺利。先是走访章太炎不遇，尔后走访宋教仁又不遇，几次拜访黄兴也未能见面，后来好不容易才见到章太炎，"略道虚君共和主义"，章太炎也只是"请俟三数日略行研究而后相答"。三天后，盛先觉再次前往章太炎处，竟"托词事繁不见，仅以书答"，而且"暧昧不能晓"。后来，盛先觉谈到这次南下游说革命党人之事说："要之革党万不能就虚君之策，较温和如章太炎者，所说犹然，况其余乎？黄兴专注北伐，似不可动，可动者其宋教仁乎？惜未能相见也。"

梁启超的虚君共和主张被革命派坚决反对，而袁世凯"额之而已"，也只是"借以敷衍时日，为其计画进行之地"罢了。直到12月初，梁启超和立宪党人才看清楚，袁世凯的欲望和野心早已越过内阁总理大臣，而向往着临时大总统的宝座。他正在以清朝皇位的去留为筹码，操纵南北和谈，和南方革命党人大搞政治交易。而在北方"虚君共和字样，京中久已消灭矣"。12月中旬南北和议达成后，袁世凯上演了一出精彩的逼宫戏，把统治中国二百六十多年的清王朝的末代皇帝逼下了皇位，窃取了中华民国临时大总统。梁启超等人鼓吹的"虚君共和"的主张彻底失败了。

第七章 民初风云

一、组建进步党

1913 年 2 月 24 日，梁启超正式加入了共和党。在当天他写给长女令娴的信中提及入党的原因以及当时的情形。他如是说：

> 吾顷为事势所迫，今日已正式加入共和党，以后真躬临前敌也。计议员以二百八十人为半数，吾党顷得二百五十人，民主党约三十人，统一党约五十一，其余则国民党也。三党提携已决，总算多数，惟吾断不欲组织第一次内阁，或推西林亦未定耳。

梁启超加入共和党，的确是为"事势所迫"。他这里所说的"事势"包含两方面的内容：第一，梁启超从回国以后就极力促使共和、民主、统一三党合并成一大势力，力求在国会选举中能够战胜国民党，但计划总是不能如愿。在国会选举时，共和党惨遭失败，国民党获得胜利，梁启超不得已挺身而出"躬临前敌"了。第二，国会选举以后，国民党势力大涨，迅速发展，也迫使梁启超不得不亲自出马重新组织力量，试图与其一决高下，争夺国会第一大党和组织责任内阁的职权。

以梁启超为首的共和党的成立，使国会内部出现了国民党和共和党的对峙局面。虽然共和党自称是国民党和袁氏集团之外的"中间派"，但其理论基础和现实基础都早已决定了其向袁世凯一方的倾斜和对袁专制主义的奉迎。这在处理宋教仁案和善后大借款的问题上就明显地反映出来。

宋教仁，字遁初，号渔父，湖南桃源人。是资产阶级革命团体华兴会的领导人之一。辛亥革命以后他出任南京临时政府法制局局长、国民党的理事、代理理事长，实际上全面主持国民党工作。他倾心于西方资产阶级的议会政治，坚持政党内阁制，反对总统制。在1912年冬举行的第一次国会选举中，为让国民党在国会中获得多数席位，他走遍了长江中下游各省，到处发表演说，抨击时事，吹捧政党内阁，号召国民党党员积极参加竞选。他甚至揭批袁世凯，指出他在不久的将来肯定会背叛民国。国民党在选举中获胜以后，他被选为参议员，这时的宋教仁忘乎所以，跃跃欲试，准备出面组阁。袁世凯得知宋教仁对自己的揭露，看到大选的结果，他既恼火，又深感事态的严重性。他绝不同意国民党通过责任内阁和他分享政权。于是，他一方面支持保守派政党的大联合，以便在国会中对抗国民党，另一方面使用流氓政治手段，在1913年3月20日，派刺客把宋教仁刺死于上海车站。

本来，梁启超将宋教仁视为中国近代第一流的政治家，认为"歼此良人，实贻国家以不可规复之损失"，痛斥"暗杀者如驯狐如鬼蜮，乘人不备而逞其凶，壮夫耻之"。同时也说道"善后大借款"合同丧失国家主权，是有史以来前所未闻的奇耻大辱。但是，既然要联合袁世凯，就不得不隐忍顺从，不得不采取偏袒袁世凯的态度。于是，在进步党进行的讨论时局的议员会议上，梁启超抛出三点主张：第一、拥袁世凯为正式大总统惟一候选人；第二、大借款不能反对，只可监督其用途；第三、宋教仁被杀案纯属法律问题，要依靠法律来解决。梁启超的建议在会议上被表决通过后，成为进步党人对时局的主张与看法。梁启超一向以财政和法律专家自居，对政治谋杀宋教仁案和不顾国会反对擅自批准大借款这种践踏约法尊严的横暴行径不可能不清楚，对全国各地高涨的抗议借款与追究宋案主谋交融在一起的巨大呼声也不可能充耳不闻，但他却闭口不谈，不表任何态度，甚至对袁世凯表示拥护。由此可以看出，为了达到联合袁世凯的目的，梁启超不惜充当袁世凯的政治工具。他对袁世凯的迎合，已到了不顾原则的地步。

以梁启超为首的进步党人对袁世凯的大力支持，还表现在对"二次革命"所抱的态度上。袁世凯获得大借款之后，准备发动内战消灭南方的革命力量。孙中山看清楚了袁世凯的真面目，力主武装讨伐袁世凯。此时的国民党，已严重脱离群众，派系斗争严重，意志涣散，早已失去同盟会时期的战斗精神。他们在讨袁问题上，各怀心事，存在重大分歧。当北洋军大举南下，逼近九江时，他们才起兵仓促应战，打响了讨伐袁世凯的"二次革命"。"二次革命"尽管缺乏广泛的群众基础，没有明确的革命纲领，并因为国际帝国主义对袁世凯的支持，而最终失败，但它是资产阶级革命党人反抗封建专制主义、维护资产阶级民主共和制度的一次努力，具有一定的进步意义。而进步党人却把革命派的武装反袁看作"衅实南起"，把责任推到革命派身上，支持袁世凯镇压"二次革命"。梁启超先后发表了《说幼稚》《革命相继之原理及其恶果》《共和党之地位与其态度》等文章和演说，对革命以及革命派大加斥责。他一边攻击国民党发动的"二次革命"是一种"破坏"行为，是"头脑简单、办事盲动"的幼稚行动；一边说革命之后必然不断革命，其最终结果只能是"生灵涂炭""国事日非"，惟一的良方是开明专制。很明显，梁启超为首的进步党人在"二次革命"中采取的态度，仍是为了联合袁世凯所作的讨好姿态，是为了建立一个"强有力政府"而作出的曲意奉迎袁世凯专制独裁的。

二、"人才"内阁

但进步党人对袁世凯的大力支持，并没有换来袁世凯的青睐，这在"二次革命"后的内阁改组中可以看得非常清楚。

经历一番风波之后，熊希龄内阁终于诞生了。进步党人把新内阁看作民初以来资产阶级议会政治所结出的第一颗硕果，他们踌躇满志，想要利用责任内阁，实现多年来经国治民的理想。在熊希龄内阁中，梁启超凭借他的声望和才干成为这个有第一流人才和第一流经验的内阁的灵魂。

10月初，梁启超以熊希龄的名义，为内阁起草了《政府大政方针宣言书》。这个宣言书在国会通过后公开发表，成为熊内阁的施政纲领。这个宣言书刊登在梁启超主办的《庸言报》上，在当时引起了轰动。

梁启超在文中谈及熊内阁与施政方针时，如是说：

> 凡为治者，必先慎察国家所处之地位，所遇之时势，乃就国民能力所及标准之以施政，然后其政策乃非托诸空言。今之言治者，动曰我国破坏之时告终，建设之时方始，斯固然也。熊希龄等今日不敢语于建设，但有竭其绵薄以立建设之基础，为愿已足。……希龄等以为今后一年间实中国生死存亡之关键，苟治具不张，则过此以往，吾国人决无复能力，无复机会，无复资格，以自行处理此国，而遑论平治，遑论富强。故今兹政策，殊未敢命之曰建设，但以救亡两已。

在此文中，梁启超指出熊内阁以救亡图存为大政方针，而不是建设。辛亥革命之后历史的发展让资产阶级逐渐意识到，资本主义制度的建设只靠一次革命是完全不够的，资本主义与封建势力，新与旧的较量和斗争是一个长期的历史过

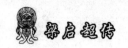

程。封建旧势力总是企图把历史的车轮拖回到老路上去。因此，革命一开始的任务就是救亡图存，是使资本主义制度能够确立，逐渐发展壮大，为将来的新建设奠定坚实的基础。这个认识与辛亥革命胜利之初，孙中山等资产阶级革命派所提的"今满洲政府已去，共和国体已成，民族、民权之二大纲已达目的，今后吾人之所急宜进行者，即民生主义是"，脱离政治，一心一意只想通过建设来实业救国相比，大大地前进了一步。

梁启超在为熊内阁所起草的这一施政纲领中，对外交、财政、军政、实业、交通、司法、教育及内政等诸多方面的方针政策都作了阐述。他这样说："欲确立中国在世界之地位，其枢机首在外交。……今后外交方针，惟当以两义为之纲领：一曰开诚布公以敦睦谊也。……二曰审时相机以结悬案也。"对于内政方针方面，他如是说："内治之本，其惟财政"，而整顿之道，则分治标、治本两方面，"治标之法，在于节约开支，增加税收，发行公债，量人为出。""治本之策，一曰改正税制，二曰整顿金融，三曰改良国库"。在军政方针方面，规定全国兵力裁减到五十个师，依照进步党的设想全国只设二十个师，因为陆军总长段祺瑞的坚持，这才"屈从段说"。新内阁的实业政策是"保守与开放"相结合的方针，也就是对外采取保护主义和开放主义相结合的方针；对内不采取垄断主义，不"与民争利"。在行政方面，要求整顿吏治，严格考试制度，军民分治，废省改道，实施县、城镇乡两级地方自治。对于司法和教育，梁启超认为"司法独立为第一件"要事"，他认为，整饬纪纲，整肃民俗是立国之大本，司法与教育，是最重要的枢机。

梁启超的这一纲领是共和党人实施改造政治，发展资本主义经济的纲领。这个纲领反映出他们渴望建立适应资本主义发展的政治秩序，巩固和扩大自己政治权力的愿望。纲领始终贯彻资产阶级的法治精神，主张建立法治国家，也就是实行完全责任内阁制，分清总统府与国务院的权限，通过制度让自己掌握的权力得到确认。司法独立是资产阶级三权分立的核心内容之一，对于瓦解封建体制起着重大作用。纲领强调：加强教育的目的在于培养国民的法治观念，培养实用人才。整顿吏治，实行考核制度，废省改道，军民分治和地方自治，则是他们企图改造腐败的官僚制度和削弱逐渐形成的军阀势力，集权于内阁的主要措施。很明显，纲领中这些政治规划的实施肯定会促使资产阶级共和制度的确立，他们自己也认为，只有如此，民国"方为一真正共和国"。

纲领在经济上提出了一整套发展资本主义经济，改善财政状况，繁荣经济的方针政策。这些方针政策的出台，目的在于解决资本主义发展所面临的财政、金融、税制不健全、无法可依以及极需扶助的项目等重大问题。通过整顿财政，改变无财亦无政的腐败局面，统一全国财政，增加国库收入；制止货币混乱、民间金融产业"倒闭频仍，信用坠地"的状况，逐步建立起适合于国内和国际贸易的资本主义金融体制。通过实业政策，一方面在保护本国工农业产品的前提下吸引外资，一方面则鼓励并奖励民族资本主义企业的发展，刺激经济的快速增长。通过制定工商法规，使各类企业在切实的保障制度之下，相互竞争，走上资本主义生产的正常轨道。

由梁启超所草拟的纲领来看，不能指斥其为"是一个典型的改良主义的纲领"，"纯然是改良主义的不切实际的幻想"。梁启超和熊内阁此时正在"作前人所未作，行后人所难行"。它的政策带有浓厚的资产阶级色彩。

但是，软弱的资产阶级又不愿意远离袁世凯，害怕同袁世凯的关系变坏，在组阁后有意识地改变同袁世凯的关系。但是熊内阁的纲领严重地触犯了袁氏集团的政治利益和经济利益，为袁世凯所不能容忍。进步党的幼稚和软弱又放纵了袁世凯破坏共和，帝制自为的野心。到最后熊内阁连同资产阶级争取到的责任内阁制一起被袁世凯所扼杀。

袁世凯当上正式大总统之后，国会此时对他已没有任何作用了，他肆意攻击国会是"暴民专制"，说什么国会的出现使政权不能集中。他废弃国会的头一步就是解散国民党，11月4日，袁世凯借口国民党议员与"二次革命"有牵连，遂下令解散国民党，取消国民党议员资格，国民党议员被驱逐者超过半数。国会不到开会的法定人数，13日起被迫休会，事实上国会已经被扼杀掉。梁启超、汤化龙、张謇连忙要求袁世凯以候补议员递补，企图挽救国会，但这于事无补。1914年1月10日，袁世凯竟然下令解散国会，随后又下令解散各省议会。国会不复存在了，政党政治就没有施展的舞台，事情发展至此，梁启超的政党政治理想初次宣告失败，这也是中国历史上第一次政党政治尝试的失败。

政党政治失败，最根本的原因是强权政治支配了中国政局。此外，两党自身的原因也非常重要。张朋园认为，国民党与进步党，一个激进，一个缓进，是两党政治的典型。倘若遵循政党政治的轨道，必然会有理想的发展势头。惟民主政治在中国本来没有经验，国民党与进步党不过是政党的幼芽而已，距离西方的政治水准甚远。更由于两党在历史渊源中也不和，他们相互指责，冲突不断，意气用事，对于民主政治缺乏必要经验和修养，以致鹬蚌相争，渔翁得利。

梁启超在后来也意识到自己在这方面的失误。1916年他在同一家报社记者谈话中如是说："盖数年来政局经数度之翻覆，我国人实领得一种最良而最切之教训。此教训维何？曰：凡政治之作用，当许容异种之势力同时并存，且使各得相当合法之发展机会，此不磨之原则也。若强违反此原则，一种势力伸张过度，

而使异己之势力感压迫而起恐慌，甚或滥用势力以图鏖灭异己之势力，则其结果必反动而招自灭。此种教训，当同盟会全盛时代一领得之，当袁世凯全盛时代再领得之。现在国中凡与政治有关系之人，皆饱受此种教训而悟得一原则，若能各方面常常提醒，制其血气之勇，则政治之进入轨道，当不难也。"

梁启超政党政治的失败注定了他贤人政治理想的落空，国务政治理想也化为泡影。他的悲剧在于他总是用理想中的政治原则来指挥现实，而他的政治理想与现实差距又太远。正像他本人曾说："吾亦尝欲借言论以造成一种人物，然所欲造成者，则吾理想中之政治人物也。"他还说，进入内阁后原想借此机会实现自己的远大理想，但却发现理想"大半与现在之情实相阂，稍入其中，而知吾之主张，在今日万难贯彻，而反乎此者，又恒觉于心有所未安"。

另外，人事纠纷对梁启超的拖累也很大。当时向官场要官的人很多，据他说："两月以来在西河沿一带旅馆运动官缺者七万余人。"梁启超说总统心目中已有人选，总理心目中也有人选，各自都想安插自己的人，更何况还有九个部长。一届政府上任，首先面对的就是任官，梁启超怎么能逃脱这场纠纷呢？他怎么也没想到自己满怀希望回归祖国后，东奔西跑，忙忙碌碌，结果却是一场空欢喜，除了洁身自好外，就是为他人作嫁衣，在政治上差不多一事无成，惟有在财政上略有改观，但也只是杯水车薪，于大局无补，这怎能不令他悲观失望。

第八章　坚持共和

一、政坛隐退

怀着极度悲痛和失望的心情梁启超离开了政坛。1915 年 1 月，他发表了《吾今后所以报国者》，宣告脱离政坛，他如是说："吾自今以往，除学问上或与二三朋辈结合讨论外，一切政治团体之关系，皆当中止……至其政治上之言论、行动，吾决不愿有所与闻，更不能负丝毫之连带责任"，言语中饱含辛酸。

梁启超辞职后在幽静的清华园里渡过了 1914 年，迎来了 1915 年的新年。面对袁世凯的种种叛国行径，回想自己以及进步党人与袁世凯的多年合作，回首往事，他感到非常失望。在 1915 年 1 月创刊的《大中华》杂志发刊词中，他说，全国各处都在复旧，"举国沉沉，悉含鬼气"，"今日之政治，与吾侪之理想的政治甚相远"。要想带着袁世凯走上民主政治轨道，实在是"痴心妄想"。再也不能和袁世凯继续合作下去了。

这时的梁启超，尽管感到"袁世凯的举动越看越不对了"，但仍不想公开反对袁世凯。他有着害怕反对袁世凯会助长革命兴起的心理，宁可保持现状。这种苦闷消极的态度，在他闲居清华园写作《欧洲战役史论》后所赋的一首诗中有所表露。诗中讲：

在昔吾居夷，希与尘客接。

箱根山一月，归装稿盈箧。

虽匪周世用，乃实与心惬。

如何归乎来，两载投牢笯。

愧悴每颡泚，畏讥动魂慑。

冗材惮享牺，遯想醒梦蝶。

193

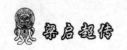

推理悟今吾，乘愿理夙业。

深切怀念往日的写作生涯，对两年来的弃笔从政与袁世凯合作的政治实践颇为懊悔，决心放弃政治从事学术，重理"旧业"。1915 年 1 月，他发表了《吾今后所以报国者》一文，第一次发表了从此以后不再过问政治的宣言。

梁启超称自己是理论家而不是政治实践家，因此决心脱离政治生活，从事文化教育，专心理论的研究工作以贡献于国民。这时，他不再鼓吹以前极力宣扬和坚持的"国权主义"主张和"开明专制"论，而是提出了"社会教育"救国的教育思想。他在《大中华》杂志发刊词中，认为"今日之政治"之所以令人失望，是由于"社会凡百现象皆凝滞窳败"。而社会之所以颓丧，又是因为"举国聪明才智之士，悉辏集于政治"，"既未尝从社会方面培养适于今世政务之人才，则政治历十年百年终无根本改良之望"。因而，救国的道路就在于积极从事社会事业。然后他又在另一篇文章中详细地指出，"政治基础在于社会"。实行"现代的政治"必须具备八项条件，主要是：拥有相当数量的"器量学识才能誉望皆优"的政治家和各种各样的专家；政治家"皆有相当之恒产"及"水平线以上之道德"；政治家应有足够的力量能够镇压或者纠正"特别势力"破坏法制的一切不正当行为；人民"既能为政治家之后援亦能使政治家严惮"。他以为，中国目前尚不具备以上这些条件，因而就没有良好的政治。想要具备这诸多条件，惟一的方法就是进行社会教育。他力劝人们不要去空谈什么政治，那样做有百害而无一益，而应当把全部的精力投入到进行社会教育工作，这是惟一的一条出路。所谓"现代政治"应具备的这些条件，实质上就是资产阶级只有具有足够的政治力量和经济力量，足以压制封建势力对资产阶级政治制度的一切破坏活动，资产阶级的政治制度才能够得以建立，建立之后也才能更加牢固。梁启超认为"政治基础"在于社会，多少反映了他的认识中含有一定的合理性和进步意义。但是，梁启超这种社会教育救国论却是全盘错误的。资本主义现代政治的确立和发展，不可能不与封建主义对抗和斗争，企图不对抗旧势力，不过问政治，完全依靠社会教育就能建立实行现代政治的诸多条件，无异于缘木求鱼。面对袁世凯的专制统治，梁启超一时间陷入了无可奈何的窘境之中。

为了兑现他脱离政治的宣言，自 1914 年冬天开始，梁启超躲开喧闹的官场，或者幽居于清华园，或者避地天津城，埋头于著述之中。这时，第一次世界大战的硝烟正在远离中国的欧洲战场上升起。梁启超每天阅读从欧洲传来的战报，挥笔疾书，不到一个月便写成了洋洋洒洒六万余字的《欧洲战役史论》。作为中国舆论界、知识界有影响的代表人物之一，他通过写作对正在进行的帝国主义战争进行了全面的评述。在书中，他简明扼要地介绍了战争双方各国的政治、经济、军事和历史状况，预言德国必将取得这场战争的最后胜利。但这个结论和后来的事实却大相径庭。他还预言战争会对中国产生积极的作用，它将促使中国注意世界形势的变动，对比自己，发现不足，以便能够积极进取。这一看法还是有独到之处的。

本来，梁启超还想编写《世界大战役之中坚人物》《大战前后欧洲之国际关系》《战争哲理》等十篇与欧洲战事有关的系列丛书。但是，中国时局的变化留给他研究世界战局的时间却不太多。正当他独居斗室埋头写作之时，袁世凯掀起的复辟封建帝制的逆流却猖獗一时。梁启超意识到，与其坐而论道、袖手旁观，不如奋起行动，全力进行反抗。为了自己矢志不渝的政治理想，也为了中国那令人牵肠挂肚的前途命运，梁启超再一次毅然抛开了那张墨迹未干的脱离政治宣言书，重新投身到火热的政治斗争中去。他一生中最光彩的政治经历——反袁斗争即将揭开帷幕了。

二、反对复辟

解散"第一流人才内阁"之后，袁世凯便马上着手强化自己的独裁专制，为恢复帝制作充分准备。他最先把矛头对准《临时约法》，解散国会，责任内阁倒台，辛亥革命取得的成果中惟有《临时约法》是阻碍袁世凯称帝的障碍。3月18日，约法会议在北海团城开幕。约法会议是袁世凯指示政治会议组织的，旨在修改《临时约法》的机构。六十名议员实际都是经袁世凯指定或经他同意的，议长、副议长也都是袁世凯亲自选定的。约法会议根据袁世凯的七条修订约法大纲，匆忙制订出一个《中华民国约法》。5月1日新约法由袁世凯正式宣布，同时宣告废除《临时约法》。

自5月开始，袁世凯打出"字字皆袁氏手定"的新约法的招牌，逐步强化他的专制独裁统治。他下令取消国务院，在总统府内设置政事堂。政事堂的权限大致相当于前清军机处，袁世凯通过政事堂，把权力集中在自己手中。政事堂设国务卿一人，左右丞两人，对袁世凯直接负责。袁世凯让把兄弟，以遗老自居的徐世昌作国务卿，让佞臣杨士奇担任左丞，徐世昌的亲信钱能训担任右丞。徐世昌上任后，便根据袁世凯的意图，以制定制度为借口，恢复了相当一部分清代官场仪式，比如祀天祭礼，文武官员的封建官称等等，搞了一场复辟运动。官职分九

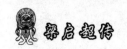

等，即上卿、中卿、少卿、上大夫、中大夫、少大夫，上士、中士、下士。各省都督改称为将军，民政长官改称为巡按使，道称道尹，县称知县。袁世凯自己也俨然如前清皇帝一般。

5月26日，代行立法院职责的参政院成立，袁世凯任命副总统黎元洪兼任院长。参政院共有参政七十名，都是袁世凯亲自选定任命的。这些人当中，有当朝显贵，袁世凯的亲信；有进步党、立宪派的名流；有实业界的大资本家；亦有屈膝逢迎的革命党人；而绝大多数都是老态龙钟的前清大官僚。梁启超也在其中，被钦点为一名参政。由于一些旧派官僚以种种理由迟迟不肯进京赴任，至参政院临近开会之期，报到的人还不到三分之一，推迟至6月20日开幕时，出席的参政仅仅才有四十四人，七零八落，不像样子。8月，参政院通过梁士诒提出的《大总统选举法修正案》，转交约法会议制定出《修正大总统选举法》，新的《总统选举法》，规定总统任期为十年，连任无限制，并且只要参政院议决，就可连任，不必改选。总统继任人由现任总统推荐候补者三人，写于嘉禾金简，藏之金匮大石室，选举时交由参政院和立法院各五十名议员组成的大总统选举会进行选举。如此，袁世凯不仅可以做终身总统，而且还可以传与子孙，世袭往替，和封建专制时代的皇帝毫无区别。

为了配合政治上复辟活动，袁世凯和顽固守旧派、复辟派掀起了一股尊孔复古的时代逆流。9月28日，也就是仲秋上元，袁世凯亲自率领百官前往孔庙祭孔，他身穿绣有四团花的十二章大礼服，下围有褶紫缎裙，头带平天冠，三跪九拜，演礼约一个半小时，演出了民国成立以来第一出祀孔丑剧。12月23日，冬至时节，袁世凯又去天坛祭天，仍旧穿戴着祭孔时的那套古式衣冠，登坛顶礼膜拜，一切仪礼无一不仿效以前的封建帝王。

虽然袁世凯屡屡声明，祭孔是取孔学"大同共和主义"，"以正人心，以立民极，以祈国命于无疆，巩共和于不弊"。极力否认"尊天为帝制所从出"，但是，这种"此地无银三百两"的表白，实际上却是欲盖弥彰，只要稍用脑子，就可知道其中的奥妙。在阶级社会里，统治者常常借助神权来巩固自己的权力，历代帝王的祭天祀孔都是如此。袁世凯的祀孔祭天丑剧，事实上是他复辟帝制的预演，是帝制复活的先声。

袁世凯为取得帝国主义的支持，不惜出卖民族利益。他接受了日本人提出的严重损害中国利益的"二十一条"，答应日本享有德国原在山东的所有权益。日本政府则以承认袁世凯称帝作为交换条件。袁世凯的卖国行径被披露之后，激起全国人民的无比愤怒。梁启超在《京报》《国民报》等报刊连续发表近十篇文章，表明了中国人对外国侵略者的坚定立场。梁启超明确要求日本政府撤回伤害我主权的一切条款。严正指明，如果日本想侵犯中国利益，甚至想要灭亡中国，中国人将会奋起反抗："若必逼吾国使出于铤而走险之一途乎，则吾国必为玉碎，而无复丝毫瓦全之希冀"。在抨击日本的同时，梁启超向袁世凯当局发出质问，并警告袁世凯政府"勿为祖国罪人"。

　　1915 年 8 月 22 日，梁启超写了《异哉所谓国体问题者》一文，这是揭开护国运动序幕的惊世大作。关于写作的情景，梁启超在给女儿的信中如是说："吾不能忍（昨夜不寐今八时矣），已作一文交荷丈带入京登报，其文论国体问题也。……吾实不忍坐视此辈鬼蜮出没，除非天夺吾笔，使不复能属文耳"。

三、护国战争

　　《异哉》一文问世之后，袁世凯恼怒万分，但袁世凯并没有因此而放弃原来的计划。他以为梁启超不过是一介书生，只能摇唇鼓舌，舞文弄墨罢了，自己拥有重兵和强权，谁能奈何！他万万没有想到，正是如此一介书生，竟和他短兵相接，成了他的掘墓人。梁启超借助蔡锷和西南军队的力量，发动了"护国战争"。

　　蔡锷，原名艮寅，字松坡，1898 年入时务学堂学习，受业于梁启超，是时务学堂的高材生。戊戌政变之后，梁启超流亡到日本，蔡锷随后偕同十几位时务学堂同学去投奔梁启超。梁启超先送他们进入东京大同学校，后来又特别托日本政界要人保荐蔡锷、蒋百里等入士官学校读书，因而蔡锷回国后得以成为一名军人。辛亥革命爆发时，蔡锷出任云南新军协统，宣布云南独立，被推任为都督。"二次革命"时曾暗地里呼应，失败后，被袁世凯解除了兵权，调至北京委以虚职，任陆军部编译处副总裁，全国经界局督办，实受监视。护国运动，由梁、蔡两人共同发起和完成。梁启超和蔡锷不但是师生，而且又是生死之交，两人志同道合，情同手足。两人商议定后，立刻开始行动。根据梁启超的安排，蔡锷在京全力韬光养晦，制造种种假象。他逢人就说："我们先生是一个书呆子，也做不成什么事，何必管制他呢。"同时故意装作拥护袁世凯的表象，又整日里陶醉于酒色之中，来迷惑袁世凯。1915 年 12 月 2 日，蔡锷摆脱了袁世凯的监视，在日本人的帮助下，乘日本轮船东去日本，然后辗转返回云南，12 月 19 日抵达昆明。

　　1915 年 12 月 12 日，袁世凯宣布登基接受帝位。梁启超知道事情已无可挽回，决心使用武力。他以南下省亲和出洋考察为名，于 12 月 16 日，从天津乘轮船南下。临走之前，梁启超致函袁世凯，作为最后的警告。梁启超劝他悬崖勒马，不可改变国体，动摇国本。梁启超希望袁世凯"常以法自绳"，并警告他说，若他一意孤行，一定会招致天下人的武力对抗："若今日以民国元首之望，而竟不能辍陈桥之谋，则将来虽以帝国元首之威，又岂必能弭渔阳之变？"袁世凯却毫不理会。梁启超扬言如果袁世凯执意一意孤行，就会发生"渔阳之变"，袁世凯对此不以为然。一个柔弱书生，手中毫无寸铁，帐下没有一兵一卒，谈什么"渔阳之变"？不料梁启超的预言却成真了：几天以后，护国战争就在西南爆发了。

袁世凯得知云南起义的消息之后，气极了，说'自己一世做人聪明伶俐，不料这回被梁启超、蔡锷装在鼓子里头。'"他当时还不知道这一情况，梁启超、蔡锷不但把他装在鼓子里，而且还要将他送进天堂！

武力声讨袁世凯通电的发出，标志着反袁护国战争的正式爆发。

12月27日，蔡锷发布讨袁通告，揭露辛亥革命之后袁世凯的不仁、不义、不智、不信、不让等恶行，表明他是一个"寡廉鲜耻"的头号窃国大盗，号召全国联合行动彻底打倒他。

12月31日，蔡锷、唐继尧等九人联合发布梁启超起草的《云贵檄告全国文》，细数了袁氏自辛亥四年来操纵党派、蹂躏国会、抛弃约法、出卖主权、叛国称帝等十九大罪状，并提出护国军的四条政治纲领：一、与全国国民戮力拥护共和国体，使帝制永不发生；二、划定中央、地方权限，图各省民力之自由发展；三、建设名实相符之立宪政治，以适应世界大势；四、以诚意巩固邦交，增进国际团体上之资格。这篇战斗檄文尖锐犀利，正义凛然，无异于向袁世凯投去一把锋利的匕首，直插入他的心脏。

1916年元旦之后，在隆隆的炮火声中，蔡锷率领护国军主力开赴四川前线。

护国战争爆发之后，梁启超在远隔千里的上海，密切关注并全力推进着战争的进程。在艰难困苦的七十个日子里，梁启超运筹帷幄，指挥若定，实际成为指挥战争的核心。前方的军政将领时常致电梁启超，请教军事策略，以及请求军政支持；作为这场运动的主帅，梁启超也完全承担起筹划所有重大问题的任务。

由于战事失利，袁世凯不得不撤消承认帝位案，取消洪宪年号，用徐世昌代替陆征祥任国务卿，陆征祥改任外交总长，段祺瑞任参谋总长。袁世凯又假借黎元洪、徐世昌、段祺瑞的名义劝诱护国军停战议和，假如护国军同意，将任蔡锷为陆军总长，戴戡为内务总长，张謇为农商总长，汤化龙为教育总长，梁启超为司法总长，熊希龄为财政总长。袁世凯企图再次拉拢进步党人，许之以高官，分化瓦解护国讨袁力量。

这些伎俩当然骗不过经过帝制丑剧和经过战火洗礼的反袁志士。他们明白袁世凯取消帝制是迫于形势不得已而为之，并不是他的真心实意。果然，袁世凯在宣布撤消帝制之后，就急忙密电北军诸将领，"发还推戴书，系为势所迫，并非根本取消帝制。蔡、唐、陆、梁迫予退位，君等随予多年，恩意不薄，各应激发天良，为予致力，富贵与共。如予之地位不保，君等身家性命亦将不保。"正如当时人们所言，袁世凯"今日之取消帝制，亦不过惧大祸之将临，藉塞众口而已。况一面取消帝制，一面征讨共和，一旦战事得利，帝制必将复活。"

袁世凯撤消帝制之后，仍留恋不去，死死抱着总统的宝座不放松，实无悔过之心。梁启超在历尽艰辛，辗转到达广西后，才得知袁世凯已撤消帝制的消息，马上分别致电陆荣廷、汤睿和各省都督、总司令等，提出请不要言和，坚持逼迫袁氏让位的方针。他说："袁氏无信而阴险，中外共知，若彼仍握政权，将来必解西南诸镇兵柄，再施伎俩行专制。如此非特义军诸将校遭荼毒，且地方治安也不克保。"因此他认为"今日之事，除袁退位外，更无调停之余地。"他还指出："袁氏最大之罪恶，在专用威迫利诱手段，将全国人廉耻丧尽，若彼依然掌握政权，则国家元气必渐灭无余，举国沦为禽兽，将何以立于天地？今兹义军申讨，其大宗旨乃欲为中国服一剂拨毒再造散，不专为帝政问题已也。"

但南北双方在袁世凯的去留问题上发生了争执，南方力主非去袁不可，北方却在袁世凯的操纵下企图保住袁世凯的宝座。因此，自帝制被取消起一直到袁世凯死亡，南北双方的和谈一直没有进展。袁世凯深深知道南北和谈不能实现，自己如果不退位，最后肯定要用武力解决不可。于是他改变战略，重新起用段祺瑞和冯国璋。他认为段、冯是他一手提拔起来的，与他关系紧密，取消帝制已达到了他们的目的，当然不会反对他继续做总统，有了这些人的支援，他就不怕南方护国军了。

他任命段祺瑞为国务卿兼陆军总长，此后不久，又宣布修正政府组织法，恢复了国务院和总理的名号，满足了段祺瑞的不恢复责任内阁便很难效力的要求。但是段祺瑞并不买他的帐，就职后反而进一步要求袁世凯交出兵权。袁世凯深知兵权是他最后的王牌，怎么也不肯放手，段祺瑞也就拖拉搪塞不肯再出力了。

冯国璋等五将军的"密电"被公开之后，袁世凯确实吓得不轻，但马上又镇定下来，故意装作不知道，反而派阮忠枢携带一篇拥护袁氏留任总统的电稿来到南京，请冯国璋出面联合没有独立各省将军照发。冯国璋以此时联名通电不利和平解决为借口，婉言拒绝。随即，袁世凯又派和冯关系亲密的蒋雁行南下游说，于是冯国璋于4月18日提出和平解决的八项条件，主张保留袁世凯的总统位置。冯国璋的八项条件遭到了护国军方面的严词拒绝。冯国璋转而提议召开没有独立

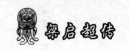

各省代表会议。

5月18日，南京会议开始，山东、湖南等省代表主张袁世凯退位，张勋和倪嗣冲的代表却坚决反对，双方僵持不下。冯国璋所提议的由袁世凯暂时代替，新国会召开之后，再选新总统，也得不到一致通过。争吵五天后，毫无结果，便草草了事。

南京会议进行期间，5月20日梁启超来到上海。梁启超到上海是为了摸清冯国璋的意图和寻求外援。到达上海之后，梁启超去南京会见冯国璋，梁启超对冯的印象是"冯目的尚正，惟手段太劣，魄力太弱。"冯国璋希望袁世凯退位，却又要敷衍应酬袁世凯之托，目的是想利用护国军的力量由自己来取代袁世凯的地位。

梁启超到上海后，一直到30日，他的弟弟启勋从香港过来，才获知父亲已在3月14日逝世。3月14日，梁启超正经港赴桂时，不能上岸，藏匿在轮船之中，朋友们虽然得到丧信，考虑到梁启超对护国讨袁的责任太重，就没有告知他。得到父亲去世的消息后，梁启超当即就向护国军政府提出辞去本兼诸职，在上海居丧。梁启超的辞任使南北双方的接触受到了极大的影响。

从云南独立后，袁世凯已经"形神颇瘁，面目黧黑，且瘦削，至不可辨认"。取消帝制之后，"夜间失眠"，"喜怒不定"，病情一天比一天重。到了5月中旬时，见过袁世凯的人都说："仰望神气，大失常态，面带愁容矣"。他有病却怕看医生。5月9日，陕西陈树藩宣告"独立"。22日，四川陈宧也宣布"独立"。29日，湖南的汤芗铭也加入了"独立"阵营。"二陈汤"的倒戈，使袁世凯遭到致命打击，病势一天天沉重，终至不能视事。6月6日，窃国大盗袁世凯结束了他罪恶深重的一生。

护国战争结束之后，政局恢复，梁启超也功成名就。北京政府鉴于他对维护共和及促进南北统一的巨大贡献，一再请求他出山辅政。1916年7月，黎元洪总统致电梁启超，恭维他是"泰山北斗""模楷人伦"，恳请他能"垂念邦国"，屈尊入京作总统府秘书长。尔后，黎元洪又多次写信或派人请梁启超到京师"赞襄一切"，并且要每月给予二千元津贴。梁启超都复电婉言谢绝。

梁启超当时回绝从政的原因有三个：一是实践自己的诺言。因当初在天津商讨反袁时，与蔡锷曾经立有誓言：事成后决不当朝。二是为了纠正社会风气。"盖以近年来国中竞争权利之风太盛，吾侪任事者宜以身作则，以矫正之。"三是为了专心从事文化、教育事业。他认为中国的最大隐患在于学问不昌，道德败坏，"非从社会教育痛下功夫，国势将不可救，故吾愿献身于此，觉其关系视政治为尤重大也。"

梁启超不做官，却并不是对政治不闻不问。8月里，他在回答报社记者提问时说，自己步入政坛已有二十年，突然完全脱离政治是不可能的，立宪的政治事业本不应限于政府当局，在野政治家们的关心也是不可缺少的。他愿作一位"在野政治家"，"在言论界补助政府、匡救政府"。因此，梁启超虽人不在官场，却仍置身于政治。当局不断就各种问题向他请教，出现难解的局面也多请他出面解决。

护国战争结束以后，以"在野政治家"自居的梁启超并不想真的成为在野派。为了实现自己的政治理想，他决定再一次和统治阶级当权派合作。此时此刻，军务院已经取消，即要召开国会，为了控制国会并使它成为宣传和实现自己政治理想的有利舞台，梁启超认为当务之急就是要不断壮大进步党势力，把全国各地的进步党人联合起来。7月18日，他在致贵阳进步党人的一封信中这样说："吾党今虽取冷静态度，亦不能长此终古"，明确提出要组织"无形政党"，并让贵州同志转请蔡锷、刘显世提供组党经费。为何要组织一个"无形"政党呢？因为民初的政党热潮并没有产生什么好的结果，此时的各派政治势力便以"不党主义"相标榜。但"不党"是名，立党才是实。在梁启超的鼓励下，8月下旬，在京的进步党人成立了"宪法案研究会"，与此同时，另一部分进步党人则组成了"宪法研究同志会"。两会名称虽异，宗旨却没有差别，都把"精研宪法""作为组党的目的。事实上，这不过是表面花样，梁启超早已把组党意图阐述得明明白白。他如是说：

今决组强固无形之党，左提北洋系，右挈某党一部稳健分子，摧灭流氓草寇两派。现国会即开始征伐。

话虽不多，但言简意赅，已把进步党此后一个时期内的行动方针制定了下来。人们都还清楚记得，在民国初的几年内，梁启超也曾为本党订立过相似的方针政策，不过那时他所要联系的是"旧官僚派"和"旧革命派中之有政治思想者"，打击的是"乱暴社会"也就是国民党中的激进派。尽管在反袁的护国战争中，这一方针稍有改变，但并没有从根本上放弃。战争结束，他立刻重新操持了旧业。可见，梁启超在反袁前后的政治方针并没有实质性变化。

1917年2月9日，段祺瑞政府对德国提出正式抗议，梁启超就政府这一举动向全社会作出解释，指出德国的无限制潜艇战政策实际上违背了国际公法，蹂躏人道，践踏社会，危害了中立国人民的生命财产。中国也是中立国其中一员，所以政府的抗议是极正确的。段祺瑞派陆宗祥以总理代表的名义和协约国驻京使节商洽中国参战后的权利和义务问题。梁启超则以在野的身分与各国使节广泛接洽，双方配合十分默契。梁启超还和汤化龙、蔡元培、张君劢等人于 3 月 3 日成立了"国民外交后援会"，推进政府与德绝交和宣战。梁启超在成立大会上发表演讲指出，希望中国通过参加协约国，在有关赔款、关税及修改《辛丑条约》等问题上为中国争得发言的机会。梁启超说这些都是中国希望已久而未达目的者，"今既有此机会，自未可轻轻放过"。在梁启超等人的积极带动下，国会参、众两院于 3 月 10 日和 11 日分别通过了对德绝交案。

梁启超和进步党人的言行激起了国民党人的强烈不满。国会议员马君武等人抨击梁启超为首的研究系是"阴谋小人"，说他们想要借外交问题在国内滋生事端。谭人凤、章太炎致电北京政府，痛责梁启超"欲借绝交以兴战祸，是将以全国军民之生命财产，供其一人之牺牲"。国民党人、外交总长伍廷芳以朋友身份致信梁启超，告诉他国内舆论现在已把矛头对准他一人，使其"二十年来之名誉今遂顿减"。伍廷芳向梁启超描述国内各种混乱局面，以为这样糟糕的局面，怎能与德作战，希望他改变立场。但梁启超并不因此改变自己主张。

1917 年 5 月末，在"府院之争"中受到挫折的黎元洪四处求援，先后请徐世昌、梁启超出面斡旋，都遭拒绝，于万般无奈中他请张勋进京"调停国事"。6 月 14 日，张勋率四千三百余"辫子军"进入北京。张勋以清朝的忠臣自命，时时刻刻梦想复辟清朝统治。为表示忠于清王朝，他自己保留辫子，也严禁手下士卒剃发，所以被称为"辫帅"，他的军队也因此被称为"辫子军"。这次进京恰好成了他复辟清室的大好时机。

入京后的第二天，张勋便身穿清朝的朝服，到故宫养心殿拜见了博仪，随后便加紧了复辟活动。7 月 1 日，张勋率复辟分子推出溥仪，宣布恢复大清帝国。张勋复辟是在康有为的大力支持下进行的，两人由于"拥戴有功"而受封赏，张勋被封为内阁议政大臣，康有为则被封为弼德院副院长。

在天津的梁启超知道这件事后，马上前往段祺瑞府，说服他举兵讨伐张勋。段祺瑞也想乘此机会重掌大权，因此两人一拍即合。7 月 2 日，梁启超随段祺瑞从天津奔往第八师驻地马厂。当日，段祺瑞在马厂召开军事会议，组成"讨逆军总司令部"，这就是"马厂誓师"。段祺瑞自任讨逆军总司令，梁启超任参赞。梁启超负责起草各种对外文书，并为段祺瑞出谋划策。

7 月 3 日，段祺瑞向全国通发由梁启超代为起草的讨伐张勋的通电。电文中说："张勋怀抱野心，假调停时局为名，阻兵京国，至昨夜遂有推翻国体之奇变。窃惟国体虽无极端之美恶，然既定后而屡图变置，其害之于国家者，实不可胜言。"电文最末表示，不可以坐视民国颠覆分裂，而要精诚合作，奋力讨伐叛逆贼子。

当天梁启超又以个人的名义发表《反对复辟电》，旗帜鲜明地表达了自己的立场。梁启超痛斥张勋、康有为"公然叛国顺逆"，并一一驳斥了复辟者反对共和国的各种谬论。对他的老师，梁启超也毫不留情，指出"此次道造逆谋之人，非贪黩无厌之武夫，即大言不惭之书生"，前者是指张勋，后者就是指康有为。梁启超如是说："启超一介书生，手无寸铁，舍口诛笔伐外，何能为役，且明知樊笼之下，言出祸随，徒以义之所在，不能有所惮而安于缄默。抑天下固多风骨之士，又安见不有闻吾言而兴者也。"

马厂誓师之后，讨逆军进攻北京。辫子军不堪一击，眨眼间便失败了。康有为逃到美国使馆避难，张勋则逃到荷兰使馆，溥仪不得已宣布退位。复辟丑剧仅上演了十二天就宣告结束。

1917 年 7 月 14 日，段祺瑞以曾经"三造共和"英雄的姿态凯旋而归，意气风发地回到北京，重新掌握了北洋政府的大权。7 月 17 日，段祺瑞组成了新内阁，梁启超在新内阁中任职财政部长。段氏的新内阁是由段派官僚、研究系和新交通系组成的混合内阁。在九名内阁成员中研究系占有六席，除了财政总长梁启超之外，还有内务总长汤化龙、司法总长林长民、教育总长范源濂、外交总长汪大燮、农商总长张国淦等。

自熊希龄内阁后，梁启超又一次入阁，与前一次入阁不一样的是，梁启超加盟熊内阁时是千呼万唤始出来，此次却是春风得意，准备助段一臂之力，对此时的政治也抱有极大的希望。7 月 19 日，梁启超致电代总统冯国璋，表示了他踌躇满志的兴奋心情。电文说：

> 七月十七日敬承策令，俾长财政，感悚莫名。启猥以疏才，膺兹重寄，艰虞所迫，义不容辞，已于效日就职，顾念邦基再奠，国计维艰，此后因时阜用，端秉训谟，敢竭股肱，以期康济。

1917 年 8 月 14 日，由段祺瑞控制的北京政府发布了对德、奥宣战的文告。文告中讲道："自中华民国六年八月十四日上午十时起，对德国、奥国宣告立于战争地位，所有以前我国与德、奥两国订立之条约合同协约，及其他国际条款国际协议属于中德、中奥之关系者，悉依据国际公法及惯例一律废止。我中华民国政府仍遵守海牙和平会条约，及其他国际协约，关于战时文明行动之条款罔敢逾越。宣战主旨，在于阻遏战祸，促进和局。"对德、奥宣战之后，根据同协约国的协议，北京政府曾先后派了十万名华工前去欧洲战场服军事劳役。如此，争吵

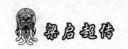

了很长时间的对德宣战总算告一段落了。

这里应该看到的是，梁启超主张对德宣战的立足点是为中国在外交上争取应有的国际地位，出于对当时国际形势的清醒认识。而黎、段以至内阁、国会、朝、野之间因宣战问题所掀起的波澜，皆由"对内之心胜于对外，而国际关系有所未审也"。段祺瑞和黎元洪都是想借此机会从帝国主义主子那里取得某些支持，寻找靠山。段祺瑞更是不惜出卖国家权益博取日本的欢心，在日本人的策划下，先是同德国绝交，继而宣布对德作战。

虽然如此，对德宣战以后，协约国同意把中国按条约规定应偿付的庚子赔款延缓五年支付，除俄国允付三分之一之外，每年将可以少付银一千三百余万元，这说明了五年内每年中国可以增加一千三百余万银元的财政收入。这笔钱对于经济凋敝、财政困窘的北京政府而言，无疑是一件大好事。对于初任财政总长、正锐意进行财税改革的梁启超而言，也是一种大力的支持。

是年 8 月 21 日，梁启超代表北京政府和日本签订一千万日元的第一批"善后大借款"；10 月 21 日，梁启超和曹汝霖又代表北京政府签订四百五十多万日元的吉长铁路大借款。这些借款因为由财政部出面筹借，所以也称之为财政部借款，这些借款的目的是用于护国战争，特别是讨逆战后的"善后"问题，因此也被称为"善后借款"。

梁启超此次就任财政总长醉翁之意不在酒，他的目的是想利用缓付的庚子赔款和币制借款来彻底改革币制，整顿金融秩序。任财政总长不久，他就与日本商洽借款，准备进行币制改革。他在致犬养毅信中说：

> 启超当财政之冲，任重才轻，何以应变，……币制改革可以增进贸易，刷新财政，为启超夙昔所怀抱，以为此策而行，不独日本目前资金可以输出，而国际贸易获益尤大，故此次有币制借款之提议。

他在论述币制借款的必要以及借款理由时说："改良币制之不可缓。理由甚明，故不陈述。""今日为改良币制最宜之时期"，对德、奥宣战之后，庚子赔款中，应偿付给德、奥的赔款已停止支付，其余各国也答应缓期，加上关税增收，使现金流出减少，国家收入增加，这一切都会增强整顿、改革币制的力量。除此之外，此时和协约国关系密切，借款也比较容易成功。虽金价下落，对币制借款也没有大损失。

梁启超特别制订了《整理币制办法大纲》，大纲分两步：首先，统一硬货；其次，统一纸币。为推行币制改革和整顿金融，他又在财政部下设置"币制委员会"和"战时财政金融审议会"等机构，以"集思广益"。另外，还派出"财务行政视察团"到日本"悉心考察"，认为"其应研究之处尚多"。这次考察团一行七人，费银二万元，可见梁启超十分重视这次考察。

除了利用借款做改革币制的预备金外，梁启超还采用了熊希龄的建议，准备将缓付的庚子赔款交国务会议议定也做为币制改革的经费。财政部公债司为此特别拟定了利用缓付庚子赔款的办法：

> 窃查我国应付各国赔款，现由协约各国方面决议缓付五年，此项赔款向在关税项下拨付，缓付之后，其退还总数，就现时金价计之，共值银元七千万元左右，此项金额运用得宜与否，关系国家财政之巨，滋拟将该项缓付赔款专款专储，买收在外国市场发行之我国各种债券，一面发行国内公债，以为内外兼筹，标本兼顾之计。

他们所列出的二个办法是：其一，"拟将缓付赔款银洋七千万元逐月购买金磅，向外国市场买收我国各种债券，仍交总税务司保管支取本息"。如此这般，过去每年须支出的关平银二千三百余万两付各国赔款数目，现由于金贱银贵，只须支出关平银一千三百余万两便已足够，"此乃千载一时清理外债之机会"。其二，"发行五千万元内国公债，分期发行，即以所收上项各债券为担保"。以七千万银元可购一亿四千万银元之金券，以之抵算五千万元国内公债之本息，"盈余不下九千万元"。这样做"既可减轻债务，一面又可活泼金融，一举两得，计无有逾于此者矣"。

但由于军费支出超额，财政严重吃紧，梁启超于同年 11 月底辞职而去。

第九章 晚年生活

从十九世纪末开始参与维新变法，到民国后和统治阶级当权派合作，在几十年的政治生涯中，梁启超自始至终以一个资产阶级政治活动家的面貌出现在政治大舞台上。尽管他多次遭受挫折，屡次失败，但参与政治的热情却丝毫不退。他自称自己"好攘臂扼腕以谭政治"，一切活动都以政治为中心，为政治服务。但是，在经历了与袁世凯、段祺瑞两次合作的失败，政治理想终于变成泡影之后，他对当时的政治感到失望了。1917年底，他辞去了出任只有四个月的段内阁财长职务，决心摆脱官场。他对研究系同志讲："此时宜遵时养晦，勿与闻人家国事，一二年中国非我辈之国，他人之国也。"明显表示出对政治的淡漠。1918年10月，他对《申报》记者发表讲话，自称"心思才力，不能两用，涉足政治，势必荒著述，吾自觉欲效忠于国家社会，毋宁以全力尽瘁于著述，为能尽吾天职，故毅然中止政治生涯，非俟著述之愿略酬，决不更为政治活动。"公开宣布告别政坛而埋首于学术。在这篇谈话中，他对南北战争双方各打五十大板，都做了尖锐批判。他还认为战争的双方，"甲主威信，乙言护法，皆欲自占一好名目"，"皆有不可告人之隐"，都是欺世盗名。他还指出："我国之为军国主义，乃由少数蠢如豕贪如羊狠如狼之武人，窃取名号以营其私，若此者无南无北，无新无旧，已一邱之貉也。"他认为"现在拥兵弄兵之人，实我国民公敌，其运命与国家之运命不能并存！"以政治理想的失败作为代价，梁启超终于认清南北军阀的真正面目，并揭露了他们。但因此一并把以维护约法、反对北洋军阀为职志的护法战争也全盘否定，却反映了梁启超即便在退出政坛以后，仍旧对原来的政敌国民党人耿耿于怀，时刻不忘攻之。

离开政坛的梁启超，开始了他最后十年的文化教育生涯。

1918年3月，梁启超着手进行《中国通史》的著述。他此时又完全沉浸在著书立说的乐趣中。每天他清早即起，一天的大部分时间都用来写作，日成书二千字以上。同时，他还为儿女们洋洋洒洒讲述国学渊源，由于著述太过用功，到八九月间，他因病染上了肺膜炎，发烧咯血，不得不停止了《中国通史》的写作。

一、"五四"运动

在著书讲学的同时，梁启超和研究系同仁开始筹划游历欧洲的活动。

1918 年底，第一次世界大战结束。各战胜国在法国巴黎举行和平会议，以美国总统威尔逊的十四条建议作基础，解决战争遗留下的问题。为了能在会上争得更多的权益，各国都派出得力的外交使团。虽然日本政府一再强调中国"参战不力"、中国"转移其应一心尽力于协约国义务之精力"、"未能尽其参战国应尽之义务"等种种借口阻挠中国参加"和会"，但中国还是收到了巴黎和会的邀请函。中国对德、奥宣战，理应属于战胜国一方。虽然中国并没有派遣正规部队赴欧作战，但也决不是"宣而不战"。依据协约国的要求中国先后派了十几万人，还有说法称几十万中国人赴欧洲和美索不达米亚担当运输与工程方面劳务工作，其中不少劳工直接参与了战斗，有几千人与协约国军一起战死在欧洲战场上。除此之外，中国还向协约国提供了大批的粮食和军用物资。

正因如此，胜利的消息传来后，北京、上海等地都欢呼雀跃，举行了欢庆胜利大会。众多的人欣喜若狂，都以胜利国而自豪，认为中国在战后和平会议上肯定会有一番作为。特别是美国总统威尔逊的《十四条和平原则》：外交公开；尊重殖民地人民的要求；大小国家之间保证政治独立和领土完整，更让中国人神往。当时，深受梁启超影响的上海《时事新报》认为："欧战告终，和会开始，凡为弱小之国，莫不思借威尔逊之宣言，力求国际之平等，……值此强权消灭，公理大伸之日，大可仰首伸眉，历诉身受之苦，所谓千载一时之遇，殆在此欤。"就连原来反对参战的国民党人，也在其上海《民国日报》刊载文章称：中国"可于和平大会时稍挽百十年国际上之失败"，以致于"能与英、法、美并驾齐驱"。人们高呼："公理战胜强权，将来世界上，弱国小国可以出头了。"

北京政府选派了以外交总长陆宗祥为首的五人代表团，其中包括王正廷、顾维钧、施肇基和魏宸组。巴黎和会将德国侵略中国山东等一系列问题，做为"远东问题"列进了会议议程。中国社会各界都非常关注这次会议。梁启超高兴之余也抛开了不问政治的宣言，先是在北京《公民报》上撰文《为请求列席平和会议敬告我友邦》，痛斥日本反对中国出席和会的言辞，其后，他又进京会晤了大总统徐世昌以及各国公使。他对时局形势发表过两项主张：其一、督促陆宗祥等外交使节尽早出发，先前往美国，与美国政府交换意见并达成共识，然后再到欧洲。其二、建议成立外交委员会，由前任外交总长汪大燮为委员长、前司法总长林长民为理事长，作为内阁的一个特别机构，负责巴黎和会期间的各项外交事务。北京政府允许拨出活动经费六万元，大力支持梁启超赴欧为中国代表团进行舆论宣传。于此，他筹划已久的游欧之梦也就公私两便，"化私为公"，成为一次担负重大外交使命的出访活动了。

1918年1月18日，战后和平会议在巴黎凡尔赛宫拉开帷幕。此时，梁启超正在赴欧的途中。参加巴黎和会的共有二十七个国家的一千余个代表。巴黎和会由英、法、美、意、日五国掌握，它们各有五名代表席位。中国则属于三等国家，仅有二个代表席位。这种安排反映出五国恃强自傲的称霸野心，企图主宰世界。和会虽只给中国二个席位，但中国却派出了一个总数达五十二人，包括专家十七人，外籍顾问五人的阵容庞大的代表团。外交总长陆徵祥是首席代表，驻美公使顾维钧、驻英公使施肇基、驻比公使魏宸组和正在美国的南方军政府外交次长王正廷是代表。这些人全都是当时中国外交界的俊杰。顾维钧入选和会的国际联盟委员会，王正廷入选海港河道委员会，施肇基入选经济委员会，参与和会的各种问题研究、文件起草等工作。这是近代以来，中国首次以战胜国资格参加的重要国际会议，来为自己的权益和某些国际问题发表自己的意见，具有极其重要的意义。

中国代表团在巴黎和会上提出了废弃日本强加于中国的"二十一条"、废除势力范围、撤销外国军警、裁撤外国邮政局和有线无线电报机关、撤销领事裁判权、归还租借地、归还租界、关税自主等希望条款，交给和会审议，但是和会以只审议和一战有关问题为借口，把中国的要求放在了一边。

1月28日，英、美、法、意、日五国代表讨论处理原德国殖民地问题，中国代表列席了会议。鉴于日本代表牧野用所谓"战胜国权利"，和英、法、俄、意四国"保证"为理由，要求继承德国在我国山东的权益，中国代表顾维钧严正指出："山东是中国的领土；中日之间有关胶州湾和胶济铁路的所谓合约，都是当时在日本武力的协迫下签订的，不能视为有效条约；中国对德宣战以后，中德之间所有一切议定，全部已经废除，而且租约内也明确载有不准转让他国的明文，山东的主权在法律上早已归属了中国，日本不能继承德国在山东的任何利益。"声明有力地打击了日本的阴谋诡计，伸张了中华民族的正气。

4月中旬，德国关于在山东权益的归属问题，又被列为和会的中心内容。美国最初建议将山东交五国共同管制，遭到日本的断然否决，英、法、意各国和日本有协议，因此也不支持美国这一建议。日本以拒签和约、退出和会相要挟。英国首相劳合·乔治担心和会陷入窘境，劝美国总统威尔逊对日本作出让步。30

日，英、美、法三国不顾中国代表团的强烈反对，答应了日本在山东问题上的无理要求，把日本草拟的山东问题条款原封不动地写进对德的《凡尔赛和约》。

梁启超得知后一方面紧急致电国内，通告和会情况，建议发动反签字运动：

> 对德国事，闻将以青岛直接交还，因日使力争，结果英、法为所动，吾若认此，不啻加绳自缢，请警告政府及国民严责各全权，万勿署名，以示决心。

另一方面又把有关事实见诸于报端，各国舆论界纷纷转载刊登，美国参议院甚至以压倒多数，拒绝考虑和批准《凡尔赛和约》，梁启超在由各国政要和新闻界著名人士参加的宴会上，即席发表精彩演说，严正指出："若有另一国要承继德人在山东侵略主义的遗产，就是为世界第二大战之媒，这个便是和平公敌。"

巴黎和会上中国外交受挫的消息传到国内，举国上下愤怒无比，北京学生开始了大规模的示威游行活动。5月2日，中国代表团对外交部提出对策，共有建议三条：第一，退出和会；第二，拒不签字；第三，签字而声明不承认有关山东的一切条款。第二天，北京政府却向中国代表团发去签字密电。消息一经传出，便引发了"五四运动"。从5月初到6月，全国各地展开了各种形式的拒签和约的斗争。

在全国人民的声援下，6月28日，中国代表拒绝在《凡尔赛和约》上签字。这样就使日本无法在和约中"合法继承"德国在山东的权益，山东问题实际上仍悬而未决。

和会以后，日本便以"直接交涉"为名义诱使北京政府和其谈判，以便使其占领山东合法化，国内的一些不明真相的人也力主直接交涉，刚刚回国的梁启超马上发表演说，极力反对直接交涉。他说：

> 余初履国土，即闻直接交涉之呼声，不胜骇异。夫既拒签于前，当然不能直接交涉于后，吾辈在巴黎对于不签字一层，亦略尽力，且对于有条件签字说，亦复反对，乃有不签字之结果，今果直接交涉，不但前功尽失，并且前后矛盾，自丧信用，国际人格从此隳千丈，不能再与他国为正义之要求矣。

梁启超在他的《欧游心影录》中提到他对巴黎和会的看法。这评论和他赴欧前对和会的期待有着很大的反差，他这样说："总之，那时我们正做着那正义人道的好梦，到执笔著这部书时，梦却惊醒了。睁开眼睛一看，他们真干得好事，拿出历史一比，正好和一百年前的维也纳会议遥遥相对，先后辉映，维也纳会议由几个大国鬼鬼祟祟地将万事决定，牺牲了许多小国的利益，以供大国的利益交换，这回还是照样吗？维也纳会议开过后有个俄、普、奥三国同盟，这回巴黎和会结束有个英、法、美三国同盟。维也纳会议后，大家都红头胀脸地来的防堵法国革命，这回又有个俄国过激派供他们作照样画葫芦的材料。"

1920年1月17日，梁启超从巴黎回国，18日到达马赛港。因为要等几天船才开，他又在马赛港的附近作了最后的游历。23日，他在马赛登上归回祖国的轮船，3月5日，到达上海。

一年多的欧洲之旅，梁启超的足迹差不多踏遍了西欧各国，这些主要的资本主义国家的政治、经济、社会、文化，以及他们的历史都给他留下了很深的印象。他头一次这样深入认真地对资本主义作了如此长时间的考察研究。但是，资本主义给他带来的感觉，却远不如几年前游历美洲时那么美好了。在巴黎和会上，他看到的是帝国主义列强瓜分世界，欺凌弱小，霸权战胜了公理。在到各国考察时，他目睹的全是第一次世界大战后，空前的浩劫所引发的严重的社会倒退。经济破败、财政困难、社会极度混乱、人民贫困不堪是当时欧洲各国的共同之处。他不但看到了资本主义国家在发展中的弊端，而且也看到了祖国新的希望。这一切都使他的思想受到很大的震动。他在《致弟仲策书》中如是说：

> 至内部心灵界之变化，则殊不能自测其所届。数月以来，晤种种性质差别之人，闻种种派别错综之论，睹种种利害冲突之事，炫以范像通神之图画雕刻，摩以回肠荡气之诗歌音乐，环以恢诡葱郁之社会状态，饫以雄伟矫变之天然风景，以吾之天性富于情感，而志不懈于向上，弟试思之，其感受刺激，宜可如者。吾自觉吾之意境，日在酝酿发酵中，吾之灵府必将起一绝大之革命，惟革命产儿为何物，今尚在不可知之数耳。

在欧洲游历期间，梁启超和张君劢、蒋百里、张东荪等人发起并组织了"新学会"，出版《解放与改造》杂志，杂志后来更名为《改造杂志》，每周一期，由梁启超担任主编。在他早拟的《解放与改造发刊词》中，梁启超提出了十四项主张，其主要内容如下：

其一、制定一部完善的资产阶级宪法，致使国民"在法律上取得最后之自觉权"，实行立宪政治。

其二、中央与地方分权，实行"联省自治"。中央权限"当减到以对外维持统一之必要点为止"。各省、市、县可以根据当地情况制定自己的法规，并可得到中央的认可。以分权达到避免战乱的目的。

其三、一方面努力地创造条件，发展资本主义，另一方面也积极调节劳资之间的各种矛盾，让资本家能够有利可图，使工人可以忍受剥削。征工代兵，变无业为有业。

其四、裁军节款，废掉常备的国防军，兵民合一，把战乱的工具消除。

其五、在财政方面，立足国内，加强整顿治理，不但反对放债，而且也反对借款。

其六、在教育方面，实行强制措施普及义务教育。

其七、在文化方面，实行自由文化政策，对外国学说，择优输入，以备国民采纳。

其八、整理国故，发扬传统。

其九、世界主义。

梁启超提出的十四项主张，是他们用来改造中国的新纲领，内容涉及政治、经济、军事、外交以及文化教育等诸多方面。新纲领表现出了梁启超等人欧洲之行后，思想的新变化。梁启超给新纲领制定的总方针是："总以打破军阀，改进社会为目标"，"应与世界潮流相应"。

梁启超抵达上海后，受中国公学的邀请前去演讲。他在演讲中谈到"观察欧洲百年来所以进步的原因，而中国又为何效法彼邦而不能相似的原因"时说，这是由于欧洲各国与中国"社会上政治上固有基础"不同。正是这种文化背景的差别让中国向西方学习，变法维新屡遭失败。他预言西方资本主义已将走向灭亡，不可挽救，势必瓦解。而他的结论是中国"当将固有国民性发挥光大之，即以消极变为积极是也。如政治本为民本主义，……社会制度本为互助主义。"

在去欧洲游历最初，梁启超带着许多问题想从对欧洲资本主义国家的考察中寻找答案，可是他没能做到，一战把欧洲推进了灾难的深渊，也使资本主义固有的矛盾进一步激化，社会主义思潮的影响不断加深。梁启超从西方文明的衰败中，又回过头来向传统文化求援，挖掘传统文化价值。他试图融合中西文明于一体，建设一种新的文明。并把这作为改造中国的最新纲领。

梁启超欧游归来后，对中国资产阶级原来走过的政治道路进行了深刻的思索：

从前有两派爱国人士，各走了一条错路。甲派想靠国中固有的势力，在较有秩序的现状之下，渐行改革。谁想这主意完全错了，结局不过被人利用，何尝看见什么改革来。乙派要打破固有的势力，拿什么来打呢？却是拿和他同性质的势力，……谁想这主意也完全错了，说是打军阀，打军阀的还不是个军阀吗？说是排官僚，排官僚的人还不是个官僚吗？……你看这几年军阀官僚的魔力，不是多谢这两派人士直接间接或推或挽来造成吗？两派本心都是爱国，爱国何故发生祸国的结果呢？原来两派有个共同谬见，都是受了旧社会思想的锢蔽，像杜工部诗说的：'二三豪杰为时出，整顿乾坤济时了。'哪里知道民主主义的国家，彻头彻尾都是靠大多数国民，不是靠几个豪杰。从前的立宪党，是立他自己的宪，干国是什么事？革命党也是革他自己的命，又干国民什么事？……这是和民主主义运动的原则根本背驰，二十年来种种失败，都是为此。今日若是大家承认这个错处，便着实忏悔一番，甲派抛弃那利用军人、利用官僚的卑劣手段，乙派也抛弃那运动军人、运动土匪的卑劣手段，各人拿自己所信，设法注射在多数市民脑子里头，才是一条荡荡平平的大路，质而言之，从国民全体上下工夫，不从一部分可以供我利用的下工夫，才是真爱国，才是救国的不二法门。

什么是国民运动呢？梁启超解释说："市民的群众运动，是把专门家对于某种问题研究之结果，……由种种方法，向一般没有研究的人说明，质而言之，就是把专门知识成为通俗化。"还说："市民的群众运动，是学校以外的一种政治教育"，"是表示国民意识的最好法门。"他所讲的市民也就是国民，市民的群众运动为国民运动。在另一篇演讲稿中，他更清楚地表述："国民运动，是由少数弱者的自觉，唤起多数的自觉；由少数弱者的努力，拢成多数的努力"，国民运动的性质是"多数共动，不是一人独动"。他强调指出，"运动主体要多方面，……纵然不能办到'全民的'，总须设法令他近于'全民'的。"梁启超表达得十分清晰，国民运动就是由多数人民参加的群众性政治运动。

展开国民运动，总需要有一个确定的主题。梁启超认为当前的国民运动不妨可以选择以下两大主题：

第一，国民制宪运动。梁启超认为，宪法是国家的根本大法，"无宪法无以为国"。民国以来，国民深受缺少宪法的苦痛，这一状况再也不可以延续下去了。"宪法早一日出现，吾民总可以得一分之保障。"那么，怎样制定一部宪法呢？他认为，"欲宪法出现"，"舍从事于国民制宪运动，其道无由"，换句话说，国民运动就是制定宪法的唯一途径。

　　何谓国民制宪？梁启超解释道："国民制宪就是以国民动议的方式得由有公权之人民若干万人以上之连署提出宪法草案，以国民公决的方式，由国民全体投票通过而制定之"。

　　在这里，梁启超否定了从前所主张的国会制宪的办法。他认为，民国以来多次制宪所以没有成功，关键因素是"制宪权本非国会所宜有"，制宪问题上的"议员溺职与政府牵制"都在于此。新、旧国会皆不是国民的代表。实际上，新、旧国会目前既不能开会，今后也没有再开会的可能，所以"指望现存之国会以制宪"也是毫无希望的。宪法与国会的正常关系应是：由宪法产生选举法，由选举法产生国会，必须先有宪法而后再有国会，而不是与此相反。

　　国民动议立宪绝对不是容易的事情，但是经历这样一场国民运动，就算动议终不能应付国民公决，其对国家前途的影响也是好的：它能够使国民了解宪法的意义、内容及运用方法，知悉自身与制宪的关系，从而维护遵守宪法。"质而言之，则国民动议制宪者，无异联合多数人公开一次'宪法大讲习会'，无异公拟一部'共和国民须知'向大会宣传。"梁启超着重强调了国民制宪运动的教育作用。

　　第二，国民废兵运动。梁启超明确地说："目前最痛切最普遍最简单的，莫如裁兵或废兵这个大问题，我们应该齐集在这面大旗底下，大大地起一次国民运动。"国民裁兵运动有何意义呢？梁启超认为，中国目前没有欧洲那样的阶级划分，中国的阶级划分只是无枪和有枪之别。全国到处军阀混战，随之而来的便是百姓的痛苦和呻吟。所以，"倘若兵不能裁，只怕我们更没有日子可过了。"他还说："几百万兵放在国里头，什么事都没有办法。拿这几百万兵变回人民，这笔养兵费省下来，什么事都有办法。"因而，废兵运动的意义极其重要。

　　"五四运动"具体说来有广义和狭义之分。狭义的是指 1919 年 5 月 4 日的学生示威游行活动，也就是五四事件。广义的是指从 1917 年至 1921 年间的政治和思想文化运动。梁启超不仅和五四事件，而且与整个五四运动有着不解之缘。

　　梁启超和五四运动的关系，可以用"源远流长、千丝万缕"八个字来概括。到目前为止，还没有发现第二个人与五四运动有如此广泛和密切的联系。这一现象不但有趣，也极富启发性。

　　谈到五四运动，北大是非提不可的，因北大是五四运动的发源地。北京大学系由 1895 年康、梁所办强学会官书局转变而来，1898 年强学会官书局正式命名为京师大学堂，也就是北京大学的前身。梁启超还曾为京师大学堂制定了校规。1912 年梁启超回国，北大学生要请他当校长。在北大作讲演时，梁启超说："言及鄙人与北大学校之关系，即以大学校之前身为官书局，官书局之前身为强学

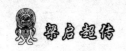

会，则鄙人固可为有关系之人。"北大历任校长中属蔡元培最著名，而蔡元培之出掌北大，也是由梁的学生范源濂所促成，这和梁启超对蔡元培的欣赏有很大关系。

以《新青年》为标志的一代新知识分子是五四运动的领导者，他们都曾程度不同地受过梁启超的影响。恰如萧公权所言："五四运动的领袖几乎没有一个不是因为读了梁启超的文章而得着启示。"胡适在十四岁时就对梁启超极为崇拜，陈独秀、鲁迅等人也都受到梁启超思想的启发。

五四运动的主要精神之一是反对外来帝国主义的侵略，五四的导火索就是反对日本侵犯中国权益。梁启超很早就反对日本对中国的侵略行径。1914 年 9 月，日本借口对德宣战，出兵我国山东，当时担任参政员的梁启超于 10 月 2 日在参政院会议上最先提出紧急动议，强烈要求袁世凯政府与日本政府就日本出兵侵占山东一事进行交涉，维护中国主权。在他的倡议下，会议通过了由梁启超、熊希龄等五人草拟的质问书。1915 年初，当日本向袁世凯提出"二十一条"的时候，梁启超便毫不客气地揭露其阴谋，加以斥责。

五四运动的两大主题是"民主"和"科学"。梁启超从一开始就是民主战士，一生都在为实现中国的民主而奋斗，他提出的民权思想对社会产生了很大影响。五四运动提倡的科学主要是科学的精神，也就是反对愚昧、迷信和偶像崇拜，梁启超正是这方面的先驱者之一。

五四运动倡导白话文，梁启超在戊戌变法之前就已注意到了文言文的缺陷，他在《变法通议》中有详细具体阐述。他采用新式文体写作，实际上开了文学革命之先河。胡适发表文学革命的言论之后，梁启超随即积极响应，以致遭到守旧派的攻击。

在五四新文化运动中，梁启超创建的共学社、讲学社是一支生力军，积极推进中外文化交流，进行译书、出版等工作。梁启超邀请杜威、罗素等著名外国学者来华讲学，在中国思想界产生了极大影响。正如美国学者周策纵所言："在'五四'时期后期，罗素的哲学和个性比其他任何一位当代西方哲学家都更深地影响了中国的知识分子，特别是活跃的青年人。"杜威的民主观念和经济改革思想对陈独秀等五四运动的领导者也有很大的启发。由此可知梁启超在五四新文化运动中的重要作用。

五四运动大力提倡妇女解放，而康有为、梁启超正是妇女解放的最先倡导者。在戊戌维新期间，他们成立了不缠足会，把妇女从缠足中解放出来，使妇女解放运动开展得轰轰烈烈。梁启超还大力倡导和创办女学，提倡晚婚。

"五四人"主张打倒"孔家店"，梁启超是最早怀疑孔子权威的人。他在

1902 年写了《论中国学术思想变迁之大势》，对几千年来一直保持最大势力的孔学进行攻击，而且很击中其要害，这是谭嗣同、章太炎等人所无法比拟的，他确实是五四思想革命的先驱。他曾说"吾爱孔子，但吾更爱真理。"他驳斥康有为尊孔教、保孔教的谬论，又反对袁世凯借提倡孔教以复古、复辟的丑恶行径，他的这些思想无疑对"五四人"产生了重大影响。不过，梁启超并没有像五四青年那样对儒学持否定态度，而是更客观、更平和地看待儒学。

五四运动直接承继了戊戌维新运动的精神。五四新文化运动领导人之一胡适曾如是讲："新文化运动的根本意义是承认中国旧文化不适宜于现代的环境，而提倡充分接受世界的新文明。"他以这个意义为基础，阐释了五四与戊戌的渊源关系："中国的新文化运动起于戊戌维新运动。戊戌运动的意义是要推翻旧有的政制而采用新的政制，后来梁启超先生办《新民丛报》，自称'中国之新民'，著了许多篇'新民说'，指出中国旧文化缺乏西方民族的许多'美德'……他甚至指出中国人缺乏私德！这样推崇西方文明而指斥中国固有的文明，确是中国思想史上的一个新纪元。"

关于五四运动与戊戌变法的关系，梁启超的概括更为确切精到。他指出五四的种子是戊戌撒下的。在《五十年中国进化概论》一文中，梁启超总结中国人思想演变有三个发展阶段：第一阶段是从器物上感觉不足，于是有了洋务运动。第二阶段是从制度上感觉不足，由此形成戊戌维新运动，"那急先锋就是康有为、梁启超一班人"。他们的政治变革虽然失败了，但在文化事业上开创了一个新局面。废除科举制度后，"国内许多学堂，国外许多留学生，在这期间蓬蓬勃勃发生，新文化运动的种子，也可以说是在这一时期播殖下来"。第三阶段，是从文化上感觉不足。"革命成功将近十年，所希望的件件都落空，慢慢有点翻然思返，感觉得社会文化是整套的，要拿旧心理运用新制度，决计不可能，渐渐要求全人格的觉悟"，一些归国的留学生"鼓起勇气做全部解放的运动"。这就是新文化运动。

梁启超说自己与康有为、严复等人是第二阶段的先锋，是"新思想界勇士"。到第三阶段，众多新青年跑上前线，前面的人接连不断地被挤落后，甚至已全然落伍了。但事实上，梁启超并没有落后和退伍，他始终走在文化革命和思想革命的前列。

在梁启超的带领下，他领导的研究系也同"五四人"建立了紧密的联系。1918 年底，研究系的机关报《国民公报》发表了一些讨论和支持《新青年》所提倡的一些新思想的文章。1919 年初，胡适、陈独秀、周作人在《新青年》上与《国民公报》的编辑蓝公武相互通了好多封长信，讨论贞操、语言和改革者的态

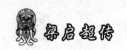

度等一系列问题。另一机关报《晨报》也积极参与了新文化运动。

　　梁启超与五四运动有如此紧密的关系，这说明了五四运动是民主、爱国的运动。梁启超是民主战士，是伟大的爱国者。正因为爱国，所以他努力争取任何机会为中国人争权利，由此才爆发五四事件；正是因为爱国，他才积极从事各项文化事业，为五四运动的发展奠定了基础。单从梁启超与"五四"的千丝万缕的联系而言，称之为"中国知识分子第一人"是毋庸置疑的。

　　早在清朝末年维新运动时期，"联省自治"的思潮，就已产生，戊戌变法运动前，梁启超教学长沙时务学堂，就曾向湖南巡抚陈宝箴上书建议过此事。在当时，中国资产阶级革命派和维新派都曾经在自己改革社会的纲领中提及过这一主张。

　　所谓"联省自治"就是模仿西方国家的联邦制政治体制。在资本主义国家中，美国、瑞士等都采用这种联邦制政体模式。戊戌变法失败后，梁启超在介绍和宣传资产阶级的政治思想以及社会学说时，特别推崇联邦政体。他在1901年写的《卢梭学案》一书当中，认为虽然英国的代议政体，也就是君主立宪制最适宜中国的国情，但他也指出"其代议政尚不免与自由之真义稍有所戾"，"未得为真善美之政体也"。梁启超认为，真善美之政体属于联邦制，他在详细研究了瑞士联邦制以后，认为"是故欲行真民主之政，非众小帮相联结不可"，"众小邦相联为一，则其势力外足以御暴侮，内足以护国人之自由，故联邦民主之制，詹乎尚矣。"在这以后游历美洲时，梁启超更亲眼看到了美国的联邦制度，他对美国政治制度的诸多方面都有所指责，惟独对联邦政体这一制度褒奖有加。他认为联邦政体是美国政治的一大特色，"共和政体所以能实行能持久之原因也"。此时，"联省自治"的舆论虽已萌芽，但还没有成为一种社会思潮。

　　在宣传"联省自治"方面，梁启超可以说是老资格了，早在著名的《新民说》中，他就制作"论自治"一书，详细地阐述了"求一身之自治"与"求一群之自治"的必要性。他这样写道："国有宪法，国民之自治也；州郡乡市有议会，地方之自治也。凡善良之政体，未有不从自治上来也"。梁启超对地方自治的吹捧和联邦政体的宣传，对兴起在二十年代初的联省自治运动起到了显著的推动作用。1919年，他在所草拟的《解放与改造发刊词》当中，也曾明确提出，国家组织应当以地方为基础，中央权力应当限定在对外维持国家统一的范围之内。主张各省以至县市，"自动的制定根本法而守之，国家必须加以承认"，明确表达了自己关于"联省自治"的政治主张。

　　1920年以后，全国各地成立了很多自治运动的团体，比如在北京成立的江苏、安徽、江西、山东等十二个省和北京市代表组成的各省区自治联合会；直隶、山东、河南、山西等十四省代表组成的自治运动同志会；在天津成立的直隶、河南、山东、热河等五省一区自治运动联合办事处；在上海成立了旅沪各省区自治联合会。这诸多团体以及各地方人士发表了不少争取自治的电文和文章。

"联省自治"之所以能在短暂时间内形成一种具有一定规模的社会思潮，与辛亥革命以后资产阶级民主政治的影响深入人心是密切相关的。许多人把争取地方自治当作是争取民主政治的一个组成部分，其中还有部分人对地方军阀还充满幻想，以为实行了自治，制定了一部"宪法"就可以拥有民主自由。

在二十年代初期的"联省自治"思潮中，虽有一些军阀代理人和官僚政客参与，但多数还是各阶层的"改良"派人士。"联省自治"思潮应该归于资产阶级改良主义范畴。它和地方军阀为了谋取自保，割据一方，鼓吹所谓的"联省自治"主张本质不同。"联省自治"的出现，是资产阶级共和国方案在中国多次遭到惨败后，中国资产阶级想消除军阀混战困境，寻求出路的一种幻想罢了。

二、著书立说

梁启超极力动员知识分子作学术救国的前锋，并且自己以身作则，作全面的尝试。他打算用西方的学术、文化为参照系，创立中国的新学术和新文化，用它来启迪和唤醒民众，以达到救国的目的。因此，他既自创新学术，又引进外国新学术，既要做培根、笛卡尔、达尔文式的人物，又要成为福禄贝尔、福泽谕吉式的人物。

自维新时期起，梁启超就不断把西方新思想、新学术介绍给国人。据统计，仅《新民丛报》所介绍的西方学者和政治家就多达上百人。梁启超自己介绍和涉及的外国文化界名人在《饮冰室合集》中有五十多位。1902 年左右，是梁启超酝酿和形成"新民理论"的时期，也是他撰写文章介绍外国学者、政治家最多的时期。几年间他介绍西方学者个人及学说的文章有《霍布士学案》《斯片挪莎学案》《卢梭学案》《亚里士多德之政治学说》《进化论革命者颉德之学说》《法理学大家孟德斯鸠之学说》《天演学初祖达尔文之学说及其略传》《近世文明初祖二大家之学说》《近世第一大哲康德之学说》等近二十篇，此外还研究和介绍了政治学、经济学、法学等各学科及外国学术简况的文章好多篇，如：《论泰西学术思想变迁之大势》《论希腊古代学术》《论中国与欧洲国体异同》《各国宪法异同论》《国家思想变迁异同论》《生计学学说沿革小史》《格致学沿革考略》等。

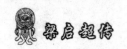

梁启超所引进的西方学说，主要是政治学、法学等与救民救国密切相关的学科。为了使民主政治得以实现，他广泛宣传西方民主理论。在《霍布士学案》中，梁启超肯定了霍布士社会契约论的创始人地位，指出他反对君权神授，堪称"政学界之功臣"。梁启超当时特别欣赏孟德斯鸠和卢梭，不仅仅在《论学术之势力左右世界》中对他们大加赞颂，还特意写了文章进行介绍。梁启超指出，孟德鸠斯最先开始分别三种政体，又提出三权鼎立说，使政界为之一新，还渐进入今日世界。现代文明国家如美国等政治机构都不离三权范围之意，奴隶制的废除以及陪审团制的建立也都是孟氏的功劳。孟德斯鸠实际上是政法界的天使。梁启超介绍孟德斯鸠对专制政体的严厉批判，高度赞扬他论述共和政体下能出现"人人皆治人，人人皆治于人"的局面，指出"其本旨之最要者，则人民皆自定法律，自选官吏。无论立法、行法，其主权皆国民自握之，而不容或丧者也"。

梁启超对以上学者及学说的宣扬和高度评价，一方面是给国人传播新思想，尤其是民主政治思想；另一方面也说明新学术对于改变世界所起的重要作用。

为建设中国的新学术与新文化，梁启超对中国的学术发展史进行总结，著了八万字的《论中国学术思想变迁之大势》一书。梁启超写此文的目的，首先是要弘扬祖国的优秀传统文化，激发国人的爱国精神。文章开门见山地指出："学术思想之在一国，犹人之有精神也，而政事法律风俗及历史上种种之现象，则其形质也。故欲觇其国文野强弱之程度如何，必于学术思想焉求之。"梁启超颂扬中国是立于世界上最大洲中的最大国，四千年来的悠久历史不曾中断，为世界四大文明古国中惟一保留文化至今的民族。中华民族自古就弘扬优秀的学术传统，上古和中世时，中国学术都为世界之首，只是步入近代才落后于西方。但是近世史之前途还不能确定。梁启超希望中国国民能"恢复乃祖乃宗所处最高尚最荣誉之位置，而更执牛耳于全世界之学术思想界者"。梁启超形容自己为实现自己的宏愿而热血如火如焰，希望青年学者如海如潮，"吾爱吾祖国，吾爱我同胞之国民"，他要将古代优秀学术"发挥之、光大之、继长而增高之"。

梁启超写作《论中国学术思想变迁之大势》还有一个目的，即要在本民族学术的基础上重新建立新学术。他说，在这过渡时期，青黄不接，人们重视引进外国文明，不但没能摆脱崇拜古人之奴隶性而又生出一种崇拜外国人蔑视本族之奴隶性。梁启超强调说各国文化各有所长，性质不同，要根据自己国家的国情选择性地吸收外国先进学术思想。他指出："若诸君而吐弃本国学问不屑从事也，则吾国虽多得百数十之达尔文、约翰·弥勒、赫胥黎、斯宾塞，吾惧其于学界一无影响也。"从这些言论可以看出，梁启超建立新学术的立意甚高，能够准备把握移植外国文化、继承本国文化的尺度。

《论中国学术思想变迁之大势》具有高屋建瓴的宏伟气势，纵向论述中国古今学术思想演变之轨迹，并横向比较中外学术思想的差异。

梁启超身先士卒，建立新学术。在 1902 年他发起"史界革命"，用新史学向民众宣传新思想、新道德理念。

1902 年，梁启超著《新史学》一书，提出以新史学救国的观念。书中指出："史学者，学问之最博大而最切要者也。国民之明镜也，爱国心之源泉也。今日欧洲民族主义所以发达，列国所以日进文明，史学之功居其半焉。"梁启超以为，中国的旧史学不但不会像西方史学那样，促进社会的进步和历史的发展，反而会起到毒害民众的坏作用。必须发起"史界革命"，打破旧史学，建立新史学。他说："史界革命不起，则吾国遂不可救。悠悠万事，惟此为大。"

《新史学》中最看重的政治理论是政权合理性问题。梁启超认为造成中国落后贫困的主要原因是统治中国几千年的封建传统专制制度。这种制度是极不合理的，这是因为政权是依靠武力建立的，并没有得到人民的首肯，所以不具有合法合理性。西方民主政治的政权基础是人民同意，因此成立的政府是合法政府。梁启超用来阐述政权合法性的术语是"正统"这个词，他指出："统也者，在国非在君也，在众人非在一人也。舍国而求诸君，舍众人而求诸一人，必无统之可言，更无正之可言。"他认为中国几千年的政权都不具备合法性。"苟论正统，吾敢翻数千年之案而昌言曰：'自周秦以后，无一朝能当此名者也'"。梁启超的这一理论是从西方的社会契约论中找出来的。

《新史学》的另一个要点是阐述国民素质是决定民族兴衰存亡的大事，并严厉抨击中国落后的国民性。梁启超在文中强调说，一个民族的进化或堕落，不是一两个人造成的，全体人民都有责任。这一表述在文中最少有五次。他认为决定民族进化的是所有国民的基本素质，也就是"群力""群智""群德"。梁启超赞扬西方民族"贵自由，务进步，重革新"的精神、"立法的智识，权利的思想""个人自由之观念"、关心公益、遵守纪律和爱国主义等良好品质，正是这些优秀的品质使西方国家富强。梁启超用一整节的篇幅叙述世界上各民族的发展历史，他把西方强大民族，特别是白种人中的盎格鲁·撒克逊人看作是"世界史之正统"和"世界史的人种"。他详细论述西方民族怎样进取，怎样扩张，怎样用先进的文化和强大的武力征服世界，最终成为世界史上的主人翁。在赞美西方的同时，梁启超也批判中国人落后的国民性，包括缺乏国家思想、没有爱国心和内在凝聚力，并着力批判奴性。梁启超甚至认为国民的素质和那些腐败官吏不相上下。这些观点与《新民说》中所说的如出一辙。

1902 年，梁启超写成《赵武灵王传》，称赞赵武灵王克服重重阻力，实行胡

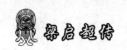

服骑射的改革，在对外生存竞争中取得主动权，使国家强大。他藉此宣传改革的意义，指责反改革者，并提倡尚武精神，指出这是国民应该具备的素质。

1908年，梁启超写《王荆公》时，通过论述王安石变法阐发对改革的见解。他指出王安石执政时，财政几近破产，吏治败坏，内外煎迫，所以只得变法。梁启超称赞王安石能平定乱臣，感叹其变法没能成功。借此，梁启超抨击反对改革之人，指出他们反对改革的实质是因为其根本利益受到损害。梁启超在《王荆公》中阐述了许多个人政治观点，比如国家思想、开明专制论、人才为变法之根本、干涉主义、学术经世致用等思想。梁启超有关王安石新政成败的论述与他对戊戌变法成败的看法完全相同，他认为北宋新政不能算是失败，一些改革措施治理并改革了数千年之苛政，为中国历史开创了新纪元。

1909年，梁启超写《管子传》，他言明写这本书的目的一是要为伟人立传，使国民尊敬先人，效法先人；二是发挥管子的政治权术，即法治主义及干涉主义的经济政策。梁启超在书中阐发了他的国家思想，区别国与君的差异，区分忠臣与爱国的不同。梁启超主张变革要循序渐进，充分意识到国民的素质。"大政治家将有事于国，必先从事于国民教育，造成一国之舆论，使民服其教而安其政，然后举而措之。"梁启超以民主政治为标准来评价法治主义。他说现在的立宪国凭借法律使君权受到限制，而管子所提倡的法治却是使君权有所增益。他认为管子彰显君权不是压制人民而是为了压抑贵族，而且从根本上看，管子的法"乃国家所立以限制君主，而非君主所立以限制臣民"。梁启超实际上是借管子的主张以说明自己的法治观。

梁启超发起"史界革命"，根本的目的是要为国民写一部能反映中国民族进化的新历史书。由于这项工作规模浩大，梁启超一直未能完成。但他为了实现建立新史学的目标，在1902年前后撰写了大量史学著作，主要是中外历史人物传记和中外各国历史。

梁启超写传的目的之一是总结改革经验，宣传改革的意义，二是宣传爱国主义和"新民理论"。1901年梁启超撰写《中国四十年来大事记》，通过李鸿章透视中国历史，总结中国四十年内政、外交、军事史。梁启超既客观地肯定了李鸿章的历史成绩，又批评了他的错误观点。梁启超借评价李鸿章阐发了自己对改革的看法。梁启超说，为何他国因洋务兴，而我国因洋务衰，理由是李鸿章只知有洋务，而不知有国务。他虽然振兴军事，中国却遭到惨败，这就是因为李鸿章只知练兵，而不知用兵的根本。梁启超断然指出："李鸿章实不知国务之人也。不知国家之为何物，不知国家与政府有何之关系，不知政府与人民有若何之权限，不知大臣当尽之责任。其于西国所以富强之原，茫乎未有闻焉。以为吾中国之政教文物风俗，无一不优于他国，所不及者，惟枪耳、炮耳、船耳、铁路耳、机器耳。吾但学此，而洋务之能事毕矣。"梁启超的论点与他本人早些时候批评某些人变法不知本意的观点基本相同。

梁启超撰写的外国爱国志士传有《罗兰夫人传》《意大利建国三杰传》《匈牙利爱国者噶苏士传》。梁启超在这些书中宣传这些外国爱国志士的爱国行为，歌颂和赞扬他们的崇高精神和顽强意志，号召中国人以他们为榜样向他们学习。在《意大利建国三杰传》中，他指出，倘若中国人每个都像意大利三杰那样，中国定能自强自立。在这些传记中，梁启超也广泛介绍了西方民主理论，赞扬西方人优良的国民性。梁启超还写了一些介绍宣传西方政治家的文章，在《新英国巨人克林威尔传》中，流露出他对英国政治的崇拜和对克氏的敬佩之意。

梁启超写了一系列弱小民族及国家的历史：《波兰灭亡记》《朝鲜亡国史略》《越南小志》《越南亡国史》《朝鲜灭亡的原因》《日本并吞朝鲜记》。梁启超用这些国家灭亡的悲剧警示中国人，呼唤国民奋起救国。梁启超总结这些国家灭国的教训，指出他们之所以亡国，不是因为外敌的侵略和压迫，而是因为他们自身国家政治腐败，国民不思进取，萎靡不振，无精打采。梁启超在这些文章中，表达了对祖国命运的担忧。

梁启超还著有《中国之武士道》，提倡崇武精神；并著《中国国债史》，教育人民了解中国负担之重的根源，宣传"无无权利之义务"的民主思想。

1912 年梁启超回国后，创办了《庸言报》。该报出版后，很受社会欢迎，曾风行一时，销路极好，最高时达一万五千份。

1918 年，梁启超领导的政治组织研究系于北京创办《晨报》。作为在野党的报纸，《晨报》明确表示要以披露军阀专制、官僚卖国为宗旨，并经常指责攻击执政的北洋政府。1919 年 1 月巴黎和会召开，梁启超不断地把和会的消息用电文发送到国内，在他的研究系报纸《晨报》以及深受他影响的《国民公报》上最早发表。5 月 2 日，《晨报》和《国民公报》最先披露了和会决定把青岛交给日本的消息，在社会上引起轰动。5 月 4 日，学生举行示威游行。5 月 5 日，北京《晨报》及时地特别报道五四运动的消息，刊登学生散发的传单、标语和外交委员会会长等向京师警察厅保释学生的呈文，并发表社论《为外交问题警告政府》。在五四运动当中，《晨报》对学生的爱国行动作了大量的、详细的集中报道，对五四运动的发展起到推动作用。《晨报》因此而在社会上销量猛增。另外一些爱国报刊也积极响应，一致支持学生的爱国行动，充分发挥了新闻在爱国运动中的重要作用。《晨报》副刊是当时最有影响力的刊物，李大钊主持时尤为激进，鲁迅的《阿 Q 正传》就发表在这一刊物上。

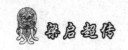

1915年创刊的《大中华》，梁启超任主编。该刊偏重于社会教育，教养国民懂得世界知识，增强国民人格，成为朝野上下的指南针。梁启超在《大中华》上发表揭露日本二十一条要求的文章，警告日本不得乘人之危，他的言论使同胞们开始正视日本的阴谋诡计。该刊在护国时期还刊载了讨袁言论，梁启超在军务院的重要电文也由《大中华》刊出，所以可以视作讨袁机关报之一。上海的《时事新报》也是护国时期的重要言论阵地。

梁启超不办报则已，一办就办得轰轰烈烈，如火如荼，梁启超的名声和社会影响也主要是靠报刊而起。大量运用报刊这种传播媒介进行宣传鼓动，使梁启超的社会影响远远超过了其他一般知识分子。梁启超除了利用自办的报刊外，还在其他报刊上发表了大量文章。他在宣传新思想、建设新文化的同时，有力地推动了中国新闻事业的发展，人们说他主宰了当时的舆论界。

当然人们可以想象得到，在这些荣誉和成功的背后隐藏了多少艰苦的劳动。梁启超曾这样说，创办报刊主要有两大方面工作，其一是筹款，其二是出力。他的工作特点当然主要是出力，而出力比筹款更艰难。《时务报》共出六十九期，梁启超在上面发表的文章多达六十篇。《清议报》一百期，刊登梁启超的文章共一百多篇，做到期期都有他的文章。《新民丛报》更是梁启超的主要舆论阵地。梁启超为了宣传进步思想，历尽艰辛，为赶写稿件常常彻夜未眠。在《创办〈时务报〉原委记》中，梁启超回想说，《时务报》开办时："当时总办之勤劳固云至矣，然即如启超者，忝任报中文字。每期报中论说四千余言，归其撰述。东西各报二万余言，归其润色。一切公牍告白等项，归其编排。全本报章，归其复校。十日一册，每册三万字。启超自撰及删改者几万字，其余亦字字经目经心。六月酷暑，洋烛皆变流质，独居一楼上，挥汗执笔，日不遑食，夜不遑息。记当时一人所任之事，自去年以来，分七八人始乃任之。虽云受总办厚恩，顾东家生意，然自问亦无负于《时务报》矣。然犹不止此。记丙申七月初一日为《时务报》出报之日，而穰卿于六月前赴湖北，月底始返沪。七月下旬又因祝南皮寿辰，前赴湖北，中秋后始返沪。彼此正当创办吃紧之时，承乏其间谁乎？虽以启超之不才，亦只得竭蹶从事，僭行护理总办而已。"从中可以看出梁启超创办报纸的艰难。还有人曾回忆说："三十余办《新民丛报》时，为文恒三数日不寐，作竟乃息。每作辄数万言，十数万言，常手稿笑付门弟子辈曰：'汝辈玩了两日，吾乃成书一本，吾睡觉去矣。'"他一人承担七八个人的工作，令人难以想象！

梁启超晚年尤为推崇促进中外文化交流一事。

梁启超可以说是一个主张文化融合论的人。他曾经宣扬，要想弘扬中国文化，必须用西方文化"做途径不可"。还说：要用西方文化"补助"中国文化，双方"起一种化合作用",成为"一个新文化系统"。他还曾主张"泰西文明"和"泰东文明"必须"结婚",才能使文化得以发展。这些思想确确实实体现到他在欧游归来后所喜爱从事的文化交流事业中,而这种事业的的开展推进主要是通过他组织的两个学术团体——共学社和讲学社进行的。

1920 年 4 月,共学社成立,这是梁启超欧洲归来后立马展开的一项活动。为什么要成立共学社?他在给友人的一封信中说得很清楚,他这样讲:"培养新人才,宣传新文化,开拓新政治,既为吾辈今后所公共祈向,现在既当实行着手,顷同人所成立共学社即为此种事业之基础。"

共学社的发起人物有梁启超,还有给梁执弟子礼的蒋百里、张君劢、张东荪等许多人以及蔡元培、张謇、张元济、胡汝麟等。

发起人也为经费的捐助人。如同办学一样,经费仍是梁启超很伤脑筋的事。为了获得充足的活动资金,他不但身体力行,把自己出版新著《欧游心影录》一书的稿费四千元全部捐出,而且刊印募捐广告号召人们大力募捐,并且派出弟子"分途往募",希望有所收获。在他的积极带动和感召下,凡加入共学社者都有所捐助:王敬芳捐三千元,胡汝麟捐二千元,蹇念益、蓝公武、向构甫等各捐一千元。另外,共学社将编译新书交商务印书馆出版,以此为条件,商务印书馆出资三万元来充作共学社的开支。

共学社的主要任务一是出版杂志,把《改造》刊物作为共学社的主要舆论阵地,发挥它以言论影响社会的功能;二是提倡图书馆事业,把为纪念蔡锷而设立的松社迁到北京,扩展规模,并正式改名为松坡图书馆,梁启超担任馆长;三是选派留学生;四是编译新书出版。其中,编译新书成为共学社的最大成绩。

共学社出版的丛书共分十类,亦即时代、教育、经济、通俗、文学、科学、哲学、哲人笔记、史学、俄罗斯文学等。选书的标准,"以浅近简明为主",但如有"特别需要之名誉",则也可由共学社评议会商议后,"交译员译出"。据统计,共学社总计发行出版各类图书一百余种。

梁启超是中国近代资产阶级著名的史学家,他不仅致力于具体的历史研究,而且还十分重视史学理论的探讨和研究,写了一大批史学理论专著。他于 1921 年在南开大学讲授的《中国历史研究法》,以及 1926 到 1927 年间在清华大学历史研究院讲授的《中国历史研究法补编》,都是他在史学理论方面的力作,也是中国近代资产阶级史学理论方面的经典名著。

这两部作品,尽管只有二十一万多字,但涉及到的内容相当广泛。《中国历史研究法》共分六章:第一章论述了史学的定义、意义以及范围;第二章回顾并评价了中国的旧史学;第三章讲怎样改造旧史学、建立新史学;第四、五两章专

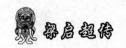

门论述史科学；第六章则阐述史实上下左右的联系。《中国历史研究法补编》在《总论》部分论及修史的目的、史家四长，概括介绍了五种专史；在《分论》部分则详尽论述了各种专史的体例、特点和写作方法。从这两部著作中，可以清楚地看出梁启超在史学思想、史料学、编纂学、文献学、考据学、方法论等方面的一系列观点，其中不乏一些新见解。梁启超是以西方近代史学理论和方法为主体，同时吸收和改造了中国传统史学的某些方法，构建起自己的史学理论体系框架，为中国近代资产阶级史学理论的形成作出了突出贡献。

他还先后撰写了《清代学术概论》《中国近三百年学术史》《饮冰室诗话》等作品，这些作品极具影响力。他的研究范围也极广，从先秦社会史到中国佛学史无不精通。

在近代中国的社会主义思潮中，梁启超是触及和了解社会主义学说比较早的一位。他在 1901 年著的《南海康先生传》一书中就曾这样说过："先生之哲学，社会主义派哲学也。泰西社会主义，源于希腊之柏拉图，有共产之论。及十八世纪，桑士蒙康德之徒大倡之。其组织渐完备，隐然为政治上一潜力。先生未尝读诸士之书，而其理想与之暗合者甚多，其论据之本，在《戴记·礼运篇》孔子告子由之语。"梁启超于此虽然提到过社会主义，但从他对康有为哲学思想评判中，可以清楚看出他对近代社会主义知识知之甚少。

但是，梁启超是一位"将世界学说为无限制地尽量输入"的学者。他对于在欧美大陆上已成为的一股巨大力量和在日本也骤然兴起社会主义思潮不能不重视、不能不加以研究。他在 1902 年 10 月发表的《进化论革命者颉德》一文中曾提到过马克思是"日尔曼人社会主义之泰斗"。他引用颉德的话说："今之德国，有最占优势之二大思想，一曰麦喀士之社会主义，二曰尼志埃之个人主义。麦喀士谓今日社会之弊在多数弱者为少数强者所压服，尼志埃谓今日社会之弊在少数之优者为多数劣者所钳制。二者皆持之有故，言之成理。"1903 年他到美洲游历，与美洲的社会主义者有过交往，在《新大陆游记》中，写道："余在美洲，社会党员来谒者凡四次，""其来意皆殷殷，大率相劝以中国若行改革，必须从社会主义入手。""吾所见社会主义党员，其热诚苦心，真是令人起敬，墨子所谓强聒不舍，庶乎近矣。其麦克士之著作，崇拜之，信奉之，如耶稣教人信新旧约然。其汲汲谋所以播植其主义，亦与彼传教士相类。"在纽约，曾经发表过马、恩不少著作的《纽约社会主义论坛》总主编哈利逊给梁启超全面介绍过各国社会主义运动的不同状况，并送"其党之主义纲领等小册子及丛报凡数十册"。美洲之行使梁启超对社会主义有了更深刻的认识和了解。

从以后他发表的《二十世纪之巨灵托辣斯》《俄罗斯虚无党》《俄罗斯革命之

影响》等文章来看，他对现代社会主义运动的实质和产生的根源作出了较为科学的分析。梁启超思想之深邃，不能不令以后的学者敬佩。他明确地看到了社会主义运动与无政府主义的区别，与民粹派空想社会主义的本质不同。他将社会看成是一个自然历史过程，认定中国未来也会发生社会主义问题，提议对社会主义的理论和历史加以研究、广为传播。

梁启超对社会主义思潮的密切关注，中间曾停顿过一段时间，1919年，他去欧洲考察，亲眼目睹了欧洲的社会状况和社会主义运动。一战结束，他更加关注资本主义制度所暴露出的弊端和人民生活的苦难，从过去赞美资本主义摇身一变为主张思想上的"尽性主义"、政治上的民主主义、经济上的社会主义，成为一个多元主义者。由此可见，他面对这一系列问题，陷入迷茫。

梁启超对社会主义的了解虽有很大进步，但又存在很大片面性。社会主义从本质上说并非只是以解决人民的生计为出发点，而是以"人类的解放"为目的的，而要真正做到这一步，首先必须用政治革命的手段使每一个社会成员在经济上得到彻底解放。梁启超错误地把社会主义发展过程的一项重要任务看作根本目的来认识，这样他就利用尽性主义、民主主义来弥补填充社会主义，其认识自然是不科学、不全面的。

在二十年代出现的社会主义问题的讨论中，梁启超任主编的《改造》杂志是论战的一方，开辟专栏先后发表了梁启超、蓝公武、蒋百里、蓝公彦、费觉天、张东荪等人的文章。特别是梁启超写的《复张东荪书论社会主义运动》一文，在当时曾引起很大轰动。他认为：中国现在不宜搞社会主义运动；原因是中国目前还没有资产阶级，没有资产阶级也就不会有无产阶级，在西方资本竞相向中国入侵的状况下，"今日之中国言社会主义运动，有一公例当严守焉。在奖励生产的范围内为分配平均而运动，若专注分配而忘却生产，则其运动毫无意义"。欧游回国后，梁启超鉴于西方资本主义发展过程中劳资对立，工潮激荡，甚至演变为革命的事实，他开始主张实行平稳而健全的社会主义。

梁启超是一个进化论的革命论者，侧重于改革而不是革命，只是量的积累而非质的飞跃，他只主张循序渐进，而反对采用革命的手段。

同梁启超等对阵辩驳的另一方是一批热血沸腾的年轻马克思主义者，如陈独秀、蔡和森、陈望道、李达等人。他们指责梁启超"误解了社会主义"，"提倡资本主义，反对社会主义"，"提倡温情主义，主张社会政策"，"误解了社会主义运动"。尽管年轻的马克思主义者们对梁启超的批评指责有时还欠妥当，但他们对梁启超看不见中国劳动阶级存在这一事实的驳斥则是极为有力的。中国不仅存在一个与现代工业相关联的无产阶级，而且身在农村的广大无地以及少地的贫苦农

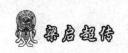

民也能成为新民主主义革命的力量，能够起到推波助澜的作用。

梁启超用英美工业的标准来看待刚刚起步的中国工业，看待在农村活不下去而去城里打工、并经常处于失业状态中的工人，于是断定中国没有什么产业阶级，而只有游民阶级。他指出："劳动阶级之运动可以改造社会，游民阶级之运动只有毁坏社会。"因此，他在人民革命运动高涨时，不能忍受自己国家民众的这些过激行为，不能正确对待中国青年马克思列宁主理论家的"幼稚"，以致发展到后来竟然对工农运动产生敌视和辱骂，在政治上钻进了死胡同。

梁启超在社会主义问题的探讨中，尽管有一些高于同时代人的不俗见识，但他反对革命，反对暴力行为，企图用改良"国民性"，改良人们"观念"的办法来缓和劳资矛盾，来促进实业的发展、整个社会的改良，使自己陷入空想和错误的泥沼之中。

1925 年初，国共两党合作，开始了第一次国内革命战争。以黄埔学生军为主体的国民革命军经过二次东征，彻底消灭了陈炯明为首的反革命武装；讨伐杨、刘，使进入广东的军队全部瓦解，平定了这一反革命叛乱；在东征的同时又进行了南征，击败了军阀邓本殷的反动武装。到 1926 年初，广东全省完全处于广东国民政府统治下，为北伐战争提供了坚实可靠的后方根据地。

革命形势的逐渐高涨，使反动军阀日益恐慌。各派军阀被迫结成暂时的反动联盟，阴谋向革命势力发动进攻，直系吴佩孚、奉系张作霖共议反革命计划，即所谓"联合讨赤"。北方奉系继续进攻冯玉祥的国民军，南方直系勾结孙传芳及湖、桂、黔、赣等省地方割据军阀，组成"讨赤联军"围攻广东。

为应对反革命的"讨伐"，广东国民政府决定出兵北伐。1926 年 5 月，叶挺独立团作为北伐的先遣部队，出兵湖南。7 月 1 日，国民政府发表北伐宣言。7 月 9 日，国民革命军正式出兵北伐。北伐军在极短的时间内，相继取湖南、下江西、占闽浙，连战连胜，所向披靡，把吴佩孚、孙传芳的部队打得溃不成军，抱头鼠窜。北伐将士饮马过长江，革命的战旗挂满了东南半壁河山。

与此同时，中国共产党领导下的城市工人运动和乡村的农民运动，也正在如火如荼、轰轰烈烈开展起来。以两湖、两广地区为中心，南方呈现出了一个前所未有的大好革命形势。

北伐军节节胜利，反动军阀势力一个个土崩瓦解。这一点，梁启超也看到了，他曾多次说过："北洋军阀确已到末日了，将此麻木不仁的状态打破，总是好的。""打倒万恶的军阀，不能不算北伐军的功劳，我们想做而做不到，人家做了就理所赞成。"但是他对前途的展望却充满了忧伤，他如是讲："但前途有没有光明呢？还是绝对的没有。""一党专制的局面谁也不能往光明上看。"他对蓬勃的革命形势和人民革命斗争，吹毛求疵，横加干涉指责，对共产党更是任意斥责。1925 年 9 月 3 日，他在给女儿的信中如是说："国内危机四伏，大战恐又在目前。……共产党横行，广东不必说了，各地工潮大半非工人所欲，只是共产党胁迫。"1927 年 1 月 2 日，在写给孩子们的信中，他十分忧虑地讲道："时局变迁极可忧，北洋军阀末日已到，不成问题了……尤其可怕者是利用工人鼓动工潮，现在汉口、九江大大小小铺子十有九不能开张，车夫要和主人同桌吃饭，结果闹到中产阶级不能自存，而正当的工人也全部失业。放火容易救火难，党人们正不知何以善其后也。"1 月 18 日至 25 日，他在写给孩子们的又一封信中也这样讲道："他们最糟的是鼓动工潮，将社会上最坏的地痞流氓一翻，翻过来做政治上的支配者，""万恶的军阀，离末日不远了，不复成多大的问题；而党人之不能把治弄好，也是看得见的。其最大致命伤，在不能脱离鲍罗廷、加伦的羁绊……国民党早已成为过去名辞，党军所至之地，即是共产党地盘，所有地痞流氓一入党即为最高主权者，尽量地鱼肉良善之平民。现在两湖之中等阶级，已绝对的不能生存，全国生产力不久便须涸竭到底，前途真不堪设想。"他在两天后写给孩子们的另外一封信又如是说："近来耳目所接，都是不忍闻不忍见的现象。河南、山东人民简直是活不成，湖南、江西人民也简直活不成，在两种恶势力夹攻之下，全国真成活地狱了。"从以上诸多书信中，我们可以了解到梁启超对革命的评述，不仅仅是从"其势如暴风骤雨"的革命所表现出来的不成熟的过激行为有感而发，而是发自内心深处的对人民革命的恐惧。

这段日子里，尽管梁启超因妻子去世，再加上自己身体不适没能重新投身到政治斗争中去，但他的朋友和门人们却毫不示弱，纷纷投身战场。1925 年底林长民参加郭松龄反奉战斗，兵败被流弹击中而亡。蒋百里则在直系军阀张传芳的帐下行事。因为蒋百里的缘故，当时关于梁启超的谣言也很多，"一会又说我到上海，一会又说我到汉口"。除蒋百里以外，在孙传芳帐下行事的还有丁在君、张君劢、刘厚生等人。梁启超曾有过一个出山的打算，1926 年 9 月 29 日，他在信中曾如是说："百里的计划是要把蒋、唐分开，蒋败后谋孙、唐联合。果能办到此者，便将开一崭新局面。国事大有可为，能成与否不能不付诸气数了。"在另一封信中，他也这样讲："百里现在在长江一带……是最要的一个角色，因此牵率老夫之处亦不少。他若败，当然无话可说，若胜，恐怕我的政治生涯不能不复活，我实在不愿意，但全国水深火热，又不能坐视奈何。"后来，由于孙传芳"倒行逆施"，与丁在君、蒋百里等人意见完全相左，蒋百里等人离开孙传芳，这一计划才最终流产。1927 年 1 月里，他在信中还依然如是说："我们殊不愿对党人宣战，待彼辈统一后，终不能不为多数人自由与彼辈一拼耳。""若我们稳健派

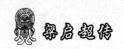

不拿起积极精神往前干，非惟对不起国家，抑或自己更无立足地了。"他"颇感觉没有团体组织之苦痛，朋友中有能力的人确不少，……但没有团体的一致行动，不惟不能发挥其势力，而且往往因不一致之故，取消势力，真是可痛。"到了3月底，蒋介石在上海和南京对共产党大开杀戒，梁启超尽管对"事件真相如何，并不十分明白"，但他还是清楚地认识了蒋介石指使"党军中有一部分人有意捣乱"。不过，他对共产党并没有什么好感，他在给孩子们的信中，曾这样写道："蒋介石辈非共产党，现已十分证明，然而他们压制共产党之能力何如，恐怕连他们自己也不敢相信。现在上海正在两派肉搏混斗中，形势异常惨淡，若共党派得胜，全国人真不知死所了。"

不管梁启超如何反对革命，但革命之风还是吹进了他的家中。他的孩子中，梁思忠的"思想一天天趋向激烈，而且对于党军胜利似起了无限兴奋"。梁思永也"很表同情于共产主义"。他在写给孩子们的信中这样说："并非是怕我们家里有共产党，实在看见像我们思永这样洁白的青年，也会中了这种迷药，即全国青年之类此者何限，真不能不替中国前途担惊受怕。你们别要以为我反对共产，便是赞成资本主义。我反对资本主义比共产党还利害。我所论断现代的经济病态和共产党同一的'脉论'，但我确信这个病非共产那剂药所能医的。"这应该是梁启超为什么反对共产主义的原因吧。

是年，梁启超、张君劢、张东荪等人，试图在国民党与共产党以外创建"第三党"。梁启超被推举为总部负责人，并担任起草宣言、总纲、组织法等工作事宜。他尽管表示"时势逼人，早晚免不了再替国家出一场大汗"，却终没能实现自身的夙愿。晚年的梁启超自信力依然是不减当年。他曾说："我倒有个方子，这方子也许由中国先服了，把病医好。将来全世界都要跟我们学。我这个方子大概三个月后便可以到你们眼边了。"但是，疾病很快就缠住了这个自视为医国高明的梁启超，直到他去世，他的那个医国的救世药方始终也没有开出来。

三、巨星陨落

1929年1月19日，梁启超离开了他深深爱着的这个世界，享年仅五十六岁。假如说梁启超在事业上具有许多人少有的卓越的才能而被后人敬仰的话，那么，在对待自己身体方面他却没有那么高深的养生之道，"大意失荆州"，实在是令人深感痛惜。梁启超没有能够健康长寿，主要是因为他奋力工作，开拓进取，终至积劳成疾，无法医治；同时也和他生病期间的治疗不当，尤其与他不能安心疗养有直接的关系。

　　梁启超的身体原本很好，他也一直以此而自豪。1923年，五十岁的梁启超虽然心脏不太好，曾一度登报谢客，但不久好转，一切如故。不料到了第二年，梁的妻子李蕙仙不幸患了癌症，于9月逝世，这件事给梁启超以沉重的打击。他在《苦痛中的小玩意儿》一文中写道："我今年受环境的酷待，情绪十分无俚。我的夫人从灯节起，卧病半年，到中秋日，奄然化去。她的病极人间未有之苦痛，自初发时，医生便已宣告不治，半年以来，耳所触的只有病人的呻吟，目所接的只有女儿的涕泪。丧事初了，爱子远行，中间还夹杂着群盗相噬，变乱如麻，风雪蔽天，生人道尽。黯然独坐，几不知人间何世。哎！哀乐之感，凡在有情，其谁能免，平日意能活泼兴会淋漓的我，这会也嗒然气尽了。"爱妻的永别，使多情的梁启超失去生趣，情绪一直不好。情绪是人体的精气神，直接影响着身体的好坏。情绪一旦低落下来而不能自拔，病魔就可能乘虚而入。梁夫人去世没多久，梁启超就发现自己小便带血。但他为了不给家人增加过多负担，没有将此事告诉别人。一生相信科学、宣传科学的梁启超，这时却偏偏不讲科学而酿成一大灾祸。一年之后，病情不断加重，可他仍在致力于先秦史的学术研究。1926年1月，他去北京一家德国医院检查，经化验，他的小便先由紫红变粉红，再变为咖啡色和黄色，且带有血腥味。医生怀疑是肾和膀胱有问题，又反复检查化验，但始终没查出病因。梁启超这时意识到自己看病晚了，对女儿讲："我这回的病总是太大意了，若是早点医治，总不至如此麻烦。"但还是不十分重视，在写给梁令娴的信中说："其实我这病一点苦痛也没有，精神气体一切如常，只要小便时闭着眼睛不看，便什么事都没有。"医生让他好好卧床休息，少用大脑，别再写作，而这期间他还作了一张先秦学术年表。

　　1927年，梁启超的便血病时好时坏，不太正常，身体一天不如一天，衰弱很快，然而他仍坚持到清华执教，依然不停地去讲课、批改学生作业、接待朋友、发表论著。是年，他发表了《图书大辞典簿录之部》《中国历史研究法（补编）》《书法指导》《儒家哲学》《古书真伪及其年代》《中国文化史·社会组织篇》等著作，总计在三十万字以上。这样不辞辛苦地劳作，重病的身体自然无法好转。这年10月，他的血压升高，住进了协和医院。出院之后，他不敢再拼命地工作了，安心在天津养病，果真有很大好转。他给梁令娴写信讲道："我从出了协和回到天津以来，每天在起居饮食上十二分注意，睡眠总在八小时以上，心思当然不能绝对不用，但常常自己严加节制，大约每日写字时间最多，晚上总不做什么工作，'赤化'虽未能骤绝，但血压逐渐低下去，总算日起有功。"但是，这

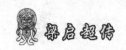

年 12 月下旬，他的学生加好友范源濂去逝，使他很是伤感。范源濂和蔡锷同在湖南时务学堂受梁启超教导，后在政治上一直跟随梁，梁启超也视他为知己。范源濂生病期间，常常与梁在医院打头碰面，坐下来聊天，又成了病友。范源濂的去世，给梁启超很大的刺激。

1928 年春天，梁启超的身体极度衰竭，血压不稳，间有便血，心脏也在萎缩。不得已，他又进京住进了协和医院，医生不断为他输血，并增加营养，身体慢慢又好转。出院以后，他辞去清华的一切工作，回天津静养。但他总是静不下来，又开始编写《辛弃疾年谱》。9 月 24 日，辛弃疾年谱编至辛弃疾五十二岁时，梁突然痔病发作，三天后入京就医。稍好些，出院返回天津，不断有些发烧，心情苦楚。10 月 12 日，感觉很无聊，又伏案继续作《辛弃疾年谱》。有趣的是恰写到辛弃疾六十一岁，这年朱熹逝世，辛弃疾前往吊唁，并作文以寄托哀思，梁启超录此文中四句为："所不朽者，垂万世名，孰谓公死，凛凛犹生。"这好比是他在自述自己背后的感受！当梁启超写完最后一个"生"字，他那支巨大的笔便再也扶不起来了，"时则 12 日午后 3 时许也。"

11 月 27 日，梁启超又被送往协和医院进行抢救。但效果不明显。1929 年 1 月 19 日午后 2 时 15 分，梁任公与世长辞了。近代中国的一颗巨星殒落了。

梁启超生活在十九世纪与二十世纪交替的年代，我们今天把他作为二十世纪的学者来看待，并不是由于他在这个世纪中生活了二十九年，更多的则是因为他在本世纪具有经久不息、无可回避的影响。

近代中国是一个混杂着多种性质的奇特的社会存在，其中既呈现着畸形的腐朽，也孕育着诡异的新生。旧与新东方与西方的问题纠缠、重合、交织在一起，使中国的士人知识分子在方向的选择上深感艰难。梁启超以"但开风气不为师"自比拟，又渴望着"著论求为百世师"，处在"新旧两界线之中心的过渡时代"，他十分敏锐地感受到社会间的多种矛盾，因而在他的论著中也到处留下了时代的鲜明印记。然而也正是因为这种敢于以今日之我非难昨日之我的精神，直到五四新文化运动过后十年去世，使他能一直保持文化上的快速回返热情。因此，梁启超的著作缩影式地完整再现了近、现代中国思想界的演变历程。他好作预言"十年之后欲思我"，确实，他在世纪初已开始提出，并在此后不断反省的许多问题，至今为止，仍困扰着我们。

梁启超是以呼唤变法图强的维新派政治家形象步入历史舞台的。戊戌变法前，他就在湖南办学校，大力开创寓民权革命于新式教育的新风气。戊戌前后，他创办了前所未有的销路最广，影响最大的新报刊《清议报》和《新民丛报》，被公认为"舆论界的骄子"。当时只要是稍为激进的人，有哪一个不是站在他这一边而大加称颂的呢？他在清末的资产阶级维新派中虽属于第二位，但倘若没有他，康有为也不可能有那样巨大的影响，他在维新派中事实上是第一位的宣传家。在清末，他广泛地介绍了欧美各国和东洋的政治、经济、法律、教育、哲学、宗教、社会、史学、地理和文学等，他甚至介绍了他晚年最反对的马克思和共产主义。

梁启超的诸多文章都广为流传，但对二十世纪中国思想影响最大，也更深远的还是改造国民性话题。同以章太炎为代表的"以革命开民智"的革命派说法不同，梁启超认定"新民之道"是建立现代国家的根本，如果不是这样，则革命转变成暴民政治。他撰述《新民说》，激烈批判旧国民性，要求从欧美、日本等国家中补充中国国民所欠缺的品德，而且新民思想也成为贯穿当时众多论题的中心线索。《新史学》中对旧史学观的修正，《论中国学术思想变迁之大势》是对中国学术传统的清理，也尽多与《新民说》互相阐明。即使倡导"小说界革命"，梁启超必定首先发言："欲新一国之民，不可不先新一国之小说。"但是，他的关于提高国民基本素质的理论研讨，在当时革命形势衬托下，又不免显得遥远，不能救急，因而很快被向往革命、期望迅速、根本改变社会现状的知识分子所抛弃。

辛亥革命后，中国又经历了漫长的反复和动荡，国民性批判也几次被寻求病源的人们旧话再提，而成为思想界的热门话题。鲁迅是五四之后，最先承继梁启超新民思想的新文化学者，他的思想的深刻，也是同时代人所无法比拟的。在论证国民性的种种病症是如何阻碍了中国社会的健康发展时，梁启超主要从政治道德来探源，鲁迅则力求从文化心理方面来彻底地诊治。尽管由于政治的原因，梁启超的新民理论在很长一段时间内被隐埋，但近些年的重新挖掘与肯定，更证明其论题依然极具生命力。

梁启超晚年从政界转向学界。他在政治上遭到挫折和失败，在学术上却获得巨大成功。这十年间，他撰写了《清代学术概论》《中国历史研究法》《中国历史研究法补编》《先秦政治思想史》《中国近三百年学术史》等书及众多学术论文。这也是当时的康有为、严复、章太炎所无法比拟的。

梁启超是最能展现出过渡时代繁乱特征的一个过渡人物。在他身上古今中外老陈新旧种种因子都有所体现，都会多多少少地表现出来。他之所以能够成为一个把伟大与渺小，进步与落后，光荣与耻辱融于一身的历史人物，就是因为他的思想和活动不能自始至终与时代潮流同行。有时超前，有时滞后。

梁启超身上表现的这诸多两重性，反映了他所代表的近代中国上层民族

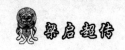

资产阶级，总是在自己的前面和后面同时看到两个敌人。他们始终都不愿与封建制度相融合的，反而竭尽全力要取而代之。但是，他们又害怕革命，更害怕能够推翻整个阶级压迫制度的群众运动。所以，他们的斗争又只局限于争取改革的斗争，不敢正视暴风骤雨式的革命运动。

作为学者，梁启超对中国民族文化的发展做出了突出的贡献。作为政治家，爱国是他一切活动的不变宗旨。这是梁启超一生的主旋律。